江婉玲
林月貞
張椿汸
劉慧芳
編著

新譯

四書讀本綜合評鑑

三民書局

U0078887

古籍今注新譯叢書

新譯四書讀本綜合評鑑

編 著 者　江婉玲　林月貞　張椿汸　劉慧芳
創 辦 人　劉振強
發 行 人　劉仲傑
出 版 者　三民書局股份有限公司(成立於 1953 年)

三民網路書店
https://www.sanmin.com.tw

地　　址　臺北市復興北路 386 號　(復北門市)　(02)2500-6600
　　　　　臺北市重慶南路一段 61 號(重南門市)　(02)2361-7511

出版日期　初版一刷 2007 年 4 月
　　　　　初版七刷 2024 年 4 月
書籍編號　S033010
　　　　　4710660281317

著作財產權人©三民書局股份有限公司
法律顧問　北辰著作權事務所　蕭雄淋律師
著作權所有，侵害必究
※ 本書如有缺頁、破損或裝訂錯誤，請寄回敝局更換。

三民書局

新譯四書讀本綜合評鑑

目 次

大學

一、單選題

（　）1. 有關「親民」的詮釋，下列何者錯誤？ (A)親民：即新民，新是去舊維新 (B)新民的新是去除不好習慣恢復本有德性 (C)民，人也，新民是人人去舊染之汙，使其德性日新又新，進步不已 (D)「新民」就是孟子常說的「己立立人，己達達人」。

（　）2. 「大學之道，在明明德，在親民，在止於至善。」這段話意指大學之道是：(A)成己成物之道 (B)明心見性之道 (C)為學成德之道 (D)博施濟眾之道。

（　）3. 「事有終始」的「終始」是指：(A)明德為始，親民為終 (B)明德為始，止於至善為終 (C)知止為始，能得為終 (D)能得為始，知止為終。

（　）4. 「知所先後」的「先後」是指：(A)先是指本，後是指末 (B)先是指始，後是指終 (C)先是指本末，後是指始終 (D)先是本始，後是末終。

（　）5. 「物格而后知至，知至而后意誠，意誠而后心正，心正而后身脩，身脩而后家齊，家齊而后國治，國治而后天下平。」這段話意在闡發：(A)知行合一的道理 (B)為學盡性的道理 (C)循序漸進的程序 (D)內聖外王的程序。

（　）6. 有關「其所厚者薄，而其所薄者厚」，下列敘述何者錯誤？ (A)所厚，指本，即明明德 (B)所薄，指末，即齊家治國平天下 (C)上「薄」，動詞，忽視，下「厚」，動詞，重視 (D)意謂輕視脩身者，必不能專務治平。

（　）7. 下列字詞解釋何者錯誤？ (A)「知止」而后有「定」：知道達到至善的境地／心志有定向 (B)「靜」而后能「安」：心不妄動／安於所處 (C)「慮」而后能「得」：思想／獲得 (D)「物格」而后「知至」：窮究事物的道理／知識就能無所不盡。

（　）8. 下列敘述何者錯誤？ (A)克明德：能夠彰明自己的德性 (B)顧諟天之明命：要經常審視上天給我的德性 (C)克明峻德：能夠彰明大德 (D)「釋明明德」引用《書經》三篇，皆在闡釋明明德的第一要義是日日新。

（　）9. 下列敘述何者錯誤？ (A)邦畿千里，惟民所止：邦都千里，是人民群聚居止的地方

(B)緡蠻黃鳥，止于丘隅：緡蠻地叫著的黃鳥，皆棲息在山坡草木繁茂的地方 (C)穆穆文王，於緝熙敬止：仁德美好的文王，不斷地發揮他的光明德性，敬謹地自處至善境地 (D)前三段語意是在闡釋從聖王而百姓而鳥都能隨遇而安。

（　）10. 人要做到怎樣才算是止於至善？ (A)為人君，止於敬 (B)為人臣，止於信 (C)為人子，止於孝 (D)為人父，止於仁。

（　）11. 下列文意闡釋何者錯誤？ (A)瞻彼淇澳，菉竹猗猗：意指君子道德茂盛，如淇澳的綠竹一般 (B)如切如磋，如琢如磨：意謂君子的求學、修養，像治骨角、治玉石一樣，不斷地切磋琢磨，精益求精 (C)瑟兮僩兮，赫兮喧兮：意謂君子的儀態嚴密而剛毅，光明而盛大 (D)瑟兮僩兮者，恂慄也；赫兮喧兮者，威儀也：嚴密而剛毅是君子正直不阿的儀態，光明而盛大是君子戒慎恐懼的態度。

（　）12. 下列文意闡釋何者錯誤？ (A)如切如磋：指求學的工夫 (B)如琢如磨：指自修的工夫 (C)前王不忘：堯舜真教人難忘 (D)君子賢其賢而親其親，小人樂其樂而利其利，此以沒世不忘也：意謂後世蒙前王之澤、被前王之化，前王雖歿，人終不能忘也。

（　）13. 下列字詞的音義說明，何者錯誤？ (A)君子「賢」其賢：ㄒㄧㄢˊ，動詞，尊敬 (B)瞻彼淇「澳」：ㄩˋ，水邊深曲的地方 (C)赫兮「喧」兮：ㄒㄩㄢ，炫耀 (D)終不可「諠」兮：ㄒㄩㄢ，忘記。

（　）14. 有關「聽訟，吾猶人也；必也使無訟乎」，下列敘述何者錯誤？ (A)聽訟斷案，我跟別人一樣，一定要求速審速決 (B)使無訟是本，聽訟斷案是末 (C)「使無訟」意為令人人都感化向善，不致涉訟 (D)意謂要以德化民，使無亂源則必無訟。

（　）15. 有關「無情者不得盡其辭，大畏民志」，下列敘述何者正確？ (A)審訊訟事，要鐵面無私，讓訟者敬畏，不敢說謊 (B)辦理訟案，要冷面無情來威嚇訟者，使他不亂說話 (C)讓涉訟者很敬畏法官，他就不會設辭亂辯 (D)人民感化向善，即使偶爾有人涉訟，也不敢捏造不實的言辭來控告別人。

（　）16. 「小人閒居為不善，無所不至；見君子，而后厭然，揜其不善而著其善。」這段話意謂： (A)自欺 (B)自謙（慊） (C)慎獨 (D)自責。

（　）17. 「富潤屋，德潤身，心廣體胖。」這是什麼表現？ (A)誠意的表現 (B)慎獨的表現 (C)自謙（慊）的表現 (D)自律的表現。

(　　) 18. 「視而不見，聽而不聞，食而不知其味。」這段話意謂： (A)心有鴻鵠則無以修身 (B)方寸一亂則六神無主 (C)意氣用事則麻木不仁 (D)心思偏頗則無所不至。

(　　) 19. 「人之其所親愛而辟焉，之其所賤惡而辟焉，之其所畏敬而辟焉，之其所哀矜而辟焉，之其所敖惰而辟焉。」這段話意謂： (A)心無偏執者，所在多有 (B)天下少有公正無偏的人 (C)人心失正，皆因情有所偏 (D)人多為情感所蔽。

(　　) 20. 「好而知其惡、惡而知其美者，天下鮮矣。」這段話意謂： (A)世上少有公正無私心的人 (B)君子有諸己，而后求諸人 (C)不立異以為高，不逆情以干譽 (D)心有偏執，又能洞見癥結。

(　　) 21. 「人莫知其子之惡，莫知其苗之碩。」此意在說明： (A)不脩身則不明事理 (B)人多不能反求諸己 (C)夫人善於自見，謂己為賢 (D)溺愛者不明，貪得者無厭。

(　　) 22. 下列詞語的意義何者錯誤？ (A)「拚」其不善：ㄧㄢˇ，捨棄 (B)心廣體「胖」：ㄆㄢˊ，安舒，樂也 (C)身有所「忿懥」：ㄈㄣˋ ㄓˋ，忿怒也 (D)之其所「哀矜」：ㄞ ㄐㄧㄣ，同情憐憫。

(　　) 23. 「君子不出家，而成教於國。」意近於： (A)好而知其惡、惡而知其美 (B)君子有諸己，而后求諸人 (C)「孝乎，惟孝友于兄弟。」施於有政 (D)載舟覆舟，所宜深慎。

(　　) 24. 「一家讓，一國興讓；一人貪戾，一國作亂。」這段話意謂： (A)同聲相應，同氣相求 (B)風行草偃，上行下效 (C)志同道合，沆瀣一氣 (D)江河日下，世道衰微。

(　　) 25. 「堯舜帥天下以仁，而民從之；桀紂帥天下以暴，而民從之。」這段話意謂： (A)載舟覆舟，所宜深慎 (B)念高危，則思謙沖而自牧 (C)君子之德風；小人之德草；草上之風必偃 (D)德須處厚，情須勝欲。

(　　) 26. 「君子有諸己，而后求諸人；無諸己，而后非諸人。」此言乃謂： (A)君子當以身作則，善於推恕 (B)天生蒸民，有物有則。民之秉夷，好是懿德 (C)君子之學也為己，小人之學也為人 (D)君子責人也詳，待己也廉。

(　　) 27. 「所藏乎身不恕，而能喻諸人者，未之有也。」這是說君子： (A)一言僨事，一人定國 (B)一人貪戾，一國作亂 (C)不能反

求諸己　(D)正人必先正己。

（　）28.《詩》云：「桃之夭夭，其葉蓁蓁，之子于歸，宜其家人。」這裡的作法為：(A)風　(B)比　(C)興　(D)賦。

（　）29.《詩》云：「其儀不忒，正是四國。」此意近於：(A)招八州，而朝同列　(B)刑于寡妻，至于兄弟，以御于家邦　(C)振長策而御宇內，吞二周而亡諸侯　(D)度長絜大，比權量力。

（　）30.下列何者可謂「絜矩之道」？(A)上老老而民興孝　(B)君子賢其賢而親其親　(C)宜其家人，而后可以教國人　(D)有德此有人，有人此有土。

（　）31.有關「民之所好好之，民之所惡惡之」，下列文句的意涵，何者與之最不相近？(A)在下位，不獲乎上，民不可得而治矣　(B)民之所欲，常在我心　(C)天視自我民視，天聽自我民聽　(D)與民同好惡，共甘苦。

（　）32.「節彼南山，維石巖巖；赫赫師尹，民具爾瞻。」此詩在比喻：(A)人民為國君所依賴　(B)父親為兒女所仰望　(C)有國者為民眾所瞻仰　(D)兒女為父母所依靠。

（　）33.「德者，本也；財者，末也。外本內末，爭民施奪。」這段話意謂：(A)德本財末，本末倒置，民以為殃　(B)親德遠財，才能教民不爭不奪　(C)輕財重德，則上下不爭利　(D)輕德重財，則與民爭利，等於教人民行劫奪。

（　）34.「言悖而出者，亦悖而入。」此二句意近於：(A)出乎爾者，反乎爾者也　(B)食言而肥，有失厚道　(C)無諸己，而后非諸人　(D)所惡於前，毋以先後。

（　）35.〈康誥〉曰：「惟命不于常。」意謂：(A)天命不尋常　(B)天命無常　(C)天命不是固定不變的　(D)天命不可能講求平常心。

二、多選題

（　）1.下列敘述何者意近？(A)惟命不于常　(B)楚國無以為寶，惟善以為寶　(C)亡人無以為寶，仁親以為寶　(D)得眾則得國，失眾則失國　(E)財聚則民散，財散則民聚。

（　）2.下列何者具有「誠實專一，又有容人雅量」之意？(A)斷斷兮，無他技；其心休休焉，其如有容焉　(B)人之有技，若己有之；人之彥聖，其心好之；不啻若自其口出　(C)君子有諸己，而后求諸人；無諸己，而后非諸人　(D)人之有技，媢嫉以惡之；人之彥聖，而違之俾不通；實不能容　(E)樂只君子，民之父母。

（　）3.「有仁德之君，能愛人，能惡人。」他能惡下列何種人？ (A)人之有技，若己有之 (B)人之彥聖，而違之俾不通 (C)舉而不能先，命也 (D)退而不能遠 (E)好人之所惡，惡人之所好。

（　）4.君子治國有重大原則，下列何者是君子治國的「大道」？ (A)篤行忠信 (B)能愛人之所愛 (C)能惡人之所惡 (D)驕泰待人 (E)其心休休焉。

（　）5.下列何者是君子治國的生財大道？ (A)生之者眾 (B)食之者寡 (C)為之者疾 (D)用之者舒 (E)以利為利。

（　）6.下列敘述何者正確？ (A)以財發身：意謂散財於民以發揚德譽 (B)以身發財：意謂犧牲德譽以增加己財 (C)未有上好仁，而下不好義：意謂在位者仁愛臣民，臣民必以忠義事之 (D)未有好義，其事不終：意謂在位者好義，則事無不成 (E)未有府庫財，非其財：意謂所有的府庫財皆人民所共有。

（　）7.下列敘述何者是不以利為利？ (A)畜馬乘，不察於雞豚 (B)伐冰之家，不畜牛羊 (C)百乘之家，不畜聚斂之臣 (D)有德此有人，有人此有土 (E)有土此有財，有財此有用。

（　）8.下列何者運用了層遞修辭？ (A)知止而后有定，定而后能靜，靜而后能安 (B)物有本末，事有終始，知所先後，則近道矣 (C)古之欲明明德於天下者，先治其國；欲治其國者，先齊其家 (D)自天子以至於庶人，壹是皆以脩身為本。其本亂而末治者否矣 (E)其所厚者薄，而其所薄者厚。未之有也。

（　）9.下列字音何者正確？ (A)有所忿「懥」：ㄓˋ (B)一人貪「戾」：ㄌㄧㄝˋ (C)其儀不「忒」：ㄊㄜˋ (D)一言「僨」事：ㄈㄣˋ (E)「絜」矩之道：ㄐㄧㄝˊ。

（　）10.下列字詞解釋何者正確？ (A)畜馬乘：指初試為大夫者 (B)伐冰之家：指卿大夫之家 (C)百乘之家：指擁有封地的諸侯 (D)聚斂之臣：指財稅大臣 (E)寧有「盜臣」：雖出身強盜，但已改過自新之臣。

（　）11.下列何者運用了映襯修辭？ (A)為人君，止於仁；為人臣，止於敬；為人子，止於孝；為人父，止於慈；與國人交，止於信 (B)有斐君子，如切如磋，如琢如磨；瑟兮僩兮，赫兮喧兮；有斐君子，終不可諠兮 (C)君子賢其賢而親其親，小人樂其樂而利其利 (D)所謂誠其意者，毋自欺也。如惡惡臭，如好好色，此之謂自謙　(E)人莫知其子之惡，莫知其苗之碩。

(　) 12. 下列字詞解釋何者完全正確？　(A)貨「悖」而入：逆／「辟」則為天下僇：偏　(B)其「機」如此：關鍵／而后「非」諸人：責求也　(C)「絜矩」之道：畫圓畫方之工具／上恤孤而民不「倍」：背也　(D)其儀不「忒」：差錯／「正」是四國：匡正　(E)一人貪「戾」：暴虐／一言「僨」事：敗壞。

(　) 13. 「君子有諸己，而后求諸人；無諸己，而后非諸人。」這段話意謂：　(A)君子當行善無惡，始可求責於人　(B)君子當以身作則　(C)善於推恕才是君子　(D)其所令反其所好，而民不從　(E)君子有惡於己，然後可以責人之善，無善於己，然後可以正人之惡。

(　) 14. 有關《大學》的敘述，下列何者正確？　(A)本為《禮記》中的名篇之一，相傳為曾子所作　(B)明明德、親民、止於至善為其三綱領　(C)程子推許為初學入德之門，鄭玄說以其記博學可以為政也　(D)彙為經一章、傳十章，為程子所定。經一章，孔子之言，曾子述之；傳十章，曾子之意，其門人記之　(E)朱熹取之與《中庸》、《論語》、《孟子》合稱四書，為十三經之一。

(　) 15. 有關《大學》的敘述，下列何者正確？　(A)以「明明德」為「親民」之本　(B)以「誠正脩齊」為治平之基　(C)以「定靜安慮得止」為達到至善不遷之步驟　(D)以「脩身」為內聖外王之開端　(E)大學之道是由內而外的一貫道理。

三、非選題

配合：

(　) 1. 《大學》一書說處事要有科學方法，要能循序漸進，下列何者為是？

(　) 2. 下列何者為生財之大道？

(　) 3. 何謂「絜矩之道」？

(　) 4. 誠意何以須從慎獨做起？

(　) 5. 齊家最忌諱的是什麼？

參考選項

(A)知止而后有定，定而后能靜，靜而后能安，安而后能慮，慮而后能得　(B)伐冰之家，不畜牛羊；百乘之家，不畜聚斂之臣　(C)有土此有財，有財此有用　(D)物有本末，事有終始，知所先後，則近道矣　(E)生之者眾，食之者寡；為之者疾，用之者舒　(F)所惡於上，毋以使下；所惡於下，毋以事上　(G)人莫知其子之惡，莫知其苗之碩　(H)十目所視，十手所指　(I)君子不出

家，而成教於國　(J)人之視己，如見其肺肝然，則何益矣

中庸

一、單選題

(　　) 1.下列敘述何者錯誤？　(A)天命之謂性：上天賦予人的本質叫做性　(B)率性之謂道：遵循天賦的本性而形成的各種軌範叫做道　(C)脩道之謂教：修明各種軌範的措施叫做教　(D)道也者，不可須臾離也；可離，非道也：這個道是來自上天，故不可違離。

(　　) 2.「君子戒慎乎其所不睹，恐懼乎其所不聞。」意異於：　(A)莫見乎隱，莫顯乎微　(B)君子慎其獨也　(C)君子行有不得，皆反求諸己　(D)不愧屋漏。

(　　) 3.下列何者是孟子性善說的本意？　(A)天命之謂性　(B)率性之謂道　(C)修道之謂教　(D)性者天之就也。

(　　) 4.「致中和，天地位焉，萬物育焉。」意謂：　(A)達到中和的境界，則道遍天地萬物而不離　(B)能做到無過與不及的中，又能完成天下皆可通行的和，天地萬物就無法可擋了　(C)把中和之道推而極之，則萬物各安其所、各遂其生　(D)將中和之道推衍深究，即可明白天地萬物道高德大。

(　　) 5.下列敘述何者錯誤？　(A)君子中庸：君子的作為皆遵循中庸之道　(B)小人反中庸：小人之言行常背離中庸之道　(C)君子之中庸也，君子而時中：君子之所以為中庸者，以其有君子之德，又能隨時處在中和境地　(D)小人之反中庸也，小人而無忌憚也：小人之所以反中庸者，以其用小人之心，肆無禁忌的度人。

(　　) 6.下列敘述何者錯誤？　(A)道之不行的原因是：智者知之過，以為不足行，愚者不及知，又不知所以行　(B)道之不明的原因是：賢者行之過，以為不足知，不肖者不及行，又不求所以知　(C)道之不行，不明：皆因智者愚者犯了過與不及之失　(D)人莫不飲食也，鮮能知味也：乃喻道之不行，由於人之不察。

(　　) 7.下列敘述何者正確？　(A)舜好問而好察邇言：言舜能自用而可以不取諸人，是個大智者　(B)隱惡而揚善：言舜心胸廣大光明，能隱人之善而揚人之惡　(C)了曰「人皆曰『予知』」：意在強調他能擇乎中庸，辨別眾理　(D)驅而納諸罟、擭、陷阱之中，

而莫之知辟也：言知禍而不知避以況能擇而不能守。

( ) 8.下列敘述何者正確？ (A)得一善：得到一點好處，就視如珍寶 (B)拳拳服膺而弗失之：牢記在心，時時奉持弗失 (C)爵祿可辭也：高爵厚祿雖可戀，也不難辭掉，言雖易卻難 (D)中庸不可能也：中庸之道是難上加難。

( ) 9.下列敘述何者錯誤？ (A)南方之強：寬柔以教，不報無道，是弱者所居 (B)北方之強：衽金革，死而不厭，是強者所居 (C)君子之強：是和而不流 (D)中庸之強：即國有道，不變未達之所守，國無道，不變平生之所守。

( ) 10.下列敘述何者錯誤？ (A)素隱行怪，後世有述焉：這是用來說明太過之例 (B)君子遵道而行，半途而廢：這是用來說明不及之例 (C)素隱行怪：好求隱僻之理，而行為詭異 (D)遯世不見知而不悔：隱居避世，不知世事。

( ) 11.下列字詞解釋何者錯誤？ (A)拳拳「服膺」：牢記在心／不變「塞」焉：未達、窮 (B)可以「與」知焉：參與／夫婦之「不肖」：不賢 (C)鳶飛「戾」天：鳴也／語小，天下莫能「破」焉：剖也 (D)「造端」乎夫婦：起始／「察」乎天地：至也。

( ) 12.為什麼「道不遠人，人之為道而遠人，不可以為道」？ (A)道體備於己 (B)道體無所不在 (C)道體雜然賦流形 (D)道體備於人。

( ) 13.「《詩》云：『伐柯伐柯，其則不遠。』執柯以伐柯，睨而視之，猶以為遠。」這段話意在比喻： (A)食古不化，昧於變通 (B)道不遠人，而人自遠道 (C)照本宣科，愚不可及 (D)己所不欲，勿施於人。

( ) 14.「忠恕違道不遠，施諸己而不願，亦勿施於人。」此語意謂： (A)忠恕乃人事之當然，當推己及人 (B)忠恕之為德也，立人達人 (C)忠恕為天理之本然，求則得之，舍則失之 (D)忠恕之道，乃己所不欲，勿施於人。

( ) 15.「言顧行，行顧言，君子胡不慥慥爾？」此意謂君子宜如何？ (A)言行相副，誠篤力行 (B)戒慎乎其所不睹，恐懼乎其所不聞 (C)憂心悄悄，慍於羣小 (D)孜孜矻矻，勤勉努力。

( ) 16.「君子之道四」指的是哪四種？ (A)孝悌忠信 (B)真善莊敬 (C)公誠勤毅 (D)溫良

恭儉。

（ ）17. 下列敘述何者不是「素其位而行，不願乎其外」？ (A)素富貴，行乎富貴 (B)素貧賤，行乎貧賤 (C)素夷狄，行乎夷狄 (D)無入而不自得焉。

（ ）18. 下列敘述何者錯誤？ (A)君子之道，辟如行遠必自邇，辟如登高必自卑：蓋言進道有序，由近及遠，自低至高 (B)妻子好合，如鼓瑟琴：乃言君子之道，造端乎夫婦 (C)妻子好合，如鼓瑟琴；兄弟既翕，和樂且耽；宜爾室家，樂爾妻孥：意同「刑于寡妻，至于兄弟，以御于家邦」 (D)父母其順矣乎：父母大概都順著兒女的心意。

（ ）19. 《詩》云：「嘉樂君子，憲憲令德，宜民宜人，受祿于天；保佑命之，自天申之。」此詩意謂： (A)古之人，修其天爵，而人爵從之 (B)大德者，必得其壽 (C)大德者，必得其位 (D)君子素其位而行。

（ ）20. 周公繼承文武之德後，以天子之禮上祀先公，這種禮法最低通用到什麼人身上？ (A)諸侯 (B)大夫 (C)士 (D)庶人。

（ ）21. 父為大夫，子為士，父死，喪禮規定如何？ (A)葬用大夫之禮 (B)祭用大夫的禮節 (C)葬用士的禮節 (D)無特別規定。

（ ）22. 「人道敏政，地道敏樹。夫政也者，蒲盧也。」此比喻： (A)徒善不足以為政，徒法不足以自行 (B)人存政舉，則施政速成 (C)不在其位，不謀其政 (D)一日曝之，十日寒之。

（ ）23. 「親親之殺，尊賢之等，禮所生也。」意謂禮制的產生源自： (A)兼愛的精神 (B)慎終追遠的觀念 (C)愛有等差的真諦 (D)忠恕之道。

（ ）24. 下列何者為九經的效驗？ (A)來百工，則百姓勸 (B)子庶民，則財用足 (C)尊賢，則不怨 (D)脩身，則道立。

（ ）25. 「日省月試，既稟稱事，所以勸百工也。」意謂： (A)循名責實，賞罰分明 (B)升遷有憑，取捨合義 (C)因材器使，優劣得所 (D)嚴加考核，使工酬相侔。

（ ）26. 「言前定，則不跲，事前定，則不困。」意謂： (A)三思後行，事無不成 (B)早知今日，何必當初 (C)事豫則立，不豫則廢 (D)往者已矣，來者難追。

（ ）27. 「有弗學，學之弗能弗措也；有弗問，問之弗知弗措也。」此之謂： (A)擇善固執 (B)一曝十寒 (C)日省月試 (D)膜外概置。

（ ）28. 「人一能之，己百之；人十能之，己千之。」

此意謂： (A)工酬相侔 (B)日削月朘 (C)勤能補拙 (D)持恆保泰。

（　）29. 下列敘述何者錯誤？ (A)自誠明，謂之性：由至誠而自然明白善道，叫做天賦的本性，全由天性而來 (B)自明誠，謂之教：由明白善道而達於至誠，這叫人為的教化，全由努力於學問思辨而得 (C)誠則明矣：能誠就能明白善道，由學知利行而來 (D)明則誠矣：能明白善道就能誠了，由困知勉行而來。

（　）30. 下列有關「成己，仁也；成物，知也；性之德也，合外內之道也，故時措之宜也」的說明，何者錯誤？ (A)能完成自己人格的人就是仁 (B)能使一切人和物都完成自我的個性就是知 (C)仁與知是天生的德性，不假他求，故曰性之德也 (D)仁和知在外成就萬物，在內成就自己，故施之無所不宜。

（　）31. 「博厚配地，高明配天，悠久無疆。如此者，不見而章，不動而變，無為而成。」意謂： (A)聖人之德，要能動能變能轉才能有成 (B)聖人克配天地，自己不必有所動作自能成就遠大 (C)能夠博厚、高明、悠久，即可坐享其成 (D)掌握博厚、高明、悠久的人則可心想事成。

（　）32. 「天地之道，可一言而盡也」，這「一言」是指： (A)維天之命，於穆不已 (B)其為物不貳，則其生物不測 (C)於乎不顯，文王之德之純 (D)至誠無息，不息則久。

（　）33. 下列何者不是天地之道？ (A)博厚 (B)高明 (C)悠久 (D)無物。

（　）34. 下列敘述何者錯誤？ (A)苟不至德，至道不凝：若非有極高德性的人，那至大至高的道理就不能有所成就了 (B)君子尊德性而道問學：「尊德性」即指漢儒清儒的章句訓詁。「道問學」是指宋明諸儒的心性義理之學 (C)致廣大而盡精微：君子要致力於道體的廣大，盡心於道體的精微 (D)極高明而道中庸：雖然達到高明的境地，而仍舊遵循著中庸的道理。

（　）35. 下列字詞解釋何者錯誤？ (A)至道不「凝」：聚也，成也／為下不「倍」：背 (B)其「默」足以容：沉默／既明且「哲」：睿智 (C)生乎今之世，「反」古之道：違背／「烖」及其身者也：古「災」字 (D)不制「度」：品制／不「考」文：校訂。

（　）36. 「王天下有三重焉」，下列何者不在三重之內？ (A)議禮 (B)制度 (C)考文 (D)行倫。

37.（　）下列字詞解釋何者錯誤？(A)「上焉者」，雖善無徵：時王以前，指夏商之禮 (B)「下焉者」，雖善不尊：聖人在下，如孔子 (C)本諸身：（君子之道）要從自身做起 (D)徵諸庶民：徵求百姓意見。

38.（　）孔子之所以偉大者，乃是：(A)祖述文武 (B)憲章堯舜 (C)上律天時 (D)下襲地理。

39.（　）下列有關至聖之德可以配天的道理，何者敘述正確？(A)溥博如淵 (B)淵泉如天 (C)見而民莫不敬 (D)行而民莫不信。

40.（　）《詩》云：「潛雖伏矣；亦孔之昭。」意異於：(A)內省不疚，無惡於志 (B)君子之所不可及者，其唯人之所不見乎 (C)莫見乎隱，莫顯乎微 (D)相在爾室，有愧於屋漏。

41.（　）下列短語闡釋何者錯誤？(A)德輶如毛：言以德化民，輕如毛髮 (B)予懷明德，不大聲以色：我想實踐明德，故不以聲色待人 (C)不顯惟德，百辟其刑之：天子德行豈不顯明，所有諸侯都會效法他 (D)奏假無言，時靡有爭：神在降臨時，雖無聲音語言，卻能使人肅敬而無所爭論。

二、多選題

1.（　）下列何者為頂針修辭？(A)上焉者，雖善無徵，無徵不信，不信民弗從 (B)至誠無息；不息則久。久則徵，徵則悠遠，悠遠則博厚，博厚則高明 (C)唯天下至誠，為能盡其性；能盡其性，則能盡人之性；能盡人之性，則能盡物之性 (D)其次致曲，曲能有誠；誠則形，形則著，著則明，明則動，動則變，變則化 (E)有弗學，學之弗能弗措也；有弗問，問之弗知弗措也。

2.（　）下列生難字讀音何者錯誤？(A)兄弟既「翕」：ㄒㄧˋ／和樂且「耽」：ㄉㄢ (B)樂爾妻「帑」：ㄋㄨˊ／「齊」明盛服：ㄓㄞ (C)「矧」可射思：ㄕㄣˇ／誠之不可「揜」如此夫：ㄧㄢˇ (D)「既」稟稱事：ㄐㄧˋ／言前定，則不「跲」：ㄑㄧㄚˋ (E)見乎「蓍」龜：ㄑㄧˊ／黿「鼉」：ㄕㄨㄛˋ。

3.（　）下列字音字義何者錯誤？(A)「優優」大哉：ㄧㄡ ㄧㄡ，充足有餘／為下不「倍」：ㄅㄟˋ，同「背」字 (B)「烖」及其身：ㄆㄟˊ，古「災」字／杞不足「徵」：ㄓㄥˋ，證也 (C)無不覆「幬」：ㄕㄡˋ，覆蓋／霜露所「隊」：ㄉㄨㄟˋ，同「墜」字 (D)「肫肫」其仁：ㄓㄨㄣ，誠懇貌／「淵淵」其淵：ㄩㄢ ㄩㄢ，深靜貌 (E)衣錦尚「絅」：ㄐㄩㄥˇ，通「褧」，禪衣，即單層罩袍／德「輶」如毛：一ㄡˊ，輕也。

（　）4.下列字詞解釋何者正確？ (A)「率」性之謂道：遵循／「脩」道之謂教：修正，節制 (B)「致」中和：推而極之／萬物「育」焉：順遂生長 (C)君子而「時中」：時時處在中和境地／小人而無「忌憚」也：畏懼 (D)好察「邇言」：淺近之言／執其「兩端」：指過與不及 (E)罟、「擭」、陷阱：機檻也／拳拳服「膺」：胸也。

（　）5.下列字詞解釋何者正確？ (A)「衽」金革：席，動詞／和而不「流」：移也 (B)強哉「矯」：強貌／不變「塞」：未達之所守 (C)「素隱」行怪：深求隱僻之理／君子之道，「費而隱」：用處很廣，本體卻很精微 (D)睨而視之：斜著眼睛察看／庸德之行：平常的道德，要努力實踐 (E)「有所不足」，不敢不勉：指行為實踐上有欠缺的地方／「有餘」不敢盡：指在言論的發表上有多餘之處。

（　）6.下列何者為映襯修辭？ (A)凡事豫則立，不豫則廢 (B)好學近乎知，力行近乎仁，知恥近乎勇 (C)其人存，則其政舉；其人亡，則其政息 (D)夫孝者善繼人之志、善述人之事者也 (E)中也者，天下之大本也；和也者，天下之達道也。

（　）7.《詩》云：「衣錦尚絅。」意近於： (A)君子之道，闇然而日章；小人之道，的然而日亡 (B)君子之道，淡而不厭，簡而文，溫而理 (C)古之學者為己，今之學者為人 (D)君子戒慎乎其所不睹，恐懼乎其所不聞 (E)君子之學也，以美其身；小人之學也，以為禽犢。

（　）8.下列何者與「慎獨」相關？ (A)潛雖伏矣，亦孔之昭 (B)君子之所不可及者，其唯人之所不見乎 (C)相在爾室，尚不愧于屋漏 (D)莫見乎隱，莫顯乎微 (E)十目所視，十手所指。

（　）9.中庸之道，何以不行不明？ (A)知者過之 (B)愚者不及 (C)賢者過之 (D)不肖者不及 (E)人莫不飲食也，鮮能知味也。

（　）10.舜何以能成為「大知」？ (A)好問而好察邇言 (B)隱惡而揚善 (C)執其兩端，用其中於民 (D)得一善，則拳拳服膺而弗失之 (E)寬柔以教，不報無道。

（　）11.下列何者為君子之強？ (A)和而不流 (B)中立而不倚 (C)國有道，不變塞焉 (D)國無道，至死不變 (E)衽金革，死而不厭。

（　）12. 下列何者可謂「素隱行怪」？ (A)知者過之 (B)愚者不及 (C)賢者過之 (D)不肖者不及 (E)半途而廢。

（　）13. 孔子認為君子之道四，而己未能一焉的是： (A)所求乎子以事父——孝 (B)所求乎臣以事君——忠 (C)所求乎弟以事兄——悌 (D)所求乎朋友先施之——信 (E)上不怨天，下不尤人。

（　）14. 下列何者用來說明「素其位而行，不願乎其外」？ (A)素富貴，行乎富貴 (B)素貧賤，行乎貧賤 (C)素夷狄，行乎夷狄 (D)素患難，行乎患難 (E)君子居易以俟命。

（　）15. 下列何者可謂因材而篤？ (A)德為聖人，尊為天子，富有四海之內 (B)宗廟饗之，子孫保之 (C)宜民宜人，受祿于天 (D)保佑命之，自天申之 (E)故大德，必得其位，必得其祿，必得其名，必得其壽。

（　）16. 「天下之達道五」，下列何者正確？ (A)君臣有義 (B)父子有親 (C)夫婦有別 (D)長幼有序 (E)朋友有信。

三、非選題

配合：

（　）1. 下列何者為子思讚孔子之道偉大？

（　）2. 下列何者係言聖人的態度、氣象和胸襟？

（　）3. 何謂知天、知人？

（　）4. 何謂成己、成物？

（　）5. 下列何者為治理天下國家的九經？

參考選項

(A)仲尼祖述堯舜，憲章文武；上律天時，下襲水土 (B)聰明睿知，足以有臨也；寬裕溫柔，足以有容也；發強剛毅，足以有執也 (C)質諸鬼神而無疑，百世以俟聖人而不惑 (D)溥博如天，淵泉如淵。見而民莫不敬，言而民莫不信 (E)脩身、尊賢、親親、敬大臣、體群臣、子庶民、來百工、柔遠人、懷諸侯 (F)肫肫其仁，淵淵其淵，浩浩其天 (G)誠者，物之終始；不誠，無物 (H)道立，不惑，不怨，不眩，報禮重，百姓勸，財用足，四方歸之，天下畏之 (I)己立立人，己達達人 (J)上焉者雖善無徵，下焉者雖善不尊

論語

學而第一

一、單選題

（　）1. 「學而時習之……」本章旨在勸人如何？ (A)學文 (B)交友 (C)包容 (D)學為君子。

（　）2. 「學而時習之」的「時習」是指： (A)找

時間練習 (B)實習 (C)隨時學習 (D)時時複習所學。

（ ）3. 下列敘述何者錯誤？ (A)學而時習之，不亦「說」乎：同「悅」 (B)有朋自遠方來，不亦「樂」乎：喜形於色 (C)人不知而不「慍」：同「溫」，溫和 (D)有「朋」自遠方來：同門曰朋。

（ ）4. 下列敘述何者錯誤？ (A)為學的方法：學而時習之 (B)為學的樂趣：有朋自遠方來 (C)為學的態度：不悅、不樂、不慍 (D)為學的目標：學為君子。

（ ）5. 下列敘述何者錯誤？ (A)善事父母曰孝 (B)善事兄長曰弟 (C)本立，是指立君子之德 (D)道生，是仁道自此而生。

（ ）6. 下列敘述何者錯誤？ (A)好犯上者「鮮」矣：稀少 (B)好作亂者，「未之有」也：未有之的倒裝 (C)孝弟「也者」：語氣詞 (D)「其」為仁之本與：豈。

（ ）7. 「子曰：『巧言令色，鮮矣仁。』」章旨在論仁者要： (A)言巧色善 (B)直言正色 (C)擅言好色 (D)巧言妙語、喜形於色。

（ ）8. 下列敘述何者錯誤？ (A)巧言：說討人喜歡的話 (B)令色：裝著討人喜歡的臉色 (C)巧言、令色都是指內德之美 (D)鮮矣仁是指內心無仁德。

（ ）9. 「曾子曰：『吾日三省吾身……』」本章旨在曾子自述： (A)省身慎行的事 (B)察核的工夫 (C)做事的能力 (D)待人的方法。

（ ）10. 「吾日三省吾身」重點在反省： (A)做人 (B)做事 (C)誠實 (D)為學。

（ ）11. 下列敘述何者錯誤？ (A)為人謀而不忠：則必欺人 (B)與朋友交而不信：則必欺友 (C)傳而不習：則必欺先生 (D)欺人者，必不自欺。

（ ）12. 下列敘述何者錯誤？ (A)「子」可以為男子的美稱 (B)古代對有道德、有學問、有爵位者皆稱「子」 (C)學生對師長亦可尊稱為「子」 (D)《論語》記載孔子學生亦尊稱為「子」。

（ ）13. 「子曰：『道千乘之國……』」章旨在論： (A)治國要道在敬、信、節、愛、時 (B)治國首重兵備 (C)治軍要以兵車為重 (D)治事要謹慎專一。

（ ）14. 孔子說「道千乘之國」最重要的原則是： (A)以民為本 (B)以敬事而信為主 (C)以節用為主 (D)以不違農時為主。

（ ）15. 下列敘述何者錯誤？ (A)不敬事，則朝令夕改 (B)不節用，必致橫徵暴斂 (C)不以時，則民不能耕食 (D)以上皆非儒家「仁政」之徵。

（ ）16.「子曰：『弟子入則孝，出則弟……』」章旨在教少年子弟要先學何者而後學文？(A)持家 (B)以德為本 (C)政事 (D)言語。

（ ）17.下列敘述何者錯誤？ (A)入孝出弟：在述德行 (B)謹而信：在述朋友 (C)汎愛眾，而親仁：在述政事 (D)餘力學文：在述文學。

（ ）18.從「弟子入孝出弟、謹信、愛眾、親仁、行餘、學文」可知孔門一貫的教育精神為：(A)以德為本 (B)以民為本 (C)以文為本 (D)以政為本。

（ ）19.孔子教學講求本末先後，則上題「弟子入孝出弟、謹信、愛眾、親仁、行餘、學文」的言序，與下列何者暗合？ (A)四教 (B)四科 (C)四民 (D)四端。

（ ）20.「子夏曰：『賢賢易色……』」章旨在強調為學重在： (A)敬賢輕色 (B)盡心盡力 (C)務本做人 (D)獻身為國。

（ ）21.「事父母能竭其力，事君能致其身，與朋友交，言而有信。」乃言其能： (A)實踐孝弟之道 (B)實踐人倫之道 (C)實踐朋友之道 (D)實踐為學之道。

（ ）22.下列有關「賢賢易色」的敘述，何者錯誤？(A)用尊敬賢人之心來替換愛好美色之心 (B)用愛好美色之心來禮敬賢者 (C)尊敬賢者比愛好美色容易 (D)要輕視美色，重視敬賢。

（ ）23.要做好一個君子，下列何者不是必要條件？ (A)莊重威嚴 (B)忠信處世 (C)勇於改過 (D)尚賢黜愚。

（ ）24.「無友不如己者」意謂不要結交怎麼樣的朋友？ (A)仁德不如己 (B)學問不如己 (C)莊重不如己 (D)忠信不如己。

（ ）25.「曾子曰：『慎終追遠，民德歸厚矣。』」章旨在強調在位者： (A)能尊祖敬祖，才能化民有德 (B)能重視喪葬節文，才能變俗 (C)能推行薄葬，才能改變民俗 (D)能重視風水，才能轉移民情。

（ ）26.下列敘述何者錯誤？ (A)「主」忠信：親近 (B)過則勿「憚」改：畏難 (C)慎終：乃言喪要盡禮 (D)追遠：乃謂祭要祭始祖。

（ ）27.「夫子至於是邦也，必聞其政……」章旨在說明孔子與聞他國政事係由何得來？(A)自求 (B)德化 (C)聽聞 (D)巧遇。

（ ）28.「子曰：『父在觀其志……』」章旨在談論：

(A)孝子的行為 (B)業紹箕裘 (C)觀人子之志行 (D)父親生前志行。

(　) 29.「有子曰：『禮之用，和為貴……』」章旨在說明禮之用：(A)以從容合節為可貴 (B)以遠近親疏為可貴 (C)以先王之道為可貴 (D)以禮敬為可貴。

(　) 30.下列敘述何者錯誤？ (A)「其諸」異乎人之求之與：或許 (B)父在觀「其」志：指子 (C)先王之道，「斯」為美：指禮的和諧精神 (D)小大「由」之：通「尤」。

(　) 31.下列敘述何者錯誤？ (A)信近於義，言可「復」也：實踐 (B)恭「近」於禮，遠恥辱也：接近、合 (C)「因」不失其親：因此 (D)亦可「宗」也：動詞，尊敬。

(　) 32.「子曰：『君子食無求飽，居無求安……』」章旨在講述：(A)好學者貧而樂道 (B)在位者枵腹從公 (C)好學者引錐刺股 (D)在位者伴食中書。

(　) 33.《詩》云：「如切如磋，如琢如磨。」意謂：(A)精益求精 (B)為所欲為 (C)精金百鍊 (D)窮形盡相。

(　) 34.「子曰：『不患人之不己知，患不知人也。』」章旨在言：(A)人當責己，不當責人 (B)人當防己，不當防人 (C)人當強求人知，不當力求知人 (D)人當為人，不當為己。

(　) 35.下列敘述何者錯誤？ (A)不「患」人之不己知：憂慮 (B)告諸「往」而知來者：往聖 (C)就有道而「正」焉：問其是非 (D)「因」不失其親，亦可宗也：依憑，親近。

(　) 36.下列何者是倒裝句法？ (A)不患人之不己知 (B)三年無改於父之道 (C)無友不如己者 (D)賢賢易色。

二、多選題

(　) 1.「有朋自遠方來，不亦樂乎」的「樂」，不同於：(A)閔子侍側，誾誾如也 (B)子路侍側，行行如也 (C)冉有、子貢侍側，侃侃如也 (D)就有道而正焉 (E)三人行，必有我師焉。

(　) 2.孔子說：「人不知而不慍。」下列何者與之相近？ (A)子曰：「不患人之不己知，患不知人也」 (B)子曰：「不患莫己知，求為可知也」 (C)子曰：「君子病無能焉，不病人之不己知也」 (D)子曰：「君子疾沒世而名不稱焉」 (E)子曰：「古之學者為己，今之學者為人」。

(　) 3.下列成語解釋何者正確？ (A)食無求飽：是說饔飧不繼 (B)就正有道：是說不恥下問 (C)切磋琢磨：是說刻苦力學 (D)溫故

知新：是說學而時習　(E)苗而不秀：是說學未有成。

(　　) 4. 下列哪一組詞義相反？　(A)賢賢易色／禮賢下士　(B)行有餘力／左支右絀　(C)牛角掛書／焚膏繼晷　(D)愛眾親仁／非聖誣法　(E)循循善誘／躐等以教。

(　　) 5. 「巧言令色，鮮矣仁」的「巧言令色」可換為：　(A)足恭諂媚　(B)危言危行　(C)突梯滑稽　(D)戴圓履方　(E)喔咿嚅唲。

(　　) 6. 孔子教人為學，須做到哪些事項才算好學？　(A)食無求飽，居無求安　(B)敏於事而慎於言　(C)就有道而正焉　(D)日知其所亡　(E)月無忘其所能。

(　　) 7. 孔子所謂「行有餘力，則以學文」中的「行」包括：　(A)孝弟　(B)謹信　(C)愛親　(D)敬事　(E)使民。

(　　) 8. 孔子論學主張：　(A)以德為本，學文其次　(B)為學重在「賢賢易色」　(C)首要學習孝弟忠信　(D)事父母能竭其力　(E)事君能致其身。

(　　) 9. 孔門論學，以德為本，由以下何者可知？　(A)學而時習之，不亦說乎？有朋自遠方來，不亦樂乎　(B)弟子入則孝，出則弟，謹而信，汎愛眾，而親仁。行有餘力，則以學文　(C)父在觀其志，父沒觀其行。三年無改於父之道，可謂孝矣　(D)賢賢易色，事父母能竭其力，事君能致其身，與朋友交，言而有信，雖曰未學，吾必謂之學矣　(E)不患人之不己知，患不知人也。

(　　) 10. 下列何者是孔門所謂真正好學的人？　(A)君子食無求飽，居無求安，敏於事而慎於言，就有道而正焉　(B)有顏回者，不遷怒，不貳過　(C)一簞食，一瓢飲，在陋巷，人不堪其憂，回也不改其樂　(D)人不知而不慍，不亦君子乎　(E)日知其所亡，月無忘其所能。

(　　) 11. 「子貢曰：『《詩》云：如切如磋，如琢如磨。其斯之謂與？』」子貢借此詩的道理來比喻何種道理？　(A)以「切、琢」喻「貧而無諂，富而無驕」　(B)以「磋、磨」喻「貧而樂道，富而好禮」　(C)子曰「告諸往」是指「切、磋」　(D)「知來者」是指「琢、磨」　(E)「往者」是指「切、琢」；「來者」是指「磋、磨」。

(　　) 12. 下列通同字的說明，何者正確？　(A)弟子入則孝，出則「弟」：通「悌」　(B)多學而「識」之者與：通「誌」　(C)君子博學於文，約之以禮，亦可以弗「畔」矣夫：

通「叛」 (D)非不「說」子之道：同「悅」 (E)學而不思則罔：通「惘」。

( ) 13. 「子曰：『弟子入則孝，出則弟，謹而信，汎愛眾，而親仁。行有餘力，則以學文。』」下列敘述何者錯誤？ (A)以孝弟為先，親仁為後 (B)以德為本，學文為後 (C)學行並重，文德兼容 (D)以謹信為首，以愛眾為末 (E)以孝弟為本，以《詩》《書》六藝為末。

( ) 14. 孔子是一位倡導人格教育的先師，其諄諄教誨者在於： (A)以言行的履踐為第一 (B)敦品然後力學 (C)進德重於修業 (D)親仁先於孝弟 (E)愛眾重於言語。

( ) 15. 「學而時習之」的「學」是指： (A)日知其所亡 (B)月無忘其所能 (C)溫故 (D)知新 (E)春秋教《禮》《樂》，冬夏教《詩》《書》。

三、非選題

配合：

( ) 1. 在《論語》一書中對孔門弟子多稱名，然亦有不稱名而稱子的有誰？

( ) 2. 孔子最喜論仁，他認為行仁的根本為何？

( ) 3. 何謂孔門四科？

( ) 4. 孔子具備了哪五德，故能聞政？

( ) 5. 有子認為要做到「復言、遠恥」需講求什麼？

參考選項

(A)顏回、子貢 (B)有若、曾參 (C)敬事而信，節用而愛人 (D)忠信 (E)孝弟 (F)信近於義，恭近於禮 (G)文信忠行 (H)德行、言語、政事、文學 (I)忠信知仁勇 (J)溫良恭儉讓

為政第二

一、單選題

( ) 1. 「為政以德，譬如北辰，居其所，而眾星共之」的修辭技巧為何？ (A)隱喻 (B)略喻 (C)明喻 (D)借喻。

( ) 2. 「《詩》三百，一言以蔽之，曰思無邪。」意謂《詩經》： (A)作者的思想是純正的 (B)沒有一句偏頗的話 (C)有一句欺瞞的話叫做思無邪 (D)有一句蔽障思無邪的話。

( ) 3. 「子曰：『道之以政，齊之以刑，民免而無恥……』」章旨在論： (A)政令、刑罰，可迅速導民於正 (B)以道德、禮教導民，緩不濟急 (C)法治與德治的優劣 (D)峻法嚴刑，則無所逃罪。

( ) 4. 下列敘述何者正確？ (A)「道之以政，齊

之以刑」為法家所主張 (B)「道之以德，齊之以禮」為道家所主張 (C)「民免而無恥」是治本 (D)「有恥且格」是治標。

( ) 5. 下列敘述何者錯誤？ (A)「道」之以政：動詞，引導 (B)「齊」之以刑：動詞，整飭 (C)民「免」而無恥：免罪、免刑、免禍 (D)有恥且「格」：格除罪刑。

( ) 6. 「子曰：『吾十有五而志於學；三十而立……』」章旨在言孔子：(A)求學自立的歷程 (B)為學求進的努力 (C)進德修業的計畫 (D)為學進德的次序。

( ) 7. 下列敘述何者錯誤？ (A)三十而立：能堅定自守，立身社會 (B)四十而不惑：能了然事物當然之理 (C)五十而知天命：能知天命的運數 (D)六十而耳順：能聞言知微，融會貫通。

( ) 8. 「孟懿子問孝……」章旨在說明：(A)孝必僭禮 (B)孝必盡禮 (C)孝必悖禮 (D)孝重實踐。

( ) 9. 有關「生，事之以禮；死，葬之以禮，祭之以禮」，下列敘述何者錯誤？ (A)當父母活著的時候，要依禮侍奉，以盡孝順之道 (B)當父母去世的時候，要依禮行葬，以盡哀戚之情 (C)當父母死後，要依禮祭祀，以盡思慕之心 (D)對父母生事葬祭，只要依照禮制節文，不必講求階級差等。

( ) 10. 「孟武伯問孝。子曰：『父母唯其疾之憂。』」章旨在說明：(A)父母只擔憂子女的疾病 (B)孝子只憂慮己疾 (C)父母只擔憂自己生病 (D)父母只憂己有病，不慮其他。

( ) 11. 下列何者的句型沒有「倒裝」？ (A)道之以德，齊之以禮 (B)吾十有五而志於學；三十而立 (C)生，事之以禮；死，葬之以禮 (D)父母唯其疾之憂。

( ) 12. 「子游問孝。子曰：『今之孝者，是謂能養……』」章旨在言：(A)為孝必敬 (B)行孝必養 (C)孝與敬的區別 (D)飲食要能供養父母。

( ) 13. 「至於犬馬，皆能有養。」意謂：(A)就是「狗和馬」都能得人們的飼養 (B)即使是犬馬也都能養人 (C)就是一般人家也都養有犬馬 (D)人養的犬馬，也都能孝敬主人。

( ) 14. 「子夏問孝。子曰：『色難……』」章旨在言：(A)行孝要和顏悅色事親 (B)行孝要服勞奉養父母 (C)行孝要承順父母的顏色 (D)事奉父母要如好美色。

( ) 15. 下列敘述何者錯誤？ (A)「色」難：指子

女的顏色 (B)有酒「食」：ㄙˋ，名詞，指食物 (C)「先生」饌：指父兄、長輩 (D)「曾」是以為孝乎：語詞，無義。

16.（ ）「子曰：『吾與回言終日，不違如愚……』」章旨在：(A)讚美顏回之德 (B)指陳顏回像書呆子 (C)言顏回上課沒有反應 (D)言顏回與孔子在日常語默間沒有默契。

17.（ ）下列敘述何者錯誤？ (A)「不違」如愚：只聽受無問難 (B)退而「省」其私：考察 (C)亦足以「發」：闡發孔子話中道理 (D)省其「私」：私下生活。

18.（ ）「子曰：『視其所以，觀其所由……』」章旨在言：(A)知人之法 (B)觀人之法 (C)察人之法 (D)看人之法。

19.（ ）下列敘述何者錯誤？ (A)視其所「以」：用也，或為也 (B)觀其所「由」：從也，行為所採取的手段 (C)察其所「安」：樂也，心之所樂者 (D)人焉「廋」哉：收斂。

20.（ ）「子曰：『溫故而知新，可以為師矣。』」章旨在言：(A)為人師表的方法 (B)為人師表的手段 (C)為人師表的技巧 (D)為人師表的用途。

21.（ ）「子曰：『君子不器。』」章旨在言：(A)君子之肚量 (B)君子之才德 (C)君子之器識 (D)君子之器宇。

22.（ ）「子貢問君子。子曰：『先行其言，而後從之。』」章旨在言君子：(A)要只做不說 (B)先說再做 (C)要言行一致 (D)只說不做。

23.（ ）「君子周而不比，小人比而不周。」章旨在說明：(A)君子小人行事不同 (B)君子小人德行不同 (C)君子小人表現不同 (D)君子小人作法不同。

24.（ ）「子曰：『學而不思則罔，思而不學則殆。』」章旨在言：(A)學思互補 (B)學重於思 (C)思重於學 (D)學思並重。

25.（ ）「子曰：『攻乎異端，斯害也已。』」章旨在：(A)禁人雜學 (B)禁人固執 (C)禁人偏頗 (D)要人執兩端。

26.（ ）「子曰：『由，誨女知之乎！知之為知之，不知為不知，是知也。』」章旨在言：(A)求知的態度 (B)強知的方法 (C)知與不知的區別 (D)真知的道理。

27.（ ）下列敘述何者錯誤？ (A)多聞闕疑，慎言其餘：可以減少口誤之失 (B)多見闕殆，慎行其餘：可以減少內疚之失 (C)言寡尤，行寡悔：言行誤失 (D)言寡尤，行寡悔，祿在其中矣：得祿之道，在修好言行。

（　）28. 下列敘述何者錯誤？ (A)舉直「錯」諸枉：放置、安置 (B)舉「枉」錯諸直：邪枉之人 (C)多聞「闕」疑：同「缺」 (D)多見闕「殆」：危而不安。

（　）29. 「臨之以莊，則（　）；孝慈，則（　）；舉善而教不能，則（　）。」上列缺空依序宜填入： (A)勸、忠、敬 (B)敬、忠、勸 (C)忠、敬、勸 (D)敬、勸、忠。

（　）30. 下列敘述何者錯誤？ (A)「施」於有政：推行 (B)是亦為政：即亦是為政 (C)奚其為為政：指稱詞，指問者所謂的「為政」 (D)奚其「為」為政：動詞，治理。

（　）31. 「子曰：『人而無信，不知其可也……』」章旨在說明立身處世： (A)不可無大車 (B)不可無小車 (C)不可無信 (D)不可無輗軏。

（　）32. 有關「大車無輗，小車無軏，其何以行之哉」的「輗、軏」，下列說明何者正確？ (A)輗、軏是指車輪 (B)輗、軏是指車的轅木、衡木 (C)輗、軏是指轅、衡相連的地方 (D)輗、軏是指車軛。

（　）33. 「子張問：『十世可知也？』……」章旨在說明： (A)禮的創制因革和損益 (B)考察禮制要從前朝後代下手 (C)禮制因時因地各有增減 (D)研究禮制要把握朝代演變。

（　）34. 下列敘述何者錯誤？ (A)人「而」無信：卻 (B)其「何」以行之哉：怎麼、如何 (C)殷「因」於夏禮：因襲 (D)所「損益」可知也：減少。

（　）35. 「子曰：『非其鬼而祭之，諂也……』」章旨在說明： (A)不要媚神求福，不要忘恩負義 (B)要祭所當祭之鬼，要見義勇為 (C)不要淫祀亂祭，不要見義佯勇 (D)見義鬼，則當勇於祭拜。

二、多選題

（　）1. 下列何者運用譬喻修辭？ (A)為政以德，譬如北辰，居其所，而眾星共之 (B)道之以政，齊之以刑，民免而無恥 (C)吾十有五而志於學；三十而立 (D)生，事之以禮；死，葬之以禮，祭之以禮 (E)今之孝者，是謂能養。至於犬馬，皆能有養；不敬，何以別乎。

（　）2. 下列敘述何者錯誤？ (A)近者悅，遠者來：遠近誠服 (B)民免而無恥：人民可以避免無恥 (C)有恥且格：人民可以革除羞恥心 (D)居其所，而眾星共之：安居在天的中樞，而眾星環繞著歸向它 (E)能以禮讓為國乎，何有：能夠用禮讓來治國，有何困難呢。

（ ）3.「順心意行事，而不踰越法度，所謂從容中道。」此指：(A)不惑之年 (B)知命之年 (C)耳順之年 (D)不踰矩之年 (E)從心所欲之年。

（ ）4.下列關於年紀的詞語，何者使用正確？(A)人瑞老翁，齒危髮禿正「周晬」耳 (B)「弱冠」之子，童山濯濯，可以從心所欲，亦不踰矩 (C)「不惑」之年，事業有成，堪為社會中堅 (D)「二毛」垂髫，童言稚語，煞是可愛 (E)年屆「耳順」，致仕還鄉，含飴弄孫可矣。

（ ）5.下列何者為孔子論孝之語？(A)能養 (B)無違 (C)恭敬 (D)色難 (E)幾諫。

（ ）6.下列敘述何者錯誤？(A)「父母唯其疾之憂」意指盡孝要珍重自愛 (B)「能養」就是盡到孝道 (C)「有事，弟子服其勞」就是盡孝 (D)「喜知父母之年」是喜父母年壽俱增 (E)「曾子曰：啟予足！啟予手」，言盡孝要戒慎守身。

（ ）7.下列何者是指孔子的言行？(A)「德之不修，學之不講，聞義不能徙，不善不能改」(B)「賢賢易色，事父母能竭其力，事君能致其身，與朋友交，言而有信」(C)「今之孝者，是謂能養」(D)「默而識之，學而不厭，誨人不倦」(E)「簞食瓢飲，居陋巷，視不義而富且貴如浮雲」。

（ ）8.下列何者為孔子論學之言？(A)溫故而知新，可以為師矣 (B)學如不及，猶恐失之 (C)思而不學則罔，學而不思則殆 (D)知之者不如好之者，好之者不如樂之者 (E)日知其所亡，月無忘其所能。

（ ）9.下列敘述何者錯誤？(A)退而省其「私」：私相討論 (B)亦足以「發」：闡發夫子之道 (C)視其所以：初看他行事手段是否適宜 (D)觀其所由：細看他行為表現是否純正 (E)察其所安：審察他心情反應是否安適快樂。

（ ）10.孔子認為為師必備的條件是：(A)先學做人，其次學文 (B)學如不及，猶恐失之 (C)溫故而知新 (D)日知其所亡，月無忘其所能 (E)譬如為山，譬如平地。

（ ）11.下列何者在言君子不為小道？(A)君子周而不比，小人比而不周 (B)子貢問君子。子曰：「先行其言，而後從之」(C)君子不器 (D)君子不可小知，而可大受也 (E)雖小道，必有可觀者焉，致遠恐泥，是以君子不為也。

（　）12.下列何者在言為學要虛心誠懇、擇善而從？ (A)子曰：「由，誨女知之乎！知之為知之，不知為不知，是知也」 (B)子曰：「三人行，必有我師焉。擇其善者而從之；其不善者而改之」 (C)子曰：「蓋有不知而作之者，我無是也。多聞，擇其善者而從之，多見而識之，知之次也」 (D)子曰：「學而不思則罔，思而不學則殆」 (E)子曰：「攻乎異端，斯害也已」。

（　）13.孔子告訴子張求祿的方法是： (A)行寡悔 (B)舉直錯枉 (C)言寡尤 (D)使民敬忠 (E)舉善教不能。

（　）14.下列何者是為政服民的方法？ (A)舉直錯諸枉 (B)舉善而教不能 (C)舜有天下，選於眾，舉皋陶，不仁者遠矣 (D)多見闕殆，慎行其餘 (E)察其所安。

（　）15.孔子認為下列何者皆可謂為政治國？ (A)友于兄弟 (B)施於有政 (C)孝乎惟孝 (D)言寡尤 (E)行寡悔。

三、非選題

配合：

「子曰：『殷因於夏禮，所損益可知也；周因於殷禮，所損益可知也；其或繼周者，雖百世可知也。』」意謂古今禮制，相因相襲，有其演變軌跡，準此而有三綱五常。

（　）1.何謂三綱？

（　）2.何謂五常？

（　）3.何謂三達德？

（　）4.何謂三省？

（　）5.何謂六行？

參考選項

(A)智仁勇 (B)佛法僧 (C)仁義禮智信 (D)日月星 (E)君為臣綱，父為子綱，夫為妻綱 (F)君臣，父子，兄弟，夫婦，朋友 (G)福祿壽 (H)孝弟謹信愛親 (I)生死耳目口鼻 (J)為人謀，而不忠乎？與朋友交，而不信乎？傳，不習乎

八佾第三

一、單選題

（　）1.「孔子謂季氏：『八佾舞於庭。是可忍也，孰不可忍也？』」此章旨在論魯大夫季氏： (A)好行禮樂 (B)祭禮不備 (C)僭用禮樂 (D)維護禮樂。

（　）2.「三家者以雍徹。子曰：『相維辟公，天子穆穆。』」此章旨在譏： (A)三家僭禮 (B)三家不懂祭祀 (C)三家祭祀唱錯詩篇

(D)三家祭祀不夠莊嚴。

（　）3.下列敘述何者錯誤？ (A)以「雍」徹：《詩經・周頌》篇名 (B)「相」維辟公：助也 (C)辟公：諸侯也 (D)徹：指祭祀逾時。

（　）4.「子曰：『人而不仁，如禮何？人而不仁，如樂何？』」此章旨在言： (A)禮樂為仁之本 (B)禮樂之本在仁 (C)禮樂為仁之貌 (D)禮樂為仁之和。

（　）5.「林放問禮之本……」章旨在言禮的本意在： (A)重實質 (B)重外文 (C)重內情 (D)重節文。

（　）6.「子曰：『夷狄之有君，不如諸夏之亡也。』」章旨在言孔子感傷： (A)夷狄有君失禮 (B)夷狄君王失禮 (C)中國諸侯僭亂 (D)中國天子稱亂。

（　）7.下列敘述何者錯誤？ (A)不如「諸夏」之亡：指各國諸侯 (B)喪，與其「易」也，寧戚：指習熟喪禮節文，而無哀痛之心 (C)禮，「與其」奢也，寧儉：比較連詞，如果 (D)人而不仁，「如」禮何：猶言對也。

（　）8.「季氏旅於泰山。子謂冉有曰：『女弗能救與？』……」章旨在言： (A)美季氏能禮祭泰山 (B)譏季氏非禮祭泰山 (C)論季氏禮祭泰山之智 (D)闡季氏禮祭泰山之義。

（　）9.「子曰：『嗚呼！曾謂泰山不如林放乎？』」意謂： (A)泰山之神，不會接受季氏的祭祀 (B)泰山之神，會樂意接受季氏的祭祀 (C)林放不如泰山之神知禮 (D)泰山之神不知林放知禮。

（　）10.「子曰：『君子無所爭，必也射乎！揖讓而升，下而飲，其爭也君子。』」章旨在說明射禮是： (A)有爭讓之別的 (B)不分爭讓的 (C)有君子風度的 (D)最講爭勝的。

（　）11.「大孝尊親，其次不辱，其下能養。」「尊親」意為「使親尊」，「尊」字謂之「使動詞」。下列何句應用了使動詞？ (A)君子無所爭 (B)必也射乎 (C)揖讓而升 (D)下而飲。

（　）12.「子夏問曰：『巧笑倩兮，美目盼兮，素以為絢兮。何謂也？』……」章旨在言子夏因： (A)論學而知《詩》 (B)論繪而知素後 (C)論《詩》而知學 (D)論《詩》而悟道。

（　）13.下列敘述何者錯誤？ (A)巧笑「倩」兮：面頰美好貌 (B)美目「盼」兮：目黑白分明貌 (C)素以為「絢」兮：各種彩色的顏料 (D)「起」予者商也：開導也。

（　）14. 下列有關「繪事後素」的敘述何者錯誤？(A)子夏聞而解知：以素喻禮 (B)子夏因素而悟解禮 (C)禮在行為上的作用，類似素在繪畫上的作用 (D)禮後是說禮產生於素之後。

（　）15. 「子曰：『夏禮，吾能言之，杞不足徵也……』」章旨在言：(A)夏、殷禮制缺佚，杞、宋文獻不足，以致無從考信 (B)杞、宋兩國文獻不足，不能驗證古禮 (C)夏是杞的後代，殷是宋的後代，但文獻未明載 (D)杞、宋兩國禮制缺佚，夏、殷文獻不足，無從考證。

（　）16. 「子曰：『禘自既灌而往者，吾不欲觀之矣。』」旨在言：(A)魯國禘祭不合於禮 (B)魯國行禘祭排場不夠大 (C)魯國行禘祭已僭禮 (D)魯國行禘祭儀式不莊嚴。

（　）17. 下列敘述何者錯誤？(A)「禘」自既灌：天子五年大祭之名 (B)既灌「而往」：以後 (C)「文獻」不足故也：指史料 (D)杞不足「徵」也：證驗。

（　）18. 「或問『禘』之說……」章旨在言：(A)行禘祭者，必可治天下 (B)能禘祭者，治天下不難 (C)明禘祭之義者，治天下易 (D)禮禘祭者，不必治天下。

（　）19. 「祭如在，祭神如神在。子曰：『吾不與祭，如不祭。』」章旨在言孔子認為祭禮：(A)重在誠敬 (B)重在寧靜 (C)重在參與 (D)重在祭拜。

（　）20. 「王孫賈問曰：『與其媚於奧，寧媚於竈。何謂也？』……」章旨以祭祀應該盡禮不求媚於神來比喻：(A)自結權臣，不如阿附其君 (B)自結於君，不如阿附權臣 (C)做人應該各為其主，不求媚他人 (D)做人應該守禮，不求媚於人。

（　）21. 下列敘述何者錯誤？(A)知其說者之於天下也，其如示諸斯乎，「指其掌」：表示容易 (B)吾不與祭，如「不祭」：不能親自參加祭祀，不能表達孝心誠意 (C)祭「如在」，祭神如神在：如神在 (D)獲罪於天，「無所禱」也：無處祈禱。

（　）22. 「子曰：『周監於二代，郁郁乎文哉！吾從周。』」章旨在：(A)讚美周禮完備 (B)批評夏商二代文物過盛 (C)論述夏商周的文物禮制精緻 (D)說明夏商周的禮制美盛。

（　）23. 「子入大廟，每事問……」章旨在言孔子對祭祀大典的：(A)誠敬謹慎，不以問人為恥 (B)徒有知禮之名，沒有知禮之實

(C)禮制吹毛求疵　(D)禮制一知半解。

(　) 24. 「子曰：『射不主皮，為力不同科，古之道也。』」章旨在說明射禮所重在：(A)專注在目標　(B)貴揖讓，賤勇力　(C)主中鵠貫革　(D)比技巧，不比力之強弱。

(　) 25. 「子貢欲去告朔之餼羊……」章旨在言孔子重視：(A)保育動物　(B)生命的尊嚴　(C)保存古禮　(D)物類平等。

(　) 26. 下列敘述何者錯誤？(A)周「監」於二代：戒也　(B)「郁郁」乎文哉：文彩之盛　(C)孰謂「鄹人之子」知禮乎：指孔子　(D)射不「主」皮：動詞，猶言專注射中。

(　) 27. 「子曰：『事君盡禮，人以為諂也。』」章旨在：(A)疾時臣事君皆有所求　(B)疾時臣事君多無禮　(C)疾時臣事君皆不顧道義　(D)疾時臣事君皆為避害。

(　) 28. 「子曰：『〈關雎〉，樂而不淫，哀而不傷。』」章旨在讚美〈關雎〉之詩：(A)哀樂不失其正　(B)以色選為樂　(C)以賢賢易色為樂　(D)以正夫婦為樂。

(　) 29. 下列敘述何者錯誤？(A)欲去告「朔」之餼羊：每月初一　(B)「餼」羊：生牲　(C)樂而不「淫」：樂過頭而失正　(D)哀而不「傷」：感傷也。

(　) 30. 「哀公問社於宰我……」章旨在說明：三代各以所宜木為社主，宰我不知而妄對，孔子責之，希望宰我：(A)說話要負責　(B)說話要謹慎　(C)說話要兌現　(D)說話要實踐。

(　) 31. 「子曰：『管仲之器小哉！』或曰：『管仲儉乎？』……」此章為孔子：(A)反襯管仲量大　(B)美管仲有攘夷之功　(C)譏管仲器小　(D)責管仲失禮。

(　) 32. 下列敘述何者錯誤？(A)成事不說：已經形成的事，不便再解釋　(B)遂事不諫：已經完成的事，不便再挽救　(C)既往不咎：已經過去的事，不便再追究　(D)官事不攝：官事皆親自辦理。

(　) 33. 「儀封人請見，曰：『君子之至於斯也，吾未嘗不得見也。』……」章旨在說明：(A)孔子喪失官位，會到處宣道　(B)孔子失位，不會太久，必有賢君重用　(C)孔子之德，將垂教萬世　(D)孔子道大業大，必名揚四海。

(　) 34. 「子曰：『居上不寬，為禮不敬，臨喪不哀，吾何以觀之哉！』」章旨在教人：(A)重視行為的根本　(B)重視待人的根本　(C)重視言談的根本　(D)重視為政的根本。

（　）35.下列敘述何者錯誤？ (A)天將以夫子為「木鐸」：銅質木舌大鈴，古代召集百姓聆聽政令教化用的器具 (B)二三子，何患於「喪」乎：喪失官位 (C)「從者」見之：指儀封人的部屬 (D)儀封人請「見」：進見。

二、多選題

（　）1.三家者以雍徹，「三家」是指 (A)魯國之孟孫、叔孫、季孫 (B)齊、魯、韓 (C)天子、諸侯、卿大夫 (D)諸侯、卿大夫、士 (E)韓、趙、魏。

（　）2.下列何者為孔子談論行禮的原則？ (A)八佾舞於庭。是可忍也，孰不可忍也 (B)「相維辟公，天子穆穆」奚取於三家之堂 (C)人而不仁，如禮何？人而不仁，如樂何 (D)大哉問！禮，與其奢也，寧儉。喪，與其易也，寧戚 (E)奢則不孫，儉則固；與其不孫也，寧固。

（　）3.有關「相維辟公，天子穆穆」的敘述，何者正確？ (A)為《詩經・周頌・雍》詩之辭 (B)「相維辟公」：意謂助祭者皆諸侯 (C)「天子穆穆」：意謂天子的儀容莊嚴肅靜 (D)「相」「維」「辟公」：分別為「助」、「是」、「諸侯」 (E)天子「穆穆」：遠深貌。

（　）4.下列何者指僭禮的行為？ (A)季氏旅於泰山 (B)三家者以雍徹 (C)季氏八佾舞於庭 (D)子貢欲去告朔之餼羊 (E)王孫賈問曰：與其媚於奧，寧媚於竈。

（　）5.有關「禮，與其奢也，寧儉。喪，與其易也，寧戚」的敘述，下列何者錯誤？ (A)這是林放問孔子的話 (B)言禮重質甚於重文 (C)禮之本在於儀式周備 (D)禮而無節，徒勞無益 (E)言儀式從簡，情重哀痛。

（　）6.有關「人而不仁，如禮何？人而不仁，如樂何」的敘述，何者錯誤？ (A)禮樂比仁重要 (B)沒有人能離開禮樂 (C)人而不仁，禮教、樂教又有何用 (D)仁的根本在禮樂 (E)只要有仁，禮樂可省。

（　）7.「夷狄之有君，不如諸夏之亡也。」意謂： (A)夷狄有君比不上中國無君 (B)夷狄且有君，而諸夏反僭亂 (C)夷狄有君無禮義，中國雖偶無君而禮義不廢 (D)本章在稱揚夷狄而貶抑中國 (E)本章乃重中國而賤夷狄。

（　）8.「子夏問曰：『巧笑倩兮，美目盼兮，素以為絢兮。何謂也？』子曰：『繪事後素。』曰：『禮後乎？』子曰：『起予者商也，始可與言《詩》已矣。』」下列敘述何者正確？ (A)巧笑倩兮三句是《詩經・衛風・碩人》篇詩句 (B)「巧笑倩兮，美目盼兮，素以為絢兮」：「巧笑」、「美目」謂絢，嫻於儀容謂素 (C)「巧笑倩兮，美目盼兮，素以為絢兮」意謂女子容色已經很美，再加上儀態端莊、素雅，更襯托出她美麗的光彩 (D)繪事後素：朱熹以為施素在先，施彩在後，猶人有美質，然後可加文采 (E)禮後乎：謂人先有忠信之質，而後以禮文飾之，猶繪畫必以白底為先。

( ) 9. 下列何者在強調祭禮重誠敬？ (A)夏禮，吾能言之，杞不足徵也 (B)禘自既灌而往者，吾不欲觀之矣 (C)或問「禘」之說。子曰：「不知也。知其說者之於天下也，其如示諸斯乎？」指其掌 (D)祭如在，祭神如神在。子曰：「吾不與祭，如不祭。」 (E)與其媚於奧，寧媚於竈。

( ) 10. 下列敘述何者正確？ (A)指其掌：用手指著掌心，表示容易的意思 (B)示諸斯：示通「視」。斯，指手掌。示諸斯，在手掌中看天下 (C)「文獻」不足故也：文，指典籍史料。獻，指賢者，通曉典籍掌故的人 (D)吾不「與」祭，如不祭：教導 (E)祭如在：猶言祀死如祀人。

( ) 11. 下列敘述何者正確？ (A)「射不主皮，為力不同科」意謂射禮，不以貫穿箭靶的皮革為能事。因為各人力氣有強弱的不同 (B)賜也！爾愛其羊，我愛其禮：子貢是以羊為羊，孔子是以羊為禮 (C)事君盡禮：盡禮可以說是盡義 (D)君使臣以禮，臣事君以忠：言君臣相對待，要各盡道義，各盡責任 (E)子貢欲去「告朔之餼羊」：每月初一行告朔禮所供奉的熟羊。

( ) 12. 下列敘述何者正確？ (A)樂而不淫：雖快樂卻不過分，能得性情之正 (B)哀而不傷：雖悲哀卻不傷情，能得性情之和 (C)成事「不說」：不便多言 (D)遂事「不諫」：不便諫止 (E)既往「不咎」：不算犯罪。

( ) 13. 下列敘述何者錯誤？ (A)管氏有三歸：管仲有三座公館 (B)官事不攝：管事的官，不互相兼職 (C)邦君「樹塞門」：門前種樹當屏風 (D)邦君為兩君之好：齊君為魯君的友好 (E)有「反坫」：置放空酒杯的坫。

( ) 14. 下列敘述何者正確？ (A)子語魯大師樂：孔子告訴魯國的樂官演奏音樂的道理 (B)始作，翕如也：開始演奏，各種音調相合

順暢　(C)從之，純如也：聲音散揚開來，音調和諧美好　(D)皦如也：節奏明朗清晰　(E)繹如也：音調連續不斷。

（　）15.下列敘述何者正確？　(A)「君子」之至於斯：有道德有學問的人　(B)「從者」見之：隨從孔子的學生　(C)天將以夫子為「木鐸」：警世的木鐸　(D)居上不寬：居身上位，不能寬厚愛人　(E)臨喪不哀：親臨喪祭，不能顯露哀情。

三、非選題

配合：

（　）1.言禮樂之本在仁為何者？

（　）2.言僭用天子之舞樂為何者？

（　）3.「君子無所爭，必也射乎！」指的是哪一種射禮？

（　）4.啟發孔子思想，孔子認為此人可以和他談論《詩經》的是誰？

（　）5.下列何者採用譬喻修辭？

參考選項

(A)巧笑倩兮，美目盼兮，素以為絢兮　(B)商，即子夏　(C)射不主皮，為力不同科　(D)相維辟公，天子穆穆　(E)言偃，即子游　(F)八佾舞於庭。是可忍也，孰不可忍也　(G)鄉射　(H)禮，與其奢也，寧儉。喪，與其易也，寧戚　(I)人而不仁，如禮何？人而不仁，如樂何　(J)大射

里仁第四

一、單選題

（　）1.「子曰：『里仁為美。擇不處仁，焉得知？』」章旨在言：　(A)居必擇仁里　(B)智者不必擇仁里　(C)智者曠安宅而弗居　(D)居不擇里。

（　）2.「子曰：『不仁者不可以久處約……』」章旨在言：　(A)人不可失其本心　(B)仁者可以暫失本心　(C)不仁者可以處困　(D)不仁者可以處樂。

（　）3.「子曰：『唯仁者，能好人，能惡人。』」章旨在言：　(A)仁者有好惡　(B)仁者好惡不定　(C)仁者可好可惡　(D)仁者無私，能審人之好惡。

（　）4.「子曰：『苟志於仁矣，無惡也。』」章旨在勉人：　(A)立志戒惡　(B)立志行仁　(C)矢志為惡　(D)矢志去仁。

（　）5.「子曰：『富與貴，是人之所欲也，不以其道得之，不處也……』」章旨在言：　(A)君子不妄求富貴，不妄行仁道　(B)君子不違仁，但倉卒間不計　(C)君子不違仁，不

因富貴貧賤而去仁　(D)君子在顛沛流離之間可去仁。

(　) 6.下列敘述何者錯誤？　(A)不以其道得之，不「處」也：安享　(B)不以其道得之，不「去」也：避去　(C)君子去仁，「惡」乎成名：何也　(D)君子無「終食」之間違仁：絕食。

(　) 7.下列敘述何者錯誤？　(A)「里」仁為美：名詞，指有仁厚之俗的鄉里　(B)擇不「處」仁：動詞，居也　(C)焉得「知」：動詞，知道　(D)「唯」仁者，能好人，能惡人：只有。

(　) 8.下列敘述何者錯誤？　(A)不可以久處「約」：節儉　(B)不可以長處「樂」：安樂　(C)仁者「安」仁：自然而然心安　(D)知者「利」仁：妥當、適切。

(　) 9.「子曰：『我未見好仁者，惡不仁者……』」章旨為孔子深嘆：　(A)世人行仁常常半途而廢　(B)世人不知所以為仁之方　(C)世人常常自暴自棄於行仁　(D)世人不知所以惡不仁之方。

(　) 10.「子曰：『人之過也，各於其黨。觀過，斯知仁矣。』」章旨在言：　(A)觀民過，當恕而無責　(B)觀人之過，知其人之仁與不仁　(C)觀己過，可自省體認仁的道理　(D)觀在位者之過，知其人之仁與不仁。

(　) 11.「子曰：『朝聞道，夕死可矣！』」章旨在言讀書人：　(A)要追求理想的抱負　(B)追求理想要有犧牲的決心　(C)要體會人生理想　(D)要有聞道的決心。

(　) 12.「子曰：『士志於道，而恥惡衣惡食者，未足與議也！』」章旨在言：　(A)士當樂道固窮　(B)士當立志向道　(C)士當致力求道　(D)士當不避窮困。

(　) 13.下列敘述何者錯誤？　(A)好仁者，無以「尚」之：加也　(B)人之過也，各於其「黨」：類也　(C)朝聞「道」，夕死可矣：事物當然之理　(D)「士」志於道，而恥惡衣惡食者：一般人民。

(　) 14.「子曰：『君子之於天下也，無適也，無莫也，義之與比。』」章旨在說明君子處世的態度：　(A)無可，無不可，沒有絕對的定見　(B)不固執成見，只求適宜合理　(C)有時可，有時不可，視情形而定　(D)可與不可，取決於事情的本身。

(　) 15.「子曰：『君子懷德，小人懷土。君子懷刑，小人懷惠。』」章旨在說明君子小人：　(A)所懷各不相同　(B)所懷大同小異　(C)所

處地位不同 (D)所處環境各異。

（　）16.「子曰：『放於利而行，多怨。』」章旨在言：(A)釋放有利訊息必招怨恨 (B)釋放有利消息必飲恨 (C)不求利益必招攻擊 (D)追求私利必招怨恨。

（　）17.「子曰：『能以禮讓為國乎，何有……』」章旨在言：(A)治國者應以禮治民 (B)治國者要以禮讓自修 (C)治國者言論觀點均在禮讓 (D)治國要用禮讓。

（　）18.「子曰：『不患無位，患所以立……』」章旨在言：(A)君子求其在己 (B)君子貴在得位 (C)君子貴在責己 (D)君子所求在位。

（　）19.下列敘述何者錯誤？ (A)無「適」也：專主 (B)小人懷「土」：田產、產業 (C)「放」於利而行：依據 (D)能以禮讓「為」國乎：助也。

（　）20.下列敘述何者錯誤？ (A)義之與「比」：依從 (B)君子懷「刑」：法度 (C)患所以「立」：指職位 (D)求為「可知」也：可以被人所知。

（　）21.「子曰：『參乎！吾道一以貫之……』」此章乃曾子用什麼來說明孔子的一貫之道？(A)忠恕 (B)仁義 (C)誠敬 (D)慎獨。

（　）22.「子曰：『君子喻於義，小人喻於利。』」章旨在說明君子和小人的不同在於：(A)德土的理解 (B)刑惠的理解 (C)義利的理解 (D)忠恕的理解。

（　）23.「子曰：『見賢思齊焉，見不賢而內自省也。』」章旨在勉人要：(A)見賢則借鏡，見不賢則去之 (B)效法賢人，自我反省 (C)見賢修己，見不賢則斥之 (D)責賢者，勸不賢者。

（　）24.「子曰：『事父母幾諫，見志不從，又敬不違，勞而不怨。』」章旨在說明：(A)勸諫父母要直言進諫 (B)勸諫父母要溫柔以諫 (C)幾諫，亦為孝子之道 (D)勸諫父母要起敬起孝。

（　）25.「子曰：『父母在，不遠遊；遊必有方。』」章旨在談：(A)遊無定時，定省曠廢 (B)遊無定向，音問久疏 (C)遊有定向，親之念我不忘 (D)遊有定向，亦為孝子之道。

（　）26.下列敘述何者錯誤？ (A)君子「喻」於義：通曉 (B)事父母「幾」諫：微也，指婉轉口氣 (C)「勞」而不怨：勞苦 (D)遊必有「方」：一定的方向。

（　）27.「子曰：『父母之年，不可不知也：一則以喜，一則以懼。』」章旨在言：(A)知父

母之年亦為孝之道 (B)父母生日，不可不記得 (C)父母生病，不可不記錄 (D)父母壽數，不可不記得。

28.「子曰：『古者言之不出，恥躬之不逮也。』」章旨在言： (A)言作為難 (B)慎言躬行 (C)言過其行 (D)行過其言。

29.「子曰：『以約失之者，鮮矣！』」章旨在貴： (A)簡約養廉 (B)守約慎行 (C)約束節制 (D)節言力行。

30.「子曰：『君子欲訥於言，而敏於行。』」章旨在言： (A)慎言貴行 (B)敏言鈍行 (C)慎言輕行 (D)敏言過行。

31.「子曰：『德不孤，必有鄰。』」章旨在勉人： (A)修德 (B)養身 (C)睦鄰 (D)敦親。

32.「子游曰：『事君數，斯辱矣。朋友數，斯疏矣。』」章旨在言： (A)對付國君及朋友的方法 (B)事奉國君及對待朋友的方法 (C)結交國君及朋友的技巧 (D)維護國君及朋友的技巧。

33.下列敘述何者錯誤？ (A)事君「數」，斯辱矣：屢次 (B)德不孤，必有「鄰」：四家 (C)君子欲「訥」於言：遲鈍 (D)以「約」失之者，鮮矣：約束、節制。

34.下列敘述何者錯誤？ (A)恥躬之不「逮」也：及 (B)一則以喜，一則以「懼」：恐懼 (C)父母之年，不可不「知」也：記憶 (D)三年無改於父之「道」：方法。

二、多選題

1.下列何者與「不仁者不可以久處約」的「約」字義相同？ (A)不以隱「約」而弗務 (B)公雖自信清「約」 (C)「約」車治裝 (D)「約」其自歸，以就死 (E)君子博學於文，「約」之以禮。

2.下列有關「處」字意義，何者相同？ (A)擇不「處」仁 (B)不可以長「處」樂 (C)不以其道得之，不「處」也 (D)遊「處」相好 (E)「處」士橫議。

3.下列何者重在論仁？ (A)唯仁者，能好人，能惡人 (B)苟志於仁矣，無惡也 (C)富與貴，是人之所欲也，不以其道得之，不處也 (D)見賢思齊焉，見不賢而內自省也 (E)放於利而行，多怨。

4.「子曰：『里仁為美。擇不處仁，焉得知？』」下列敘述何者與之相關？ (A)明智者必擇風俗仁厚之鄉居住 (B)君子居必擇鄉，遊必就士，所以防邪僻而近中正也 (C)「里仁」是指鄉里風俗仁厚 (D)德不孤，必有

鄰　(E)蓬生麻中，不扶而直。

(　) 5.下列敘述何者正確？　(A)「擇」不處仁：選擇居住的地方　(B)知者「利」仁：使……獲益　(C)唯仁者，能「好人」：喜好人之善　(D)苟「志」於仁矣，無惡也：心之所之　(E)「無惡」也：無為惡之事。

(　) 6.下列敘述何者正確？　(A)富與貴，是人之所欲也，不以其道「得之」，不處也：得富貴　(B)貧與賤，是人之所惡也，不以其道「得之」，不去也：得貧賤　(C)君子無終食之間違仁：君子片刻不離仁道　(D)造次必於是：倉促急遽時，一定依從仁德　(E)顛沛必於是：顛仆困頓時，一定依從仁德。

(　) 7.下列敘述何者正確？　(A)好仁者，「無以尚之」：世上再也沒有比仁道更可愛的事物了　(B)惡不仁者，「其為仁矣」：他實行仁道　(C)不使不仁者加乎其身：不使不仁道的事加在自己身上　(D)有能一日用其力於仁矣乎：有人肯花一天功夫，用力在仁道上嗎　(E)人之過也，各於其黨：人的過失，各在不同的團體。

(　) 8.下列敘述何者正確？　(A)朝聞道，「夕死可矣」：當晚死了也可以　(B)而恥惡衣惡食者：卻以穿不好、吃不好為恥　(C)無適也：沒有一定要那樣做　(D)無莫也：沒有一定要這樣做　(E)義之與比：依從義去做。

(　) 9.下列敘述何者正確？　(A)君子無終食之間違仁，造次必於是，顛沛必於是——類疊、排比　(B)君子之於天下也，無適也，無莫也，義之與比——類疊、倒裝　(C)君子懷德，小人懷土。君子懷刑，小人懷惠——排比、類疊、映襯　(D)能以禮讓為國乎，何有——省略　(E)子曰：「參乎！吾道一以貫之」——呼告。

(　) 10.「不仁者不可以久處約，不可以長處樂。仁者安仁；知者利仁。」孔子的意思是：(A)仁者不因環境，而失其本心，易其所守　(B)不仁者常心為物役　(C)仁者甘心久處貧約之中　(D)仁者能隨遇而安、權宜行事　(E)不仁者常飽暖生淫慾；飢寒起盜心。

(　) 11.下列敘述何者正確？　(A)仁者安仁：心性仁厚的人，會自然而不勉強地實踐仁德　(B)知者利仁：理性明智的人，知道仁道可以利人利己，所以也行仁　(C)苟志於仁矣，無惡也：一心嚮慕仁道的人，不會有惡念惡行　(D)唯仁者，能好人，能惡人：言仁者無私心，能審度人，而好惡之　(E)君子無終食之間違仁，造次必於是，顛沛必於是：言君子應隨時隨地堅守仁道，不可須臾或離。

( ) 12. 「張老師以仁為己任，因而無□□之間違棄忠恕。」缺空的詞語可以是：(A)立談 (B)終食 (C)易簀 (D)俯仰 (E)撚指。

( ) 13. 下列敘述何者正確？ (A)參乎！吾道「一」以貫之：指忠恕 (B)子貢問曰：有「一言」而可以終身行之者乎：信 (C)《詩》三百，「一言」以蔽之：思無邪 (D)不嗜殺人者能「一」之：統一 (E)願比死者「一」洒之：全。

( ) 14. 「子曰：『古者言之不出，恥躬之不逮也。』」意謂： (A)君子恥其言而過其行 (B)君子敏於事而慎於言 (C)君子欲訥於言而敏於行 (D)仁者其言也訒，為之難，言之得無訒乎 (E)其言之不怍，則為之也難。

( ) 15. 下列敘述何者正確？ (A)不患無位：不憂愁沒有職位 (B)患所以立：憂愁自己沒有用來居位的才德 (C)不患莫己知：不憂愁沒有人知道自己的才德 (D)求為可知：求為可為人知的才德 (E)不患莫己知，求為可知也：不憂他人不知己，應憂自己沒有才能。

三、非選題

配合：

( ) 1. 下列何者是孔子的論言行之說？

( ) 2. 子游認為事君交友之道為何？

( ) 3. 就天理人情言，孔子認為君子和小人有何不同？

( ) 4. 下列何者為孔子行孝之道？

( ) 5. 下列何者可以視為觀過知仁？

參考選項

(A)以約失之者，鮮矣 (B)有顏回者好學，不遷怒，不貳過 (C)君子欲訥於言，而敏於行 (D)十室之邑，必有忠信如丘者焉，不如丘之好學也 (E)見賢思齊焉，見不賢而內自省也 (F)事君數，斯辱矣。朋友數，斯疏矣 (G)父母之年，不可不知也：一則以喜，一則以懼 (H)君子喻於義，小人喻於利 (I)唯仁者，能好人，能惡人 (J)君子懷德，小人懷土

公冶長第五

一、單選題

( ) 1. 「子謂公冶長，『可妻也，雖在縲絏之中……』」章旨在說明公冶長的： (A)賢德 (B)能忍 (C)守法 (D)鎮靜。

( ) 2. 「子謂南容，『邦有道，不廢……』」章旨

在說明南容的：(A)政治哲思 (B)施政原則 (C)處世原則 (D)賢德。

(　　) 3.「子謂子賤，『君子哉若人！魯無君子者，斯焉取斯？』」章旨在說明子賤的：(A)勤學 (B)賢德 (C)善於取長 (D)君子專長。

(　　) 4.「子貢問曰：『賜也何如？』子曰：『女器也。』曰：『何器也？』曰：『瑚璉也。』」章旨在言子貢的：(A)才器 (B)才華 (C)才德 (D)才能。

(　　) 5.下列敘述何者錯誤？(A)雖在「縲絏」之中，非其罪也：指監獄 (B)以其「子」妻之：指女兒 (C)邦有道，「不廢」：猶言被任用 (D)邦無道，免於刑「戮」：殺也。

(　　) 6.下列敘述何者錯誤？(A)邦「有道」，不廢：指政治清平 (B)君子哉「若人」：此人 (C)「斯」焉取「斯」：上「斯」指子賤，下「斯」指子賤之德 (D)「瑚璉」也：宗廟貴重器皿，以喻子貢是可貴而非常有用的才器。

(　　) 7.「或曰：『雍也，仁而不佞。』……」章旨在說明：(A)仁者不用善於巧辯 (B)佞者有口才有仁德 (C)善於口才者不仁 (D)善於口才者為賢。

(　　) 8.「子使漆雕開仕。對曰：『吾斯之未能信。』子說。」章旨在說明漆雕開：(A)沒有自信之行 (B)清心寡慾不欲仕進 (C)對出仕沒有信心 (D)篤志於道的德行。

(　　) 9.「子曰：『道不行，乘桴浮於海，從我者，其由與？』……」章旨在自嘆不能：(A)裁抑子路好勇 (B)行道於中國 (C)傳道於海外 (D)遇到見義勇為之君。

(　　) 10.下列敘述何者錯誤？(A)仁而不「佞」：有口才 (B)禦人以「口給」：言辭敏捷，辯才無礙，利口 (C)吾「斯」之未能信：助詞，無義 (D)無所取材：猶言材無所取。

(　　) 11.「孟武伯問：『子路仁乎？』子曰：『不知也。』又問……」章旨在言：(A)要達到仁的境界很難 (B)弟子各有所長 (C)弟子雖各有所長，卻不具仁德 (D)孔子對弟子才性皆能深知。

(　　) 12.下列敘述何者錯誤？(A)由也，千乘之國，可使治其賦：言子路具有軍事長才 (B)求也，千室之邑，百乘之家，可使為之宰：言冉求具有財政長才 (C)赤也，束帶立於朝，可使與賓客言也：言公西華具有外交長才 (D)孔子說以上三人皆有專才，但在仁德上，尚未修養完善。

（　）13. 下列敘述何者錯誤？ (A)可使治其「賦」：兵也，古時按田賦出兵 (B)可使為之「宰」：主持人 (C)「束帶」立於朝：古者居官，朝服必加帶。乃言整束其衣 (D)可使與「賓客」言：貴客為賓，一般客人曰客。此指他國派來的使者。

（　）14. 「子謂子貢曰：『女與回也孰愈？』對曰：『賜也何敢望回！』……」章旨在： (A)讚美顏回之德 (B)要求子貢學習顏回 (C)要求子貢自與顏回作比較 (D)讚美子貢有讓賢之德。

（　）15. 「宰予晝寢。子曰：『朽木不可雕也，糞土之牆，不可杇也……』」章旨在： (A)原諒宰予，相信他好的一面 (B)責宰予，且勉人要言行一致 (C)同情宰予遭遇，鼓勵他勇敢面對 (D)讚美宰予晝寢啟發自己惻隱之心。

（　）16. 下列敘述何者錯誤？ (A)女與回也「孰愈」：誰強 (B)賜也何敢「望」回：期盼 (C)於予「與」何誅：句中助詞，無義 (D)無所取「材」：同「裁」。

（　）17. 「子曰：『吾未見剛者！』或對曰：『申根。』子曰：『棖也慾，焉得剛？』」章旨在強調： (A)能勝人，才能算是剛強 (B)難得見到有剛強不屈的人 (C)剛強不屈是不難做到的 (D)剛強不屈是難得的德性。

（　）18. 「子貢曰：『我不欲人之加諸我也，吾亦欲無加諸人。』子曰：『賜也！非爾所及也。』」章旨在說明： (A)孔子不看好子貢能行恕道 (B)子貢自述行恕的經歷 (C)子貢想行恕道的心願 (D)孔子認為自己比不上子貢。

（　）19. 「子貢曰：『夫子之文章，可得而聞也；夫子之言性與天道，不可得而聞也。』」章旨在說明： (A)孔子很少講到性與天道 (B)孔子從來不講性與天道 (C)孔子所講的性與天道深微難知 (D)孔子常講《詩》《書》《禮》《樂》。

（　）20. 下列敘述何者錯誤？ (A)我不欲人之「加」諸我也：猶施也、陵也 (B)吾亦欲「無」加諸人：表示有所自制之辭 (C)夫子之「文章」，可得而聞也：指言論 (D)夫子之言「性」與天道：人的天性。

（　）21. 「子路有聞，未之能行，唯恐有聞。」章旨在言子路： (A)勇於力行 (B)躁急個性 (C)考慮欠周 (D)莽撞輕率。

（　）22. 「子貢問曰：『孔文子何以謂之文也？』子曰：『敏而好學，不恥下問，是以謂之文也。』」章旨在說明孔文子：(A)不拘小節，不恥下問，故諡號為「文」 (B)不落俗套，虛心求教，故諡號為「文」 (C)諡號為文，名實不副 (D)勤學好問，故給予「文」的美諡。

（　）23. 「子謂子產，『有君子之道四焉：其行己也恭，其事上也敬……』」章旨在讚美子產：(A)有君子之德 (B)有任事之才 (C)有事上之敬 (D)有養民之惠。

（　）24. 「子曰：『晏平仲善與人交，久而敬之。』」章旨在言晏嬰具有：(A)交友之德 (B)處世之則 (C)為人之道 (D)美人之行。

（　）25. 下列文句經稍加異動後，何者與原意不同？ (A)其行己也恭：以恭行己 (B)其事上也敬：以敬事上 (C)其養民也惠：以民養患 (D)其使民也義：以義使民。

（　）26. 「子曰：『臧文仲居蔡，山節藻梲，何如其知也？』」章旨在批評臧文仲： (A)短視 (B)諂媚 (C)不智 (D)僭禮。

（　）27. 「子張問曰：『令尹子文，三仕為令尹，無喜色；三已之，無慍色……』」章旨在說明： (A)子張不知仁德義涵 (B)孔子不輕易以仁德稱許人 (C)子文三仕三已，可謂忠矣 (D)文子拋棄財富，恥與惡人同朝，可謂清矣。

（　）28. 下列敘述何者錯誤？ (A)三「已」之，無慍色：罷免 (B)陳文子有馬「十乘」：十匹 (C)棄而「違」之：離開 (D)「未知」，焉得仁：未知其仁。

（　）29. 「季文子三思而後行。子聞之，曰：『再，斯可矣！』」章旨在言季文子行事： (A)因咽廢食 (B)設想周到 (C)心猿意馬 (D)思慮過多。

（　）30. 「子曰：『甯武子，邦有道，則知；邦無道，則愚……』」章旨在： (A)讚美甯武子有深沉智慧之德 (B)批評甯武子愚不可及 (C)讚美甯武子能韜光養晦 (D)告誡甯武子要犧牲自我。

（　）31. 「子在陳曰：『歸與！歸與！吾黨之小子狂簡，斐然成章，不知所以裁之。』」章旨言孔子在陳： (A)看到各國戰爭不息感嘆欲歸 (B)想起在各國的學生感嘆欲歸 (C)感嘆道不行而思歸 (D)想起在魯國的學生感嘆欲歸。

（　）32. 「子曰：『伯夷、叔齊，不念舊惡，怨是用希。』」章旨在： (A)批評伯夷、叔齊的志節 (B)諷刺伯夷、叔齊的操守 (C)讚美伯夷、叔齊之德 (D)追究伯夷、叔齊的為人。

（　）33.「子曰：『孰謂微生高直？或乞醯焉，乞諸其鄰而與之。』」的章旨，何者錯誤？(A)直者不應委曲 (B)直者不應矯情 (C)直者不應吝嗇 (D)直者不應虛偽。

（　）34.下列敘述何者錯誤？(A)或乞「醯」焉：醋也 (B)乞諸其鄰而「與」之：給 (C)不念「舊惡」：過去的仇恨 (D)怨「是用」希：助詞，無義。

（　）35.下列敘述何者錯誤？(A)吾黨之小子「狂簡」：志大而略於事 (B)斐然「成章」：文理成就，有可觀者 (C)不知「所以」裁之：用來 (D)邦無道，則「愚」：裝傻。

（　）36.「子曰：『巧言、令色、足恭，左丘明恥之，丘亦恥之……』」章旨在言左丘明與孔子同對：(A)去偽存誠的人感到可恥 (B)偽善者的態度與行為感到可恥 (C)敗絮其外、金玉其中的人感到可恥 (D)外表虛偽、內心誠直的人感到可恥。

（　）37.下列敘述何者錯誤？(A)巧言、令色、「足恭」：過分恭敬 (B)「匿」怨而友其人：隱藏 (C)「盍」各言爾志：何不 (D)「敝」之而無憾：形容詞，破舊。

（　）38.下列敘述何者錯誤？(A)無「伐」善：誇耀、誇大 (B)無「施」勞：張揚 (C)老者安「之」：助詞，無義 (D)敝「之」而無憾：指車馬衣裘。

（　）39.「子曰：『已矣乎！吾未見能見其過，而內自訟者也。』」章言孔子感嘆：(A)人不怕有過，只怕改過 (B)人常有過失，卻不能自責 (C)人只怕犯錯，不怕改過 (D)人常自責己過。

（　）40.「子曰：『十室之邑，必有忠信如丘者焉，不如丘之好學也。』」章孔子自言：(A)秉性忠信者不多，好學者更少 (B)好學比良好本質重要 (C)有良好本質比好學重要 (D)自己比他人更好學。

二、多選題

（　）1.孔門弟子：(A)孔子對公冶長的評語是「可妻也」：意謂公冶長一定是德性完備的人 (B)雖在縲絏之中，非其罪：意謂公冶長是個明辨是非的人 (C)孔子說南容這個人「邦有道，不廢」：意謂南容是個有才德的人 (D)邦無道，免於刑戮：意謂南容這個人必行為正直，言語謙遜 (E)魯無君子者，斯焉取斯：意謂宓子賤這個人，能尊賢取友以成其德。

（　）2.孔門弟子：(A)孔子說子貢像「瑚璉」，意

謂子貢才德欠佳　(B)有人說冉雍仁而不佞。孔子辯說：「焉用佞？禦人以口給，屢憎於人。不知其仁，焉用佞？」孔子的意思是說巧辯利口，只能屈人之口不能服人之心，故為眾人公惡　(C)孔子派漆雕開去做官，漆雕開說：「吾斯之未能信。」孔子感到高興，因為漆雕開能誠實以對　(D)孔子說：「由也，好勇過我，無所取材。」意在讚美子路好勇，且譏其不能裁度事理　(E)子曰：「道不行，乘桴浮於海，從我者，其由與？」孔子的浮海之嘆，蓋嘆天下無人才。

（　）3. 下列敘述何者正確？　(A)千乘之國，可使治其賦的是子路　(B)千室之邑，百乘之家，可使為之宰的是公西華　(C)束帶立於朝，可使與賓客言的是冉雍　(D)孔子說「乘桴浮於海，從我者」的是子路　(E)三月不違仁的是顏回。

（　）4. 下列敘述何者正確？　(A)三思而後行的人：季文子　(B)邦有道則知，邦無道則愚：甯武子　(C)三仕為令尹，無喜色；三已之，無慍色：令尹子文　(D)善與人交，久而敬之：晏平仲　(E)有君子之道四焉：子產。

（　）5. 下列何者正確？　(A)勇於力行：子路　(B)朽木不可雕：宰予　(C)聞一知二：子貢　(D)聞一知十：顏回　(E)邦有道，不廢；邦無道，免於刑戮：南容。

（　）6. 下列何者使用借代修辭？　(A)吾斯之未能信　(B)禦人以口給，屢憎於人　(C)魯無君子者，斯焉取斯　(D)公冶長，可妻也，雖在縲絏之中，非其罪也　(E)朽木不可雕也，糞土之牆，不可杇也。

（　）7. 下列敘述何者正確？　(A)吾斯之未能信：我對仕宦沒信心　(B)乘桴浮於海：嘆道不能行於中國　(C)治賦、為宰、與賓客言：蓋言其各有專長　(D)賜也何敢望回！回也聞一以知十，賜也聞一以知二：言子貢有自知之明，且能善自卑屈　(E)可使與「賓客」言：天子諸侯的客人稱賓，一般的客人曰客。

（　）8. 有關「朽木不可雕也，糞土之牆，不可杇也」，下列敘述何者正確？　(A)朽木：腐爛的木頭，喻宰予不成材　(B)不可雕：不可以雕刻，喻宰予不堪教育　(C)糞土之牆：用汙穢的泥築成的牆，喻宰予不成材　(D)不可杇也：杇，泥工粉刷牆壁的工具，此當動詞，言不可以粉刷。喻宰予不堪造就

(E)言宰予是一個言行不一，志昏氣惰，不堪造就的人。

（　）9.有關「剛」的意義，下列敘述何者正確？ (A)「棖也慾，焉得剛」 (B)天行健，君子以自強不息 (C)富貴不能淫，貧賤不能移，威武不能屈 (D)子使漆雕開仕。對曰：「吾斯之未能信」 (E)子路有聞，未之能行，唯恐有聞。

（　）10.下列各句何者意義相近？ (A)我不欲人之加諸我也，吾亦欲無加諸人 (B)己所不欲，勿施於人 (C)子曰：「吾道一以貫之」 (D)己欲立而立人，己欲達而達人 (E)天行健，君子以自強不息。

（　）11.子貢認為孔子平常言論大多偏重於： (A)性與天道 (B)《詩》《書》《禮》《樂》 (C)修明人事 (D)修己治人 (E)社會的吉凶禍福。

（　）12.下列敘述何者正確？ (A)子路有聞，未之能行，唯恐有聞：義近「有父兄在，如之何其聞斯行之」 (B)敏而好學，不恥下問：義近「以能問於不能，以多問於寡」 (C)令尹子文，三仕為令尹，無喜色；三已之，無慍色。舊令尹之政，必以告新令尹：清也 (D)崔子弒齊君，陳文子有馬十乘，棄而違之，至於他邦，則曰：「猶吾大夫崔子也！」違之，之一邦，則又曰：「猶吾大夫崔子也！」違之：忠也 (E)臧文仲居蔡，山節藻梲：不知也。

（　）13.下列敘述何者正確？ (A)善與人交，久而敬之：言時間越久，越能敬友 (B)臧文仲居蔡，山節藻梲：言臧文仲諂神僭禮 (C)孔子說子產有四件君子之道：「以恭行己，以敬事上，以惠養民，以義使民」 (D)季文子三思而後行。子聞之曰：「再，斯可矣。」孔子的意思是三思則顧慮必多，不能見義勇為 (E)甯武子，邦有道，則知；邦無道，則愚。其知可及也，「其愚不可及也」：言甯武子懂得裝呆，韜光匿采。

（　）14.下列敘述何者正確？ (A)吾黨之小子狂簡，斐然成章，不知所以裁之：言其學問修養已有成就，卻不曉得怎樣裁度矯正自己的短處 (B)不念舊惡，怨是用希：是說不計前嫌，有容人之量 (C)或乞醯焉，乞諸其鄰而與之：孔子認為微生高向鄰人討醋轉給那個討醋的人，這種矯情之事雖小，害直甚大，故不得為直 (D)巧言、令色、足恭：是指言語、表情、態度一副偽善的樣子 (E)匿怨而友其人：指心懷怨恨卻隱藏不露的虛偽小人。

（　）15.下列敘述何者正確？　(A)願車馬、衣輕裘，與朋友共，敝之而無憾：言子路愛友、輕財、尚義，具無私的品性　(B)願無伐善，無施勞：言顏淵行善有功而不自誇　(C)老者安之，朋友信之，少者懷之：言孔子願天下人，皆能各得其所　(D)吾未見能見其過，而內自訟者也：言能見己過，又能自訟己過，可謂不自欺，能慎獨者也　(E)十室之邑，必有忠信如丘者焉，不如丘之好學也：言人人皆具有忠信天性，卻不如我好學以成。

三、非選題

配合：

（　）1.孔子為什麼要以兄之女妻南容？

（　）2.公西華有何專長？

（　）3.孔子對甯武子的讚美為何？

（　）4.孔子的志願如何？

（　）5.冉求有何專長？

參考選項

(A)束帶立於朝，可使與賓客言　(B)有君子之道四焉：其行己也恭，其事上也敬，其養民也惠，其使民也義　(C)已矣乎！吾未見能見其過，而內自訟者也　(D)雖在縲絏之中，非其罪也　(E)千室之邑，百乘之家，可使為之宰　(F)老者安之，朋友信之，少者懷之　(G)邦有道，不廢；邦無道，免於刑戮　(H)千室之邑，可使治其賦　(I)邦有道，則知；邦無道，則愚。其知可及也，其愚不可及也　(J)敏而好學，不恥下問

雍也第六

一、單選題

（　）1.「雍也，可使南面」的「南面」意謂：　(A)可做諸侯　(B)可做宰臣　(C)可做大夫　(D)可做師傅。

（　）2.冉雍何以「可使南面」？　(A)居敬行簡　(B)居敬行難　(C)居簡行難　(D)居簡行簡。

（　）3.「哀公問：『弟子孰為好學……』」一章，孔子深許顏回的好學著重在哪方面？　(A)聞一知十　(B)安貧樂道　(C)不遷怒，不貳過　(D)樂道人之善。

（　）4.有關「子華使於齊……」一章，文中「君子周急不繼富」意謂：　(A)事情危急則向富人求救　(B)周濟危急，不遺餘力　(C)周濟窮困而不使富者更富有　(D)遇事危急仍固守節操，不貪財富。

（　）5.孔子評論仲弓之德，不可用下列哪句話說明？　(A)父雖不善，不害於子之美　(B)歹

竹出好筍　(C)老鼠的兒子會打洞　(D)將相本無種，男兒當自強。

（　）6. 下列敘述何者錯誤？　(A)犂牛：毛色駁雜之牛　(B)騂：毛色純白　(C)角：頭角周全端正　(D)「山川其舍諸」之「其」，相當於「豈」，哪裡。

（　）7. 「回也，其心三月不違仁，其餘，則日月至焉而已矣。」是說：(A)顏回的仁德表現可維持三個月之久　(B)顏回可以很久時間都不會離開仁德　(C)顏回的仁德表現比其他學生多維持三個月　(D)其他學生只有偶爾違背仁德。

（　）8. 關於孔子回答季康子，說明弟子從政的特點，下列何者正確？　(A)子路有決斷力　(B)子貢多才多藝　(C)顏回謹言慎行　(D)冉求通達事理。

（　）9. 「子曰：『賢哉回也……』」一章，是孔子讚美顏回能：　(A)挨餓忍飢　(B)安貧樂道　(C)忍人所不能忍　(D)專心著述。

（　）10. 「冉求曰：『非不說子之道，力不足也。』」一章，主旨在勉人：　(A)明辨　(B)慎思　(C)博學　(D)力學。

（　）11. 「今女畫」的「畫」是說：　(A)畫餅充飢　(B)畫地自限　(C)畫蛇添足　(D)畫虎類犬。

（　）12. 儒者分為「君子儒」、「小人儒」，其分別在：　(A)器識　(B)學問　(C)氣質　(D)地位。

（　）13. 關於「行不由徑」一詞，下列敘述何者錯誤？　(A)行事坦蕩光明　(B)不走小路捷徑　(C)行事直率俐落　(D)言行必以正。

（　）14. 《史記・仲尼弟子列傳》：「孔子聞之，曰：『吾以言取人，失之宰予；以貌取人，失之子羽。』」「子羽」即「澹臺滅明」，孔子之所以坦承看錯人，主要由何處看出澹臺滅明的方正？　(A)大處著眼　(B)公事公辦　(C)公而忘私　(D)行不由徑。

（　）15. 「子曰：『孟之反不伐……』」一章，孟之反在抵禦齊國的戰役中所以殿後的原因是：　(A)馬跑不快　(B)受傷之故　(C)掩護撤退　(D)欲振乏力。

（　）16. 孟之反曰：「非敢後也，馬不進也！」的說辭表現怎樣的精神？　(A)推諉塞責　(B)大無畏　(C)勇於承擔　(D)不誇己功。

（　）17. 「子曰：『誰能出不由戶？何莫由斯道也！』」旨在勉人：　(A)行萬里路　(B)謹言慎行　(C)依道而行　(D)小心門戶。

（　）18. 「子曰：『質勝文則野……』」一章，下列敘述何者錯誤？　(A)「質」是指本質，「文」是指文采　(B)本質勝過文采則直率鄙陋如

野人 (C)文采勝過本質則文飾過度如史書 (D)彬彬是說本質和文采調和得當。

（　）19.「子曰：『人之生也直，罔之生也幸而免。』」主旨在勉人：(A)以正直為德 (B)以生殖為德 (C)以倖免為務 (D)以追求幸福為務。

（　）20.孔子闡明學問工夫的境界，以何者為上？(A)求之者 (B)樂之者 (C)知之者 (D)好之者。

（　）21.子曰：「中人以上，可以語上也；中人以下，不可以語上也。」此言闡明教人者應當：(A)言無不盡 (B)傾囊相授 (C)因材施教 (D)敦其自學。

（　）22.關於「樊遲問知、問仁」，下列敘述何者正確？(A)務民之義：為民服務的要義 (B)敬鬼神而遠之：天理難測，故應敬畏 (C)先難：萬事起頭難，故要先能突破 (D)後獲：遇到能獲得私利的事，退居人後。

（　）23.子曰：「知者樂水，仁者樂山。」此在說明：(A)仁知之性 (B)仁知之功 (C)仁知之用 (D)仁知之學。

（　）24.子曰：「知者樂，仁者壽。」此在說明：(A)仁知之性 (B)仁知之功 (C)仁知之用 (D)仁知之學。

（　）25.子曰：「齊一變，至於魯；魯一變，至於□。」上文□內應填入：(A)道 (B)霸 (C)仁 (D)王。

（　）26.子曰：「觚不觚，觚哉觚哉！」下列敘述何者錯誤？(A)觚，是指酒器 (B)此言名實宜相副 (C)「觚不觚」，比喻當時之君不君，臣不臣，父不父，子不子 (D)「觚哉觚哉」，則是讚賞這些君臣父子能痛定思痛，力謀改善。

（　）27.「君子可逝也，不可陷也。可欺也，不可罔也。」意指仁者之心：(A)以仁為尚 (B)與人為善 (C)獨善其身 (D)不昧於事理。

（　）28.孔子勸勉學子如何即可不違離正道？(A)博文約禮 (B)博學廣識 (C)博愛廣施 (D)博施濟眾。

（　）29.孔子嘆惜人民少能行中庸之德，對於「中庸之德」下列敘述何者錯誤？(A)不偏不倚 (B)無過無不及 (C)故步自封 (D)平常不易。

（　）30.「能近取譬，可謂仁之方也已」，「能近取譬」即是：(A)察言觀色 (B)深謀遠慮 (C)推己及人 (D)言近旨遠。

二、多選題

（　）1.選出讀音正確的選項：(A)犁牛之子，

「騂」且角：ㄒㄧㄣ　(B)自「牖」執其手：ㄧㄡˇ　(C)祝鮀之「佞」：ㄧㄥˋ　(D)「澹」臺滅明：ㄉㄢˋ　(E)「費」宰：ㄅㄧˋ。

(　) 2.下列文意解釋何者正確？　(A)知者樂：知道義理而心有所得則快樂　(B)周急：周濟困急者之不足　(C)「中人」以上：中等資質　(D)何事於仁：為何要去行仁　(E)能近取譬：能就近找到相關事例為喻。

(　) 3.下列字義解釋何者正確？　(A)予所「否」者：不合於禮　(B)天「厭」之：厭棄、棄絕　(C)善為我辭焉，如有「復」我者：報復　(D)「亡」之，命矣夫：無　(E)人不「堪」其憂：承當、忍受。

(　) 4.選出正確的通同字：　(A)亦可以弗「畔」矣夫：判　(B)其從之「也」：耶　(C)今「女」畫：汝　(D)山川其「舍」諸：捨　(E)今也則「亡」：忘。

(　) 5.下列各組引號內詞義不同的有：　(A)與之「釜」／「釜」底抽薪　(B)「罔」之生也幸而免／可欺也，不可「罔」也　(C)井有「仁」焉／「仁」者樂山　(D)知者「樂」水／「樂」之者　(E)非不「說」子之道／子見南子，子路不「說」。

(　) 6.下列引號內的字，屬於疑問詞的選項是：　(A)山川「其」舍諸　(B)「毋」！以與爾鄰里鄉黨乎　(C)日月至「焉」而已矣　(D)「無乃」大簡乎　(E)女得人「焉爾乎」。

(　) 7.選出正確修辭的選項：　(A)知之者不如好之者，好之者不如樂之者：層遞　(B)約我以禮：倒裝　(C)觚不觚，觚哉觚哉：排比　(D)質勝文則野，文勝質則史：回文　(E)回也，其心三月不違仁，其餘，則日月至焉而已矣：映襯。

(　) 8.「知之者不如好之者，好之者不如樂之者。」下列敘述，何者為「樂之者」的表現？　(A)一簞食，一瓢飲，在陋巷，人不堪其憂，回也不改其樂　(B)回也，其心三月不違仁，其餘，則日月至焉而已矣　(C)君子博學於文，約之以禮，亦可以弗畔矣夫　(D)飯疏食，飲水，曲肱而枕之，樂亦在其中矣。不義而富且貴，於我如浮雲　(E)求也，千室之邑，百乘之家，可使為之宰。

(　) 9.「有澹臺滅明者，行不由徑，非公事，未嘗至於偃之室也。」「行不由徑」一詞可換成：　(A)行不踰方　(B)光明正大　(C)闇然媚世　(D)直道而行　(E)奴顏婢膝。

(　) 10.「如有博施於民，而能濟眾，何如？可謂仁乎？」「博施濟眾」一語可換成：　(A)解

衣推食 (B)普濟眾生 (C)以鄰為壑 (D)扶危濟困 (E)善財難捨。

（ ）11. 下列各組成語何者近似？ (A)中道而廢／功虧一簣 (B)簞食瓢飲／列鼎而食 (C)畫地自限／故步自封 (D)不偏不倚／無偏無黨 (E)文質彬彬／溫柔敦厚。

（ ）12. 下列文意的闡發何者正確？ (A)齊一變，至於魯：齊國的政教一改革即可達到魯國水準 (B)罔之生也幸而免：迷惘無知的人幸而可以免於禍害 (C)夫仁者，己欲立而立人，己欲達而達人：意謂行仁之方在於推己及人 (D)中庸之為德也，其至矣乎！民鮮久矣：嘆息人民少能行中庸之德 (E)居簡而行簡，無乃太簡乎：生活行事崇尚簡單儉約之風。

（ ）13. 下列何者不屬於君子儒的表現？ (A)博學約禮 (B)行不由徑 (C)希旨承顏 (D)居敬行簡 (E)尸位素餐。

（ ）14. 「子華使於齊……」一章，下列敘述何者正確？ (A)與之「釜」：鍋子 (B)乘肥馬，「衣」輕裘：ㄧˋ，穿著 (C)赤之「適」齊也：意指適合 (D)「請益」：意指向孔子請教學問 (E)與之粟九百。「辭」：辭讓不受。

（ ）15. 下列孔子有關仁智之士的論述，何者正確？ (A)知者樂山，仁者樂水 (B)知者動，仁者靜 (C)知者壽，仁者樂 (D)知者先難而後獲，仁者敬鬼神而遠之 (E)仁者不憂，知者不惑。

三、非選題

配合：

從《論語》篇章中，可以看出孔子各個弟子不同的個性及才藝，請根據下列文句的內容，判斷該填入哪一位孔門弟子？（請依參考選項填入適當的代號）

1. 有（ ）者好學，不遷怒，不貳過。
2. 子游為武城宰。子曰：「女得人焉爾乎？」曰：「有（ ）者，行不由徑，非公事，未嘗至於偃之室也。」
3. 子謂（ ）曰：「犂牛之子，騂且角，雖欲勿用，山川其舍諸？」
4. 子曰：「（ ）也，可使南面。」
5. 季康子問：「（ ）可使從政也與？」曰：「（ ）也藝，於從政乎何有？」

參考選項

(A)子路 (B)冉求 (C)子貢 (D)子夏 (E)顏回 (F)冉雍 (G)澹臺滅明 (H)仲弓

述而第七

一、單選題

（　）1.下列何者不是孔子自言著述的態度？ (A)傳述舊聞 (B)自創新說 (C)述而不作 (D)信而好古。

（　）2.孔子自謙其著述精神，私自比擬於何人？ (A)左丘明 (B)祝鮀 (C)老彭 (D)孟之反。

（　）3.下列何者不是孔子的作為？ (A)默而識之 (B)記而誦之 (C)學而不厭 (D)誨人不倦。

（　）4.下列何者不是孔子對於進德修業的憂慮？ (A)修德 (B)講學 (C)徙義 (D)執禮。

（　）5.「子之燕居，申申如也，夭夭如也。」此言孔子在哪方面的和適？ (A)閒居 (B)朝議 (C)教學 (D)射獵。

（　）6.孔子言「吾不復夢見周公」，其意為何？ (A)久未濡染周公禮樂教化 (B)精神矍鑠，不復晝寢 (C)自嘆衰老，無復有實行周公之道之心 (D)周公逝世已久，影像已漸褪去。

（　）7.孔子示人為學之全功，下列何者不在其中？ (A)志於道 (B)據於禮 (C)依於仁 (D)游於藝。

（　）8.子曰：「自行束脩以上，吾未嘗無誨焉！」對於來求教的學生，孔子何以「未嘗無誨」？ (A)讚其能有自動向學及敬師之心 (B)能主動奉送禮品 (C)能有自我約束修養之心 (D)束脩之禮，禮雖輕情意重。

（　）9.孔子教育注重啟發教學，於下列什麼情況則不再教導？ (A)困而學之 (B)心求通而未得 (C)口欲言而未能 (D)不能舉一反三。

（　）10.「子食於有喪者之側，未嘗飽也。子於是日哭，則不歌。」對於孔子的表現，下列何者錯誤？ (A)富有惻隱之心 (B)真情流露 (C)弔喪能盡哀 (D)謹守喪禮規定。

（　）11.孔子對顏淵說「唯我與爾有是夫」是指哪方面的作為？ (A)暴虎馮河 (B)用行舍藏 (C)臨事而懼 (D)好謀而成。

（　）12.「子曰：『富而可求也……』」一章，旨在闡明求取富貴： (A)即使手執皮鞭做賤役之事亦可勉力為之 (B)不可違背正理 (C)從人之所好而為 (D)應從執鞭之士做起。

（　）13.孔子所謹慎之事，不包括何事？ (A)齋戒 (B)戰爭 (C)朝覲 (D)疾病。

（　）14.子貢以伯夷叔齊之事詢問孔子，而斷言孔子不會幫助衛君，其故為何？ (A)衛君出

公兄弟爭國　(B)伯夷叔齊兄弟讓國　(C)衛君出公求仁得仁　(D)伯夷叔齊以暴易暴。

（　）15. 「飯疏食，飲水，曲肱而枕之，樂亦在其中矣。」顯現孔子的哪種精神？　(A)隱居生活　(B)安貧樂道　(C)超然物外　(D)用行舍藏。

（　）16. 子曰：「加我數年，五十以學□，可以無大過矣。」□內應填入　(A)《詩》　(B)《書》　(C)《易》　(D)《禮》。

（　）17. 《史記・孔子世家》說孔子讀《易》，「韋編三絕」。其意指孔子：　(A)讀書勤奮　(B)卜卦至勤　(C)編織甚速　(D)坐席斷裂。

（　）18. 孔子說：「發憤忘食，樂以忘憂，不知老之將至云爾！」可與何者相闡發？　(A)知之者不如好之者　(B)好之者不如樂之者　(C)知之為知之，不知為不知，是知也　(D)力不足者，中道而廢。

（　）19. 「子曰：『我非生而知之者，好古，敏以求之者也。』」旨在勸人：　(A)考古　(B)修德　(C)慎行　(D)勤學。

（　）20. 「子不語：怪、力、亂、神。」下列何者不在其列？　(A)怪異之事　(B)無根之談　(C)悖亂之事　(D)祭祀之事。

（　）21. 「三人行，必有我師焉。擇其善者而從之；其不善者而改之。」一章，與韓愈〈師說〉文意相契合的地方是：　(A)古之學者必有師　(B)師者，所以傳道、受業、解惑也　(C)聖人無常師　(D)師道之不傳也久矣。

（　）22. 下列何者非「子以四教」的內容？　(A)文字句讀　(B)修治品行　(C)存心忠厚　(D)與人信實。

（　）23. 「子釣而不綱，弋不射宿。」一章，旨在言孔子：　(A)磨練射技，揖讓有禮　(B)安貧樂道，行止有制　(C)以仁存心，取物有節　(D)生活節約，生產有法。

（　）24. 「子曰：『蓋有不知而作之者……』」一章，旨在說明求知之道在於：　(A)博學多聞，創作新說　(B)多聞多見，擇善而從　(C)臧否人物，別其善惡　(D)見賢思齊，取以為師。

（　）25. 關於「互鄉難與言……」一章，下列敘述何者正確？　(A)難與言：羞澀口訥，不擅言詞　(B)與其進也：互相提攜，力求上進　(C)潔己以進：齋戒沐浴，進獻祭祀　(D)不保其往也：不必追究以往行為。

（　）26. 子曰：「仁遠乎哉？我欲仁，斯仁至矣！」其意近於：　(A)己立立人，己達達人　(B)可逝也，不可陷也；可欺也，不可罔也　(C)

無終食之間違仁 (D)為仁由己，而由人乎哉。

27.（　）「子曰：『文莫，吾猶人也，躬行君子，則吾未之有得！』」旨在說明孔子自謙：(A)學文之事不及人 (B)未能躬行君子之道 (C)躬行君子之道尚未有心得 (D)學文之事及君子之道均未能實踐。

28.（　）「子曰：『若聖與仁，則吾豈敢……』」一章，下列敘述何者錯誤？ (A)孔子謙言不敢承當聖人與仁者的美名 (B)孔子在追求仁聖之道上不厭煩地學習 (C)強調自己勤學、樂教 (D)旨在勉人省身慎行。

29.（　）「子疾病，子路請禱……」一章，「丘之禱久矣」意謂： (A)祈求鬼神降下福佑 (B)虔誠禮敬，為弟子祈禱 (C)言行誠敬，不諂求於鬼神 (D)不恤生死，為民祈福。

30.（　）「子曰：『奢則不孫，儉則固；與其不孫也，寧固。』」其中「與其不孫也，寧固」意謂： (A)寧可頑固，以堅守儉道 (B)寧可謙遜，以固守真理 (C)寧可驕傲，以顯博學達禮 (D)寧可固陋，以防枉道速禍。

二、多選題

1.（　）選出讀音正確的選項： (A)舉一「隅」不以三隅反：ㄩˊ (B)「夭」夭如：ㄧㄠ (C)曲肱而「枕」之：ㄓㄣˇ (D)桓「魋」其如予何：ㄍㄨㄟˇ (E)不「悱」不發：ㄈㄟˇ。

2.（　）下列引號中的「樂」字，何者讀音相同？ (A)不圖為「樂」之至於斯也 (B)曲肱而枕之，「樂」亦在其中矣 (C)發憤忘食，「樂」以忘憂 (D)仁者「樂」山 (E)回也不改其「樂」。

3.（　）下列引號中的字，音義完全正確者為： (A)「弋」不射宿：ㄍㄜ，以生絲繫矢而射 (B)曲「肱」而枕之：ㄏㄨㄥˊ，手臂 (C)多見而「識」之：ㄓˋ，辨識 (D)「誄」曰禱爾于上下神祇：ㄌㄟˇ，祈禱文 (E)奢則不「孫」：ㄒㄩㄣˋ，同「遜」，謙遜。

4.（　）下列字義解釋何者正確？ (A)「諾」，吾將問之：應允之辭 (B)「雅」言：正也 (C)夫子「為」衛君乎：偽裝 (D)子釣而不「綱」：以大繩屬網，橫絕水流而漁者 (E)不「保」其往也：保證。

5.（　）選出正確的通同字： (A)發「憤」忘食：奮 (B)「加」我數年：假 (C)雖執鞭之「士」：事 (D)「齊」戰疾：齋 (E)君「取」於吳為同姓：娶。

6.（　）下列各組引號內詞義不同的有： (A)吾無「行」而不與二三子者／文「行」忠信 (B)

弋不射「宿」／子路「宿」於石門　(C)蓋有不知而「作」之者／述而不「作」　(D)君子不「黨」／「黨」同伐異　(E)「與」其進也／子曰「與」之釜。

（　　）7. 下列引號內的字，哪些當動詞用？　(A)「飯」疏食　(B)君子不「黨」　(C)儉則「固」　(D)「與」其潔也　(E)「敏」以求之。

（　　）8. 「其為人也，發憤忘食，樂以忘憂，不知老之將至云爾！」「發憤忘食」可換為：　(A)焚膏繼晷　(B)飽食終日　(C)玩歲愒時　(D)孜孜矻矻　(E)夜以繼日。

（　　）9. 「子曰：『志於道……』」一章，下列敘述何者正確？　(A)此四項分指為學之目標、基礎、精神與內涵　(B)志道目的求真，依據於仁德，目的在求善，游藝目的求美　(C)前三項是人格教育，後一項屬技藝教育　(D)四項並列，有本末之殊，無輕重之別　(E)游於藝，是說涵泳於《詩》《書》六經之中。

（　　）10. 請選出孔子為人的正確敘述：　(A)不義而富且貴，於我如浮雲　(B)弋不射宿　(C)無伐善，無施勞　(D)居敬以行簡　(E)默而識之，學而不厭，誨人不倦。

（　　）11. 下列倒裝的句子，經調整後意義不變的選項是：　(A)甚矣吾衰也→吾衰也甚矣　(B)久矣，吾不復夢見周公→吾不復夢見周公久矣　(C)就有道而正焉→就正焉而有道　(D)德之不修，學之不講→不修德，不講學　(E)子於是日哭，則不歌→子於是日歌，則不哭。

（　　）12. 下列成語何者同義？　(A)臨事而懼／臨深履薄　(B)求仁得仁／心安理得　(C)無偏無黨／黨同伐異　(D)曲肱而枕／澹泊自甘　(E)暴虎馮河／匹夫之勇。

（　　）13. 下列有關孔子的言行，何者正確？　(A)「其為人也，發憤忘食，樂以忘憂，不知老之將至云爾！」乃孔子自言其研究學問的態度與樂趣　(B)「天生德於予，桓魋其如予何？」言孔子自信勉力修德，故無憂無懼　(C)「吾無行而不與二三子者，是丘也。」是說弟子朝夕都與孔子在一起　(D)「子溫而厲，威而不猛，恭而安。」言孔子待人容態中和，莊敬自然　(E)「默而識之，學而不厭，誨人不倦，何有於我哉？」「何有於我哉」乃孔子自謙他做不到。

（　　）14. 由哪些行為可看出孔子仁民愛物的胸懷？　(A)子食於有喪者之側，未嘗飽也　(B)釣而不綱，弋不射宿　(C)默而識之，學而不厭，誨人不倦　(D)因弔喪而「是日哭，則不歌」

(E)廄焚，子退朝，曰：「傷人乎？」不問馬。

（　）15.「子所雅言……」一章，孔子在何時皆採雅言？ (A)誦詩 (B)讀書 (C)學《易》 (D)行禮 (E)作《春秋》。

三、非選題

配合：

下列名言精句和《論語》哪些篇章文意可以互相闡發？（請依參考選項填入適當的代號）

（　）1. 中國・羅蘭：「如果要替成功的人找出一個最起碼的祕訣，大概你會發現，他只是克服了自己的懶惰。」

（　）2. 黎巴嫩・紀伯倫：「我從多話的人學到了靜默，從褊狹的人學到了寬裕，從殘忍的人學到了仁愛。」

（　）3. 英・格雷：「勇敢無畏，必須配以謹慎小心。」

（　）4. 法・盧梭：「教育必須順著自然——也就是順著天性而為，否則，必然產生本性斷傷的結果。」

（　）5. 羅馬・西塞羅：「智慧意味著對神和人內在的一切，以及萬事萬物背後的原因的認識。」

參考選項

(A)子不語：怪、力、亂、神 (B)子曰：「志於道，據於德，依於仁，游於藝。」 (C)子曰：「我非生而知之者，好古，敏以求之者也。」 (D)子曰：「中人以上，可以語上也；中人以下，不可以語上也。」 (E)子曰：「三人行，必有我師焉。擇其善者而從之；其不善者而改之。」 (F)子曰：「君子博學於文，約之以禮，亦可以弗畔矣夫！」 (G)子曰：「暴虎馮河，死而無悔者，吾不與也。必也臨事而懼，好謀而成者也。」 (H)子曰：「不憤不啟。不悱不發。舉一隅不以三隅反，則不復也。」

泰伯第八

一、單選題

（　）1.「子曰：『泰伯其可謂至德也已矣，三以天下讓，民無得而稱焉。』」旨在推崇：(A)泰伯順親讓國的美德 (B)泰伯禪讓天下的美德 (C)泰伯三次讓位的美德 (D)泰伯謙虛禮讓的美德。

（　）2.「子曰：『恭而無禮則勞……』」一章，旨在強調： (A)貴禮 (B)篤親 (C)興仁 (D)重友。

（　）3.「慎而無禮則□，直而無禮則□」，請填入適當的字： (A)勞、葸 (B)葸、絞 (C)亂、

絞 (D)葸、亂。

( ) 4. 曾子有疾，以其手足示弟子，其用意在教門下弟子：(A)要及時行孝 (B)師生之情，如手足般之親密 (C)戒慎守身，能全節而終 (D)愛惜名譽，如愛惜手足般。

( ) 5. 「曾子有疾，孟敬子問之……」一章，言君子所貴乎道者有三，何者不列於其中？(A)容貌 (B)顏色 (C)言辭 (D)氣質。

( ) 6. 曾子言曰：「鳥之將死，其鳴也哀，人之將死，其言也善。」其意在：(A)警告 (B)遺言 (C)勸善 (D)預言。

( ) 7. 關於「曾子曰：『以能問於不能，以多問於寡，有若無，實若虛，犯而不校。昔者吾友，嘗從事於斯矣。』」一章，下列敘述何者錯誤？(A)旨在讚美其能虛己以待人 (B)「以能問於不能，以多問於寡」言其謙虛為懷，不恥下問 (C)「有若無，實若虛」言其玄虛神祕，深不可測 (D)「犯而不校」言其寬以待人，不與人爭。

( ) 8. 「曾子曰：『可以託六尺之孤，可以寄百里之命，臨大節而不可奪也。君子人與？君子人也！』」一章，下列敘述何者正確？(A)託六尺之孤：寄養幼小的孤兒們 (B)寄百里之命：將君命傳給百里外的諸侯 (C)大節：指國家存亡，個人生死的重要關頭 (D)不可奪：不會奪取政權。

( ) 9. 「曾子曰：『士不可以不弘毅……』」一章，旨在說明士人：(A)樂以天下，憂以天下 (B)殺身成仁，死而不悔 (C)弘揚仁道，任重道遠 (D)安貧樂道，行己有恥。

( ) 10. 曾子曰：「士不可以不弘毅，任重而道遠。」其「遠」何以故？(A)生也有涯，知也無涯 (B)讀萬卷書，行萬里路 (C)不辱君命，宣揚國威 (D)弘揚仁道，死而後已。

( ) 11. 子曰：「民可使由之，不可使知之。」意謂：(A)人民不可與聞國家大事 (B)人民知識高則容易起而反對政府 (C)人民知識程度不高，不可能使他們了解為什麼這樣做的道理 (D)嚴格劃分階級。

( ) 12. 孔子言禍亂之根源為：(A)好勇疾貧 (B)驕傲鄙吝 (C)遺棄故舊 (D)暴虎馮河。

( ) 13. 「人而不仁，疾之已甚，亂也。」意謂：(A)有道德潔癖，痛惡不仁之人 (B)惡不仁之人，而使之無所容，則必致亂 (C)反躬自省，痛加悔改 (D)缺乏仁心，是國家社會的亂源所在。

( ) 14. 「子曰：『如有周公之才之美，使驕且吝，其餘不足觀也已！』」章旨在於：(A)盛讚

周公之才 (B)勸人勿驕矜鄙吝 (C)說明有才者大多驕傲鄙吝 (D)強調要多培養才藝。

( ) 15. 子曰：「三年學，不至於穀，不易得也。」「不至於穀，不易得也」意謂：(A)無法取得俸祿，將來也無所作為 (B)不能分辨菽麥米穀，將也無法有所收穫 (C)不先從小處立志，則不易有發展 (D)心不在於做官求取俸祿，這種人不易得到。

( ) 16. 「篤信好學，守死善道」意指對什麼的堅守？ (A)正道 (B)宗教 (C)國家 (D)學術。

( ) 17. 「天下有道則見，無道則隱。」不適合以哪句話說明？ (A)明哲保身 (B)任以天下 (C)治進亂退 (D)用行舍藏。

( ) 18. 子曰：「不在其位，不謀其政。」意謂：(A)不牝雞司晨 (B)不越職侵權 (C)不與聞國政 (D)不諉過塞責。

( ) 19. 子曰：「師摯之始，〈關雎〉之亂，洋洋乎，盈耳哉！」意謂：(A)鑼鼓喧鬧，嘈雜亂耳 (B)讚美鳥鳴悠揚，媲美正樂 (C)起始正樂，而後走音 (D)始於升歌，終而合樂。

( ) 20. 「子曰：『狂而不直，侗而不愿，悾悾而不信，吾不知之矣！』」旨在說明：(A)孔子謙言自己的德行 (B)孔子指斥小人性格與一般常度相違 (C)孔子不知如何評論此種性格之人 (D)孔子和此種性格之人不知如何相處。

( ) 21. 下列字詞解釋，何者錯誤？ (A)侗：急躁 (B)不愿：不忠厚 (C)悾悾：無能貌 (D)不信：不守信。

( ) 22. 「子曰：『學如不及，猶恐失之！』」旨在勸人：(A)敦品 (B)勤學 (C)惜時 (D)行仁。

( ) 23. 「學如不及，猶恐失之」意謂：(A)學業不及格，恐怕會失去學位 (B)求學好像來不及似的，學到又恐怕把它忘掉 (C)學習如果不如他人，則要努力不懈 (D)學習怕會來不及，又恐怕會失敗。

( ) 24. 「子曰：『大哉，堯之為君也……』」一章，旨在讚美堯帝：(A)效法天行 (B)功德偉大，禮樂制度完美 (C)傳賢不傳子 (D)善於為文，斐然成章。

( ) 25. 「唯天為大，唯堯則之！」意指堯帝：(A)其德與天齊等 (B)其意不違天志 (C)其業功大於天 (D)其法以天為則。

( ) 26. 「民無能名焉」意謂：(A)人民卑微，大多沒有名字 (B)人民敬畏，不敢稱呼其名

(C)人民功微，無法名列其中 (D)人民無法以言語形容其功德。

( ) 27. 下列敘述何者錯誤？ (A)巍巍蕩蕩：讚美功業崇高廣大 (B)成功：指成就的動業 (C)煥乎：煥然一新 (D)文章：指禮樂制度。

( ) 28. 「舜有臣五人，而天下治……」一章，除讚美周代之德外，並論： (A)人才難得 (B)立國之基 (C)修身之道 (D)治國之方。

( ) 29. 孔子讚美周文王，下列敘述何者正確？ (A)擁有天下三分之二的土地 (B)以諸侯之禮，服事商朝 (C)有十個治理天下的人才 (D)有天下而不與焉。

( ) 30. 「子曰：『禹，吾無間然矣……』」一章，孔子讚美夏禹的功德，何者不在其列？ (A)菲飲食 (B)儉舟車 (C)惡衣服 (D)卑宮室。

二、多選題

( ) 1. 選出讀音正確的選項： (A)「侗」而不愿：ㄊㄨㄥˊ (B)侗而不「愿」：ㄩㄢˋ (C)犯而不「校」：ㄒㄧㄠˋ (D)「悾」悾而不信：ㄎㄨㄥ (E)斯「遠」鄙倍矣：ㄩㄢˇ。

( ) 2. 下列音義何者正確？ (A)慎而無禮則「葸」：ㄒㄧˇ，畏懼 (B)「籩」豆之事：ㄅㄧㄢ，籩豆，禮器 (C)吾無「間」然矣：ㄒㄧㄢˊ，間適 (D)致美乎「黻」冕：ㄈㄨˊ，禮冠 (E)「疾」之已甚：ㄐㄧˊ，病急。

( ) 3. 下列解釋何者正確？ (A)不至於「穀」，不易得也：俸祿 (B)盡力乎「溝洫」：田間水道 (C)則「有司」存：主管官員 (D)「百里」之命：大國 (E)君子人「與」：歟。

( ) 4. 選出正確的通同字： (A)天下有道則「見」：現 (B)犯而不「校」：跤 (C)使「驕」且吝：嬌 (D)「侗」而不愿：恫 (E)「唯」天為大：惟。

( ) 5. 下列各組引號內詞義不同的有： (A)斯「遠」暴慢矣／敬鬼神而「遠」之 (B)舜、禹之有天下也，而不「與」焉／吾「與」點也 (C)禹，吾無「間」然矣／病「間」 (D)好勇「疾」貧／父母唯其「疾」之憂 (E)疾之「已」甚／死而後「已」。

( ) 6. 下列文意解釋何者正確？ (A)「邦有道，貧且賤焉，恥也；邦無道，富且貴焉，恥也」：君子當有為有守，不可不顧真理正義 (B)「菲飲食，而致孝乎鬼神」：飲食微薄，而竭心盡力敬奉鬼神 (C)「惡衣服，而致美乎黻冕」：衣服粗劣，而祭服禮冠都很精美 (D)「卑宮室，而盡力乎溝洫」：

居住在卑溼的地方，而盡力修治溝渠水道
(E)「巍巍乎，舜、禹之有天下也，而不與焉」：舜、禹雖貴為帝王，卻不問世事，無為而治。

(　) 7. 孔子記人立身成德之法，何者正確？ (A)興於詩 (B)鑑於《書》 (C)變於《易》 (D)立於禮 (E)和於樂。

(　) 8. 以下有關「亂」字的文意，何者有「禍亂、災亂、為亂」之意？ (A)好勇疾貧，亂也 (B)關雎之亂 (C)予有亂臣十人 (D)亂邦不居 (E)勇而無禮則亂。

(　) 9. 「舜有臣五人，而天下治……」一章，下列敘述何者正確？ (A)舉舜的五個賢臣與武王的亂臣十人，以比較優劣 (B)唐虞之際，人口最多 (C)孔子曰：『才難』，不其然乎？」是肯定「才難」之言 (D)武王的亂臣中有九個婦女 (E)文王贏得天下三分之二民心的擁戴，仍以諸侯之禮服事殷商。

(　) 10. 下列引號內的字，哪些當動詞用？ (A)「菲」飲食 (B)唯天為大，唯堯「則」之 (C)侗而不「愿」 (D)三年學，不至於「穀」 (E)不在其位，不「謀」其政。

(　) 11. 下列各組成語何者為反義？ (A)臨淵履薄／虎尾春冰 (B)不在其位，不謀其政／越俎代庖 (C)死而後已／置若罔聞 (D)人之將死，其言也善／執迷不悟 (E)任重道遠／一蹴而就。

(　) 12. 有關曾子有疾，召門弟子訓示，及孟敬子探問兩篇相關篇章，下列文意何者正確？ (A)「啟予足！啟予手！」：命弟子開其衾而視之 (B)引《詩》而言「而今而後，吾知免夫！」意謂「身體髮膚，受之父母，不可毀傷，孝之始也」 (C)動容貌，斯遠暴慢矣：容貌舉止依禮而行，可避免別人的粗暴和放肆 (D)正顏色，斯近信矣：臉色端莊，要表裡如一，便容易使人相信 (E)出辭氣，斯遠鄙倍矣：義正辭嚴，加倍還擊，可避免鄙陋不合理的對待。

(　) 13. 下列敘述何者正確？ (A)「恭」、「慎」、「勇」、「直」等行為，都需要有「仁心」的施發，才不會產生流弊 (B)慎而無禮則葸：過度謹慎，便會畏怯多懼 (C)直而無禮則絞：心直口快，便會犯上作亂 (D)君子篤於親，則民興於仁：能厚待親屬，民間自會興起仁愛之風 (E)故舊不遺，則民不偷：不遺棄故交舊友，人民受感化就不會起偷盜之心。

（　）14.曾子論君子之德行，下列何者錯誤？ (A)富貴不能淫，貧賤不能移，威武不能屈 (B)可以託六尺之孤 (C)可以寄百里之命 (D)己立立人，己達達人 (E)臨大節而不可奪也。

（　）15.「危邦不入，亂邦不居。天下有道則見，無道則隱。」下列敘述何者錯誤？ (A)君子出處進退，當權衡時勢，見機而作 (B)不進入情勢已危，無可挽救的國家 (C)綱紀廢弛，政治紊亂的國家，則可潔身而離去 (D)天下有道則現身說法，無道則隱身幕後 (E)邦有道，富且貴焉，恥也；邦無道，貧且賤焉，恥也。

三、非選題

配合：

孔子論古今人物的功業德澤或人格精神，都具有不同的典型與風範，其用意在使弟子有學習的榜樣。下列文句所述往聖先賢，請依參考選項填入適當的代號。

1.子曰：「如有（　）之才之美，使驕且吝，其餘不足觀也已！」

2.子曰：「（　），吾無閒然矣！菲飲食，而致孝乎鬼神；惡衣服，而致美乎黻冕；卑宮室，而盡力乎溝洫。」

3.子曰：「大哉，（　）之為君也！……蕩蕩乎，民無能名焉！巍巍乎，其有成功也！煥乎，其有文章！」

4.子曰：「（　）其可謂至德也已矣，三以天下讓，民無得而稱焉。」

5.子曰：「巍巍乎，（　）、禹之有天下也，而不與焉。」

參考選項

(A)堯 (B)舜 (C)禹 (D)周公 (E)伯夷 (F)叔齊 (G)左丘明 (H)泰伯

子罕第九

一、單選題

（　）1.孔子很少主動談到利、命、仁，下列原因何者錯誤？ (A)計小利則害大義，故少言 (B)敬畏天命，敬鬼神而遠之，故少言 (C)行仁入手極難，故罕言 (D)仁道浩瀚，故罕言。

（　）2.「達巷黨人曰：『大哉孔子！博學而無所成名……』」一章，下列敘述何者錯誤？ (A)稱譽孔子博學 (B)孔子年少時，家境貧寒，故多能鄙事 (C)以執御自謙，啟示門人為學做人當博而能約 (D)「無所成名」，意指譽滿天下，無所不能。

（　）3.「子曰：『麻冕，禮也，今也純，儉，吾從眾……』」一章言孔子對禮儀的因革取捨當：(A)依循禮制　(B)隨俗從眾　(C)合理合宜　(D)依違兩可。

（　）4.「拜下，禮也，今拜乎上，泰也。雖違眾，吾從下。」可知孔子執禮以何為上？　(A)儉省　(B)莊嚴　(C)恭敬　(D)謙讓。

（　）5.子絕四：「毋意，毋必，毋固，毋我。」下列敘述何者錯誤？　(A)不臆不信，毋測未至：毋意　(B)無適無莫，義之與比：毋必　(C)無可無不可，執兩而用中：毋固　(D)超脫自然，物我合一：毋我。

（　）6.「知之為知之，不知為不知。」乃屬何種表現？　(A)毋意　(B)毋必　(C)毋固　(D)毋我。

（　）7.明人呂坤：「人生一大罪過，只在『自是自私』四字。」乃屬何種表現？　(A)毋意　(B)毋必　(C)毋固　(D)毋我。

（　）8.子畏於匡。曰：「文王既沒，文不在茲乎？」意謂文王既卒：　(A)文化傳統亦隨之而沒　(B)文化古蹟亦隨之毀滅　(C)文化傳統不都在我身上嗎　(D)文化傳統不在周天子身上嗎。

（　）9.「後死者，不得與於斯文也」之「後死者」是指：　(A)孔子自指　(B)周武王　(C)東周帝王　(D)後世之人。

（　）10.「大宰問於子貢曰：『夫子聖者與？何其多能也……』」一章，旨在說明孔子：　(A)自承確如大宰所言為聖者與多能　(B)感念大宰是個知音者　(C)以多能鄙事自居，而不敢承當聖人的美名　(D)感念子貢是個知音者。

（　）11.孔子自言何以「多能」？　(A)吾少也賤，故多能鄙事　(B)好勝心強，力求上進　(C)天縱之將聖，故多能也　(D)興趣所至，多元學習。

（　）12.子云：「吾不試，故藝。」意謂：　(A)未經考試，不得出仕，故學會許多技藝　(B)對技藝未加嘗試練習　(C)不為世所用，故有空學會許多技藝　(D)未能參加考試，只好轉學技藝。

（　）13.「子曰：『吾有知乎哉？無知也。有鄙夫問於我，空空如也，我叩其兩端而竭焉。』」章旨說明：　(A)鄙夫不願受教，故敲其腦袋以訓之　(B)鄙夫自謙無知，腦袋空空，但願能受教　(C)孔子竭盡所能教導，鄙夫仍無法領略其意　(D)孔子自謙無知，但能竭誠教人。

（　）14.「我叩其兩端而竭焉」一句，下列敘述何者正確？ (A)叩：敲也 (B)兩端：指本末終始 (C)竭：枯竭 (D)孔子以啟發法教導鄙夫。

（　）15.顏淵喟然歎曰：「仰之彌高，鑽之彌堅，瞻之在前，忽焉在後。」顏淵之嘆為：(A)感嘆學無止境 (B)讚嘆孔子武藝高超，深不可測 (C)讚嘆孔子學問道德博大精深 (D)讚嘆文武之道空前絕後。

（　）16.子貢曰：「有美玉於斯，韞匵而藏諸？求善賈而沽諸？」意謂：(A)請教孔子行賈之道 (B)暗勸孔子當入世行道 (C)自喻溫潤如玉，藏德待用 (D)自詡善於買賣。

（　）17.對於子貢所問：「有美玉於斯」，孔子說：「沽之哉！沽之哉！我待賈者也！」意謂：(A)肯定子貢是塊美玉，等待識貨者 (B)孔子身懷美玉，等待好價錢售出 (C)孔子懷才抱德，期待明主禮遇重用 (D)孔子為出售美玉，沽酒等待商賈。

（　）18.「子欲居九夷。或曰：『陋，如之何？』子曰：『君子居之，何陋之有？』」一章，旨在說明：(A)感慨道不行於華夏，欲避居九夷 (B)心慕九夷之美，而欲移居 (C)移居之心堅定，不以簡陋為憂 (D)懷抱教育熱忱，欲居之以普及教化。

（　）19.「吾自衛反魯，然後樂正，雅頌各得其所。」章旨謂孔子自述：(A)從事撰述《詩經》雅頌的工作 (B)從事音樂的整理訂正工作 (C)從事校正《詩經》雅頌詩篇的工作 (D)從事制定朝廷雅樂的工作。

（　）20.「子曰：『出則事公卿，入則事父兄……』」一章，下列敘述何者錯誤？ (A)出、入：指出仕朝廷與入居家鄉 (B)喪事不敢不勉：遇到喪事，盡力遵從禮節 (C)不為酒困：飲酒適量，不被酒所困擾 (D)何有於我哉：自謙做不到上述事項。

（　）21.子在川上曰：「逝者如斯夫！不舍晝夜。」意謂：(A)感嘆人生短促 (B)憂慮聖道不行 (C)勉人自強不息 (D)勉人惜時力學。

（　）22.「吾未見好德如好色者也」旨在說明：(A)勉人好德當如好色一般深切 (B)感嘆世人薄於德而厚於色 (C)勉人當以好德之心代替愛好女色之心 (D)勸戒人不生好色之心。

（　）23.孔子稱述顏回之言，何者錯誤？ (A)語之而不惰 (B)吾見其進也，未見其止 (C)苗而不秀者，有矣夫 (D)不遷怒，不貳過。

（　）24.「後生可畏，焉知來者之不如今也……」

一章，旨在：(A)強調立志的重要 (B)教人要及時行孝 (C)警人要及時勉學 (D)勸人要及早成名。

( ) 25.子曰：「三軍可奪帥也，匹夫不可奪志也。」旨在言：(A)志在報國 (B)擒賊擒王 (C)威武不屈 (D)守志不移。

( ) 26.「子曰：『衣敝縕袍，與衣狐貉者立，而不恥者，其由也與！』」一章，下列敘述何者正確？ (A)衣敝縕袍：穿著破舊的絲棉袍 (B)而「不恥」者：不屑、輕視 (C)其由也與：大概由此而來 (D)何足以臧：何須隱藏。

( ) 27.「不忮不求，何用不臧？」意謂：(A)只要為官清廉公正，別人必定不會栽贓於他 (B)不卑不亢，長官自然任用他 (C)既不害人也不貪求，什麼事情都可以做得很好 (D)不責備人也不貪圖小利，一定被人稱道。

( ) 28.下列有關「智仁勇」三達德的作為，何者錯誤？ (A)君子可逝也，不可陷也；可欺也，不可罔也——知者不惑 (B)內省不疚，夫何憂何懼——仁者不憂 (C)暴虎馮河，死而無悔——勇者不懼 (D)孫叔敖見兩頭蛇，殺而埋之——勇者不懼。

( ) 29.「子曰：『可與共學……』」一章，記孔子說明為學的進程為何？ (A)共學、立、權、適道 (B)共學、適道、立、權 (C)共學、權、適道、立 (D)共學、適道、權、立。

( ) 30.孔子借逸詩「唐棣之華，偏其反而；豈不爾思？室是遠而」為喻，旨在說明：(A)歲寒，然後知松柏之後彫也 (B)學而不思則罔，思而不學則殆 (C)告諸往而知來者 (D)仁遠乎哉？我欲仁，斯仁至矣。

二、多選題

( ) 1.選出讀音正確的選項：(A)唐「棣」之華：ㄉㄧˋ (B)「巽」與之言：ㄒㄩㄣˋ (C)韞「匵」而藏：ㄍㄨㄟˋ (D)求善「賈」而沽諸：ㄐㄧㄚˇ (E)說而不「繹」：ㄧˋ。

( ) 2.下列引號內音義的說明，何者正確？ (A)不「忮」不求：ㄐㄧˋ，忌恨 (B)何用不「臧」：ㄘㄤˊ，隱藏 (C)「語」之而不惰者：ㄩˋ，告訴 (D)然後「樂」正：ㄩㄝˋ，音樂 (E)不「為」酒困：ㄨㄟˋ，因為。

( ) 3.下列各選項中所列舉有關處世或辨事的態度，何者不是孔子所讚許的？ (A)臨事而懼，好謀而成 (B)暴虎馮河，死而無悔 (C)不忮不求，何用不臧 (D)用之則行，舍之則藏 (E)說而不繹，從而不改。

( ) 4.選出正確的通同字：(A)過則勿「憚」改：

彌　(B)吾「末」如之何也已矣：莫　(C)求善「賈」而沽諸：價　(D)「偏」其反而：篇　(E)歲寒，然後知松柏之後「彫」也：凋。

（　　）5. 下列各組引號內詞義不同的有：　(A)今拜乎上，「泰」也／君子「泰」而不驕　(B)有鄙夫問於我，「空空」如也／「悾悾」而不信　(C)「衣」敝緼袍／乘肥馬，「衣」輕裘　(D)唐棣之華，偏其「反」而／「反」求諸己　(E)「說」而不繹／非不「說」子之道。

（　　）6. 「子曰：『鳳鳥不至，河不出圖，吾已矣夫！』」此章旨在言孔子：　(A)感傷天下紛亂　(B)痛心神鳥滅種　(C)慨嘆世無明君　(D)憂傷道之不行　(E)痛惜河圖亡佚。

（　　）7. 下列「與」字的用法，何者與「可與共學，未可與適道」之「與」字相同？　(A)與其進也，不與其退也　(B)夫子聖者與　(C)後死者，不得與於斯文也　(D)舜、禹之有天下也，而不與焉　(E)子罕言利，與命與仁。

（　　）8. 「子見齊衰者，冕衣裳者，與瞽者，見之，雖少必作，過之必趨。」此章言孔子：　(A)哀有喪者　(B)慈卑幼者　(C)尊在位者　(D)恤殘廢者　(E)憐矜寡者。

（　　）9. 子曰：「後生可畏，焉知來者之不如今也？」「後生可畏」一詞可換成：　(A)後起之秀　(B)少不更事　(C)江河日下　(D)青出於藍　(E)老而彌堅。

（　　）10. 下列修辭應用何者正確？　(A)君子居之，何陋之有——倒裝　(B)苗而不秀者，有矣夫！秀而不實者，有矣夫——層遞　(C)歲寒，然後知松柏之後彫也——誇飾　(D)知者不惑，仁者不憂，勇者不懼——排比　(E)子見齊衰者，冕衣裳者——轉化。

（　　）11. 下列成語何者為反義？　(A)逝者如斯／光陰荏苒　(B)過勿憚改／冥頑不靈　(C)秀而不實／華實相稱　(D)各得其所／鳶飛魚躍　(E)待價而沽／終南待價。

（　　）12. 由顏淵對孔子學問道德的喟嘆可知：　(A)夫子之道廣博精妙，不可捉摸　(B)夫子教學循循善誘，博文約禮　(C)博文重在求知，是學問的基礎　(D)約禮重在力行，是道德旨歸　(E)顏淵自述鑽研的艱辛，疲於奔命而心生倦怠。

（　　）13. 下列何者有勉人不可半途而廢之意？　(A)學如不及，猶恐失之　(B)譬如為山，未成一簣，止，吾止也　(C)為山九仞，功虧一簣　(D)苗而不秀者，有矣夫！秀而不實者，有矣夫　(E)鍥而舍之，朽木不折；鍥而不舍，金石可鏤。

（　）14.「子疾病，子路使門人為臣……」一章，下列敘述何者正確？ (A)本章記孔門師生情誼的深厚，及孔子誠實不虛，遵守本分的人格 (B)以孔子身分而言，辦喪事不當有家臣，子路使門人為臣即不合禮制 (C)「病間」是病情加重之意 (D)子路雖然做出「無臣而為有臣」的詐偽作法，實出於敬師的至情 (E)孔子憂心自己將來無法得到卿、大夫的盛大葬禮。

（　）15.下列何者說明君子處危亂而不改其節操？ (A)歲寒，然後知松柏之後彫也 (B)雞鳴不已於風雨 (C)勁松彰於歲寒，貞臣見於國危 (D)唐棣之華，偏其反而 (E)時窮節乃見，一一垂丹青。

（　）16.孔子論子路，下列敘述何者正確？ (A)見其進也，未見其止 (B)衣敝縕袍，與衣狐貉者立，而不恥者 (C)不忮不求，何用不臧 (D)好勇過我，無所取材 (E)片言可以折獄者。

三、非選題

配合：

請選出符合以下相關事例的《論語》篇章。(請依參考選項填入適當的代號)

（　）1.姜子牙垂釣渭水之濱以待文王。

（　）2.樂羊子之賢妻斷織匹。

（　）3.神童方仲永長大後淪為常人。

（　）4.張巡死守睢陽城。

（　）5.管寧割席與華歆絕交。

參考選項

(A)子曰：「苗而不秀者，有矣夫！秀而不實者，有矣夫！」 (B)子在川上曰：「逝者如斯夫！不舍晝夜。」 (C)子曰：「譬如為山，未成一簣，止，吾止也！譬如平地，雖覆一簣，進，吾往也！」 (D)子曰：「吾有知乎哉？無知也。有鄙夫問於我，空空如也，我叩其兩端而竭焉。」 (E)子貢曰：「有美玉於斯，韞匵而藏諸？求善賈而沽諸？」子曰：「沽之哉！沽之哉！我待賈者也！」 (F)子曰：「歲寒，然後知松柏之後彫也。」 (G)子曰：「可與共學，未可與適道；可與適道，未可與立；可與立，未可與權。」 (H)子見齊衰者，冕衣裳者，與瞽者，見之，雖少必作，過之必趨

鄉黨第十

一、單選題

（　）1.孔子在鄉黨的言貌如何？ (A)恂恂如也 (B)侃侃如也 (C)便便言也 (D)誾誾如也。

（　）2. 孔子在宗廟朝廷的言貌又如何？(A)恂恂如也　(B)侃侃如也　(C)便便言也　(D)誾誾如也。

（　）3. 「朝與下大夫言，侃侃如也……」一章，旨在說明：(A)孔子在鄉黨與宗廟朝廷言貌不同　(B)孔子在朝廷事上接下的態度不同　(C)孔子在朝與聘問的言貌不同　(D)孔子在燕居與出仕的氣象不同。

（　）4. 國君臨朝時，孔子態度如何？下列敘述何者錯誤？(A)踧踖如也　(B)與與如也　(C)恭敬不寧也　(D)誾誾如也。

（　）5. 魯君召孔子為擯相，孔子的行止如何？下列敘述何者正確？(A)受命之時，色勃如也　(B)待賓之時，足躩如也　(C)迎賓之時，衣前後，襜如也　(D)送客之時，趨進，翼如也。

（　）6. 以下詞意解釋何者錯誤？(A)色勃如也：勃然變色，莊矜貌　(B)揖所與立：恭敬地向賓客拱手行禮　(C)衣前後，襜如也：衣服隨著向前後整齊地飄動　(D)復命：回報命令。

（　）7. 「賓不顧矣」意謂：(A)賓客依依不捨，眷顧不已　(B)賓客已離去，不再回顧　(C)賓客急於返國，不願回顧　(D)賓客滿載而歸，無暇他顧。

（　）8. 有關孔子在朝廷時的禮儀容貌，下列敘述何者正確？(A)入公門，必先行鞠躬之禮，好像不夠從容的樣子　(B)不站立於門中央，須先踩過門檻，以示敬意　(C)經過國君所坐之位，即使國君不在，也必面色莊嚴，腳步加快　(D)說話明辯剛直，善於周旋公府的樣子。

（　）9. 有關孔子在朝廷時升堂、降階的行止，下列敘述何者錯誤？(A)上階時，提起衣服下襬，再次行鞠躬之禮　(B)出堂走下一級堂階，臉色便舒緩些，顯得和悅　(C)下完臺階，快步前行，像鳥翼舒展一般　(D)回到自己位置，又顯得恭敬不安的樣子。

（　）10. 「執圭，鞠躬如也……」一章，旨在記孔子：(A)朝見天子之禮　(B)於宗廟行祭祀之禮　(C)行鄉飲酒之禮　(D)奉命出使鄰國行聘問之禮。

（　）11. 下列敘述何者正確？(A)執圭，鞠躬如也，「如不勝」：好像不堪負荷一般　(B)上如揖，下如授：與鄰國使臣互相揖讓之禮　(C)勃如戰色：精神振奮，昂揚亢奮　(D)足蹜蹜如有循：腳步顫慄，依循指引而行。

（　）12. 「君子不以紺緅飾，紅紫不以為褻服……」

一章，旨在記孔子：(A)朝服之制 (B)平日衣服之制 (C)祭服之制 (D)軍服之制。

( ) 13. 下列有關服制說明，何者正確？ (A)褻服：內衣 (B)寢衣：睡衣 (C)朝服：上朝所著之服 (D)帷裳：家居所著之服。

( ) 14. 有關孔子的服制，下列敘述何者錯誤？ (A)「褻裘長，短右袂」：求保暖，並方便做事 (B)「必有寢衣，長一身有半」：睡衣比身體長一倍半 (C)「去喪，無所不佩」：喪服已除，任何飾物皆可佩帶 (D)「羔裘玄冠，不以弔」：不穿戴黑皮袍、黑色禮帽去弔喪。

( ) 15. 孔子於何時必穿朝服上朝？下列敘述何者錯誤？ (A)吉月 (B)望日 (C)月朔 (D)每月初一。

( ) 16. 「齊，必有明衣，布。齊必變食，居必遷坐。」本章旨在記孔子： (A)與齊國外交之事 (B)齋戒謹飭之事 (C)衣食整齊謹飭之事 (D)居家謹飭之事。

( ) 17. 「齊，必有明衣，布。齊必變食，居必遷坐。」孔子於此時必會有注意事項，下列敘述何者錯誤？ (A)穿著明潔的布衣 (B)改變日常飲食 (C)改變日常的居處 (D)改變日常的作息。

( ) 18. 孔子日常飲食極有節度，以下敘述何者錯誤？ (A)米飯精白肉膾切細，不食 (B)食糧經久而腐臭變壞，不食 (C)魚、肉變味腐敗，不食 (D)食物變色、變味，不食。

( ) 19. 下列敘述何者正確？ (A)失飪：未經烹調 (B)不時：不按進食時間 (C)割不正：切肉不方正 (D)不得其醬：沒有肉醬。

( ) 20. 有關孔子的飲食注意事項，下列敘述何者錯誤？ (A)肉雖多，不使勝食氣：席上肉類雖多，吃肉不超過飯量 (B)唯酒無量，不及亂：喝酒可以無限量飲，也不及亂 (C)沽酒市脯不食：街上買來的酒、肉類，怕不乾淨，故不吃 (D)不撤薑食，不多食：薑可調味，能去腥味，驅寒氣，故飯後不撤去，然亦不多食。

( ) 21. 有關孔子參與鄉飲酒禮，下列敘述何者正確？ (A)孔子必等待持儀杖行禮的人離席了，然後才離開 (B)孔子必等待老人離席了，然後才離席 (C)鄉人「儺」：音ㄋㄢˊ，指迎神驅鬼逐疫的祭典 (D)鄉人儺，孔子會穿著朝服立於西階而臨之。

( ) 22. 「問人於他邦，再拜而送之。康子饋藥，拜而受之，曰：『丘未達，不敢嘗。』」一章，下列敘述何者正確？ (A)問人於他邦：向人請教他邦的民情風俗　(B)再拜而送之：必再拜謝而送他上路　(C)康子「饋藥」：親自煎藥　(D)丘未達，不敢嘗：尚未顯達，不敢嘗試。

（　）23. 「廄焚，子退朝，曰：『傷人乎？』不問馬。」下列有關孔子的思想，何者錯誤？　(A)愛有等差　(B)貴人賤畜　(C)人本思想　(D)賤人貴馬。

（　）24. 關於「廄焚，子退朝……」一章，以孔子的存心而言，下列標逗何者不符其意？　(A)「傷人乎？」不問馬　(B)「傷人乎不？」問馬　(C)「傷！人乎？」不問馬　(D)「傷人乎？」「不！」問馬。

（　）25. 下列有關孔子事君之禮的敘述，何者正確？　(A)君賜食，必正席先嘗之　(B)君賜生，必熟而薦之　(C)君賜腥，必畜之　(D)君賜藥，拜而受之，不敢嘗。

（　）26. 孔子生病時，承受國君慰問之禮，下列敘述何者正確？　(A)頭向北邊臥著，以示臣子之義　(B)朝服立於東階以迎國君　(C)著衣束帶拜見　(D)蓋朝服於身上，又拖著大帶。

（　）27. 孔子交友的道義，下列敘述何者錯誤？　(A)朋友死，「無所歸」：無法返回家鄉　(B)於我殯：相當於《禮記・檀弓》：「死於我乎殯」之意　(C)朋友的饋贈，若是祭肉，拜而受之　(D)朋友的饋贈，即使是車馬之類的貴重之物，亦不拜受。

（　）28. 下列有關孔子容貌行止上的變化敘述，何者錯誤？　(A)寢不「尸」：仰臥似死人　(B)居不「容」：態度從容　(C)有盛饌，必變色而「作」：起身　(D)迅雷、風烈必「變」：變色表示不安。

（　）29. 有關孔子乘車時的言行容態，下列敘述何者錯誤？　(A)升車，必正立，「執綏」：手執上車之索　(B)車中不「內顧」：回頭看　(C)不「疾言」：急速地講話　(D)不「親指」：親自指揮。

（　）30. 關於「色斯舉矣，翔而後集。曰：『山梁雌雉，時哉時哉！』子路共之，三嗅而作。」下列敘述何者錯誤？　(A)色斯「舉」矣：驚駭飛起　(B)翔而後集：迴翔審視後，棲集於山梁之上　(C)「時哉」時哉：得時宜　(D)子路「共」之：供為祭品。

二、多選題

（　）1. 選出讀音正確的選項：　(A)私「覿」：ㄉㄧˊ　(B)食「饐」而餲：ㄧ　(C)食饐而「餲」：ㄏㄜ　(D)「襜」如：ㄔㄢ　(E)鄉人「儺」：ㄋㄢˊ。

（　）2.選出各組讀音相同的選項：(A)魚「餒」肉／而肉敗／升車執「綏」 (B)不「宿」肉／足「蹜蹜」 (C)足「躩」如也／「瞿」然注視 (D)見「齊」衰者／攝「齊」升堂 (E)「誾誾」如也／行不履「閾」。

（　）3.下列引號內的字詞，何者音義解釋正確？(A)見冕者與瞽者，雖「褻」必以貌：ㄒㄧㄝˋ，親狎 (B)必「殺」之：ㄕㄞˋ，減少，裁去 (C)「踧踖」如也：ㄐㄧˊ ㄘㄨˋ，恭敬不寧貌 (D)「逞」顏色：ㄔㄥˇ，舒展 (E)「袗」絺綌：ㄓㄣ，單衣。

（　）4.選出正確的通同字：(A)凶服者「式」之：軾 (B)不「撤」薑食：徹 (C)立於「阼」階：祚 (D)「沽」酒市脯不食：酤 (E)朋友之「饋」：餽。

（　）5.下列各組引號內字義相同的有：(A)未可與「適」道／無「適」也，無莫也 (B)不「宿」肉／弋不射「宿」 (C)攝「齊」升堂／「齊」必變食 (D)勃如「戰」色／「戰戰」兢兢 (E)賓不「顧」矣／車中不內「顧」。

（　）6.下列各組引號內字義不同的有：(A)不「疾」言／好勇「疾」貧 (B)必「復」命／「復」其位，踧踖如也 (C)不「時」不食／「時」哉時哉 (D)寢不尸，「居」不容／狐貉之厚以「居」 (E)雖「褻」必以貌／紅紫不以為「褻」服。

（　）7.「祭孔大典上，參與儀典的樂生、佾生、禮生莫不□□□也，虔誠恭敬地行禮如儀。」句中空格可填入：(A)鞠躬如 (B)色勃如 (C)與與如 (D)踧踖如 (E)足躩如。

（　）8.以下有關顏色的說明，何者正確？(A)紺：明黃色 (B)緅：絳紅色 (C)緇：青色 (D)玄：白色 (E)素：白色。

（　）9.有關孔子的服制，雖言君子，實指孔子，但亦言此皆君子之事，下列敘述何者正確？ (A)不以紺緅兩種顏色鑲邊，避免和齋服、喪服相混 (B)不以紅紫作褻服，因紅紫為間色不正，且近於婦人女子之服 (C)夏天暑熱，直接穿葛布單衣，以求涼快 (D)「緇衣羔裘，素衣麑裘，黃衣狐裘」，表示衣服裡外的顏色應求相稱以求美觀 (E)由「緇衣羔裘，素衣麑裘，黃衣狐裘」可知：羔為色青，麑則色白，狐則色黃。

（　）10.下列解釋何者正確？ (A)君賜「腥」：生肉 (B)君賜「生」：生命 (C)君祭，先「飯」：炊煮 (D)熟而「薦」之：進奉 (E)必「畜」之：積蓄。

(　) 11. 下列各組詞語、成語與飲食或食物有關，何者詞義相同？　(A)食不兼味／食不知味　(B)食不厭精，膾不厭細／炊金饌玉　(C)食不語，寢不言／食不甘味，寢不安席　(D)食指浩繁／食指大動　(E)食日萬錢／食前方丈。

(　) 12. 「為了使大樓如期完工，他天天在工地裡監督，□□□□。」句中空格可填入哪些詞語？　(A)不時不食　(B)席不暇暖　(C)不遑寧處　(D)矻矻終日　(E)飽食終日。

(　) 13. 由哪些行為可看出孔子仁民愛物的胸懷？　(A)釣而不綱，弋不射宿　(B)飯疏食，飲水，曲肱而枕之，樂亦在其中矣　(C)默而識之，學而不厭，誨人不倦　(D)廄焚，子退朝，曰：「傷人乎？」不問馬　(E)子食於有喪者之側，未嘗飽也。

(　) 14. 下列記孔子的行止，何者錯誤？　(A)坐席沒擺正，不坐　(B)吃飯時不交談，睡寢時不講話　(C)幫助國君祭祀，所得胙肉，歸即食畢　(D)疏食菜羹瓜祭，必樣樣齊全　(E)祭肉不留著超過三日，超過三日即不食。

(　) 15. 孔子的禮敬動作，下列敘述何者錯誤？　(A)見齊衰者，雖「狎」必變：親近　(B)見冕者與瞽者，雖褻必以「貌」：變容表示禮貌　(C)「凶服者」式之：身穿喪服的人　(D)凶服者「式」之：同「軾」，作動詞用。雙手伏軾，以示恭敬　(E)式「負版者」：營建版築者。

三、非選題

配合：

孔子執禮嚴謹，請選出在不同情況中的儀容篇章。（請依參考選項填入適當的代號）

(　) 1. 孔子做擯相時的儀容表現。

(　) 2. 孔子在朝廷上事上接下的態度表現。

(　) 3. 孔子聘問他國時的儀容表現。

(　) 4. 孔子在居鄉時的作為。

(　) 5. 孔子在朝廷上的容止表現。

參考選項

(A)執圭，鞠躬如也，如不勝。上如揖，下如授，勃如戰色，足蹜蹜如有循。享禮，有容色　(B)君召使擯，色勃如也，足躩如也。揖所與立，左右手，衣前後，襜如也。趨進，翼如也。賓退，必復命，曰：「賓不顧矣。」　(C)齊，必有明衣，布。齊必變食，居必遷坐　(D)鄉人飲酒，杖者出，斯出矣。鄉人儺，朝服而立於阼階　(E)朝與下大夫言，侃侃如也；與上大夫言，誾誾如也。君在，踧踖如也，與與如也　(F)寢不尸，居不容。見齊衰者，雖狎必變。見冕者與瞽者，雖褻必以貌　(G)入公門，鞠躬如也，如不容。立不中門，行不履閾。過位，色勃如也，足躩如也，其言似不足者。攝齊升堂，鞠躬如也，屏氣似不息者。出降一等，逞顏色，怡怡如也，沒階趨，翼如也。復其位，踧踖如也 (H)君賜食，必正席先嘗之。君賜腥，必熟而薦之。君賜生，必畜之。侍食於君，君祭，先飯

先進第十一

一、單選題

( ) 1.宋太祖時宰相趙普曾說「半部《論語》治天下」，前人將《論語》分成「上論」、「下論」，所謂「下論」從何篇開始？ (A)〈學而〉 (B)〈里仁〉 (C)〈先進〉 (D)〈堯曰〉。

( ) 2.子曰：「先進於禮樂，野人也；後進於禮樂，君子也。如用之，則吾從先進。」關於「先進於禮樂」章詮釋何者正確？ (A)君子指有德者 (B)野人指質樸郊野之民 (C)君子質勝於文 (D)野人文勝於質。

( ) 3.關於「從我於陳蔡者，皆不及門也……」章的內容，請選出敘述不正確者： (A)陳蔡在今天河南、安徽一帶，孔子曾困於陳蔡，路阻斷糧 (B)顏淵早卒，子貢死於衛國孔俚之難，此時皆不在孔子門下，故曰「不及門」 (C)本章是孔子思念當年在陳蔡共患難的弟子 (D)文字精簡，傳達出孔門師生之間綿密深厚的情感。

( ) 4.關於孔門四科內容以及弟子，何者完全正確？ (A)德行：立身行事，仁為依歸／閔子騫 (B)言語：口才便給，巧言令色／宰我 (C)政事：在其位謀其政／曾子 (D)文學：純文學創作／子游。

( ) 5.「回也，非助我者也！於吾言，無所不說。」本章章旨： (A)批評顏回於師門無益 (B)慨嘆顏回不知尊師重道 (C)讚美顏回能廣為傳布儒家之道 (D)稱讚顏回之賢，能聞語即解，心感喜悅。

( ) 6.「孝哉閔子騫！人不間於其父母昆弟之言。」章旨在讚美閔子騫： (A)慎言 (B)勵行 (C)合群 (D)孝行。

( ) 7.「人不間於其父母昆弟之言」的「間」音義正確的是： (A)ㄒㄧㄢˊ，熟悉 (B)ㄒㄧㄢˊ，非議 (C)ㄐㄧㄢˋ，熟悉 (D)ㄐㄧㄢˋ，非議。

( ) 8.「南容三復白圭」，此句說明南容适： (A)家境富裕擁有許多珍貴器物 (B)不貪不求，多次歸還白圭 (C)一日多次復誦《詩經・大雅・抑》篇 (D)多次修復白圭上的瑕疵。

9. 「南容三復白圭……」章旨在：(A)稱美南容取物有節 (B)稱美南容能慎言 (C)諷諫南容要慎言 (D)諷刺南容物慾太重。

10. 關於「才不才，亦各言其子也」，請選出正確敘述：(A)不管有沒有才能，人人都稱讚自己的子女 (B)不管有沒有才能，說來都是自己的子女 (C)不管有才無才，人人都有言論自由 (D)不管有才無才，都不能批評他人。

11. 「吾不徒行以為之槨」的說明，請選出正確敘述：(A)「徒行」，指步行 (B)「之」，代名詞，指孔鯉 (C)全句意思是我不能徒步來幫孔鯉送葬 (D)古制，喪禮必須有棺有槨才能下葬。

12. 「以吾從大夫之後」，孔子之意是：(A)因為我出身高貴，不能沒有車 (B)因為我的身分是大夫，大夫不可以步行 (C)因為我還要跟從在大夫之後，幫他們備車 (D)因為我的祖先是「從大夫」，所以我必須有車。

13. 「顏淵死，子哭之慟。」本章寫孔子因顏淵之死，感慨將失去：(A)傳道之人 (B)授業之人 (C)解惑之人 (D)清談之人。

14. 請選出父子同為孔門弟子的正確組合：(A)冉有（父）——冉求（子） (B)曾參（父）——曾點（子） (C)冉伯牛（父）——冉雍（子） (D)顏路（父）——顏回（子）。

15. 孔子依據弟子侍側時不同的氣象，感到何人因武勇剛強怕會不得善終？ (A)閔子騫 (B)子路 (C)冉有 (D)子貢。

16. 孔門弟子各盡其性，以下配對何者正確？ (A)閔子：侃侃如 (B)子路：行行如 (C)冉有：誾誾如 (D)子貢：行行如。

17. 「魯人為長府。閔子騫曰：『仍舊貫，如之何？何必改作！』子曰：『夫人不言，言必有中。』」關於本章說明，請選出不正確者：(A)「魯人」指魯國的執政大夫 (B)「長府」指藏貨財之所 (C)閔子騫反對按舊制重修府庫 (D)孔子讚美閔子騫不勞民傷財。

18. 「子曰：『由之瑟，奚為於丘之門……』」一章主旨是說：(A)子路鼓瑟合於中和之音，但學問無成 (B)子路鼓瑟缺乏中和之音，但學問已有成 (C)子路鼓瑟合於中和之音，且學問已有成 (D)子路鼓瑟缺乏中和之音，且學問無成。

19. 從「由之瑟」，子路鼓瑟，有北鄙殺伐之聲來看，以下何者較符合子路個性？ (A)愚 (B)魯 (C)辟 (D)喭。

20.（　）「子貢問：『師與商也孰賢……』」章從孔子的回答可知：(A)子夏才高意廣，卻好為苟難，故常過中　(B)子張篤信謹守，而規模狹隘，故常不及　(C)過猶不及，二人均未臻完美　(D)從此章可知孔子的理想人格境界是狂者進取。

21.（　）《韓詩外傳・卷九》記載：「孔子過康子，子張、子夏從。孔子入座，二子相與論，終日不決。子夏辭氣甚隘，顏色甚變。子張曰：『子亦聞夫子之議論邪？徐言誾誾，威儀翼翼，後言先默，得之推讓。巍巍乎！蕩蕩乎！道有歸矣。小人之論也，專意自是，言人之非，瞋目搤腕，疾言噴噴，口沸目赤。一幸得勝，疾笑嗌嗌。威儀固陋，辭氣鄙俗，是以君子賤之也。』」孔子曾說：「師也過，商也不及」，以上這段敘述，何者可以印證「商也不及」之理？　(A)辭氣甚隘，顏色甚變　(B)徐言誾誾，威儀翼翼　(C)後言先默，得之推讓　(D)專意自是，言人之非。

22.（　）孔子說冉求「非吾徒也」，乃責備冉求何事？　(A)季氏富於周公　(B)為季氏宰　(C)為季氏增加賦稅，搜括民財　(D)鳴鼓而攻周公。

23.（　）《韓非子・觀行》：「西門豹之性急，故佩韋以自緩；董安于之心緩，故佩弦以自急。」古人配帶物品時時提醒以矯正個性偏失，準此原則，孔子學生何人應佩弦？　(A)顓孫師：佩弦　(B)仲由：佩韋　(C)卜商：佩韋　(D)樊遲：佩韋。

24.（　）「賜不受命而貨殖焉」，是說子貢：(A)不聽師命　(B)違抗君命　(C)違反天命　(D)不做官不受祿。

25.（　）「回也其庶乎」，孔子以為顏淵：(A)應該富有，因有德者必有財　(B)應該很有口才，因有德者必有言　(C)差不多近於聖道　(D)雖然有德，卻平易近人。

26.（　）《史記・貨殖列傳》記載：「七十子之徒，□□最為饒益……結駟連騎，束帛之幣以聘享諸侯，所至，國君無不分庭與之抗禮。夫使孔子名布揚於天下者，□□先後之也。」據你對孔門弟子的了解，空格最有可能是誰？　(A)子路　(B)子貢　(C)子夏　(D)宰我。

27.（　）「論篤是與」意思是：(A)言論十分篤實　(B)稱許言論篤實者　(C)言論篤實值得稱許　(D)言論篤實才是正確的。

（　）28.「聞斯行之」鼓勵人勇於行義，以下成語何者意思與之不同？ (A)劍及履及 (B)奮起速行 (C)慮周行果 (D)裹足不前。

（　）29.「季子然問：『仲由、冉求，可謂大臣與……』」章章旨說明：(A)為君使臣之道 (B)為臣事君之道 (C)具臣自處之道 (D)為官自保之道。

二、多選題

（　）1. 依「子曰：『先進於禮樂……』」章所言，「野人」勝過「君子」，以下何者能與此章相發？ (A)涉世淺，點染亦淺；歷事深，機械亦深（洪自誠《菜根譚》） (B)喪，與其易也，寧戚（《論語・八佾》） (C)禮云禮云，玉帛云乎哉？樂云樂云，鐘鼓云乎哉（《論語・陽貨》） (D)野哉，由也！君子於其所不知，蓋闕如也（《論語・子路》） (E)奢則不孫，儉則固；與其不孫也，寧固（《論語・述而》）。

（　）2. 關於孔門「四科十哲」，請選出正確配對：(A)德行：閔損、冉雍 (B)言語：宰我、子貢 (C)政事：冉有、季路 (D)文學：卜商、言偃 (E)雅量：曾參、顓孫師。

（　）3. 關於「回也，非助我者也！於吾言，無所不說……」一章，下列說解何者正確？ (A)「非助我者也」：不是在日常生活中對我有幫助的人 (B)「於吾言，無所不說」，「說」通「悅」，心感喜悅 (C)顏回並非愚笨，而是能「聞一知十」 (D)此章從表面看似乎有遺憾，實則孔子對顏回的聰慧好學感到欣慰 (E)本章可與〈為政〉篇「吾與回言終日，不違如愚。退而省其私，亦足以發，回也，不愚！」相發。

（　）4.「白圭之玷，尚可磨也；斯言之玷，不可為也」，關於這段文字，請選出正確的敘述：(A)出自《詩經・大雅・抑》 (B)意思是說白色玉圭上的瑕疵，還可以磨除 (C)人若是言語有了缺失，卻無法挽救 (D)用以表明隨時隨地謹言慎行約束自己 (E)此處運用轉化修辭法，十分生動。

（　）5.「南容三復白圭」，句中「三」是虛數，形容多次，以下選項何者用法與此相同？ (A)舉一隅不以「三」隅反，則不復也 (B)「三」顧臣於草廬之中 (C)「三」折肱知為良醫 (D)會須一飲「三」百杯 (E)白髮「三」千丈，緣愁似箇長。

（　）6. 關於「顏淵死，顏路請子之車以為之椁……」章，請選出正確說明：(A)顏路是顏回的兒子，二人皆為孔門弟子 (B)顏回死，顏路請求孔子用車來載外棺 (C)孔子沒有同意顏路的請求，因為大夫出門不可以徒步 (D)《禮記・檀弓上》：「苟亡矣，斂首足形，還葬，縣官而封，人豈有非之哉？」從此章可見喪禮要稱其財 (E)雖然顏路的要求，於禮不合，但孔子的回答卻語氣婉轉，可見孔子善體人情，寬厚雍容。

（　）7. 王陽明曾說：「見聖道之全者為顏子。」以下事跡、評論何者跟顏淵有關？ (A)其庶乎！屢空 (B)簞食瓢飲，不改其樂 (C)用之則行，舍之則藏 (D)如會同，端章甫，願為小相焉 (E)不遷怒，不貳過。

（　）8. 以下選項何者說明「德行修養深厚者，必謹言慎行」之理？ (A)剛毅木訥，近仁 (B)仁者，其言也訒 (C)有德者必有言 (D)夫人不言，言必有中 (E)君子易事而難說也；說之不以道，不說也。

（　）9. 「一仍舊貫」用以形容行事援用舊例，無甚變動，以下成語何者與「一仍舊貫」意思相近？ (A)蹈常襲故 (B)推陳出新 (C)陳陳相因 (D)率由舊章 (E)革故鼎新。

（　）10. 子曰：「由之瑟，奚為於丘之門？」門人不敬子路。子曰：「由也升堂矣，未入於室也！」關於此章說解，請選出正確者：(A)從孔門弟子喜鼓瑟，可見孔子教學重視音樂陶冶之功 (B)子路鼓瑟，有北鄙殺伐之聲，其聲不中和 (C)因為子路個性剛強，所彈出來的瑟音，粗厲剛猛 (D)門人以為孔子有責備子路的意思，故不敬重子路 (E)孔子以為子路尚未「入室」，亦輕視子路。

（　）11. 子曰：「由也升堂矣，未入於室也。」朱熹注：「升堂入室喻入道之次第。言子路之學，已造乎正大高明之域，特未深入精微之奧耳。」以下表示學問高下深淺的語詞，請選出正確的說解： (A)門外漢：外行人，尚未接觸學問的內涵 (B)升堂：比喻學識或技藝已到相當的程度，但還未達到最精深的境界 (C)入室：比喻學業之進益，比「升堂」更深入，如親炙學生稱為「入室弟子」 (D)登堂入室：比喻學問造詣已達到精深的境界，亦可以比喻至友往來家中內外毫不拘束者 (E)窺其堂奧：可以看見屋室的最深處，得見宗廟之美，百官之富，比喻達到學問的精深處。

（　）12. 「子貢問：『師與商也孰賢？』子曰：『師也過，商也不及。』曰：『然則師愈與？』子曰：『過猶不及。』」，關於此章，請選出敘述正確者： (A)顓孫師，字子張；卜商，字子夏　(B)子貢在此稱同學之名而不稱字，是表示對老師尊敬的禮節　(C)子張、子夏二人均未臻於完美。子夏才高意廣，卻流於志大才疏，有失中和。子張篤信謹守，規模狹隘，失之拘謹　(D)孔子言「過猶不及」除指出二人才性特徵之外，用意在勉人涵養中和之質，使不流於偏頗　(E)可見涵養之道，是在日常生活中要求行為合理。

（　　）13. 孔子對待學生寬嚴相濟，指出學生過錯時不假辭色，以下敘述何者正確？　(A)批評顏淵：非助我者也！於吾言，無所不說　(B)批評冉求：非吾徒也，小子鳴鼓而攻之可也　(C)批評宰我：朽木不可雕也，糞土之牆，不可杇也　(D)批評子游：割雞焉用牛刀　(E)批評閔子騫：夫人不言，言必有中。

（　　）14. 《大戴禮記・衛將軍文子》：「自見孔子，入戶未嘗越屨，往來過人不履影；開蟄不殺，方長不折；執親之喪，未嘗見齒，是高柴之行也。」由此可知：　(A)從「入戶未嘗越屨，往來過人不履」可見子羔謹慎小心，與人保持距離　(B)從「開蟄不殺，方長不折」可見子羔常存不忍人之心　(C)從「執親之喪，未嘗見齒」可見子羔孝思純篤　(D)因其人外表看似拘謹而不知變通，使人有愚笨的感覺　(E)〈先進〉「柴也愚」章，「愚」是秉性淳厚的表現，即〈陽貨〉「古者民有三疾」章所說「古之愚也直」。

（　　）15. 關於「師也辟」的說明，請選出正確者：　(A)此言乃批評子張個性上的缺點　(B)辟，ㄆㄧˋ，孤僻　(C)子張個性務外而流於偏頗　(D)子張曾以「愛之欲其生，惡之欲其死」來辨惑　(E)此章可與〈先進〉「師與商也孰賢」章之「師也過」相發。

（　　）16. 子曰：「參也魯。」但是曾子卻被稱為「宗聖」，以德聞名後世，請選出對曾子正確的敘述：　(A)曾子天資雖不高，卻篤志力學，力行實踐　(B)曾自云：吾日三省吾身，自省嚴格　(C)孔子讚美他片言可以折獄　(D)以其德行，列名孔門「四科十哲」的「德行」科　(E)朱熹稱「四子書」，其中曾子所傳者為《中庸》，對闡揚孔子學說貢獻極大。

（　　）17. 關於「子張問善人之道。子曰：『不踐迹，亦不入於室』」，請選出正確敘述：　(A)「善人」指質美而未學者　(B)「不踐迹」指不追循前賢舊跡　(C)「亦不入於室」，也不會進入聖人的境遇　(D)本章是說善人有為有守，但未臻於完美人格，仍有不足之處 (E)孔子此言實有勉人不可畫地自限的用心。

18.（　）「論篤是與，君子者乎？色莊者乎？」本章意旨與何者相近？ (A)以言取人，失之宰予；以貌取人，失之子羽 (B)巧言令色，鮮矣仁 (C)聽其言而觀其行 (D)剛毅木訥，近仁 (E)古者言之不出，恥躬之不逮。

19.（　）孔子說「由也兼人，故退之」，以下何者可印證「由也兼人」？ (A)喟嘆道不行乘桴浮於海 (B)小不忍，則亂大謀 (C)片言可以折獄 (D)其言之不讓，是故夫子哂之 (E)為季氏聚斂而附益之。

20.（　）「子畏於匡，顏淵後……」關於此章說明，請選出正確者： (A)「子畏於匡」：孔子被匡人圍困 (B)「顏淵後」：顏淵與眾人失散，後來才趕來相聚 (C)顏淵身處危難，依然對生命價值深具信心，不敢輕易赴鬥而死 (D)透過這段記載可以看出孔子對弟子的關懷之情 (E)師生問答亦流露一種劫後餘生的幽默感。

21.（　）孔子曰：「所謂大臣者，以道事君，不可則止。」以下何者行為吻合大臣之節？ (A)柳下惠為士師，三黜。人曰：「子未可以去乎？」曰：「直道而事人，焉往而不三黜？枉道而事人，何必去父母之邦」 (B)微子去之 (C)比干諫而死 (D)直哉史魚！邦有道，如矢；邦無道，如矢 (E)君子哉蘧伯玉！邦有道，則仕；邦無道，則可卷而懷之。

三、非選題

配合：

夫能夙興夜寐，諷誦崇禮，行不貳過，稱言不苟，是1.＿＿之行也。不畏強禦，不侮矜寡，其言循性，其都以富，材任治戎，是2.＿＿之行也。恭老卹幼，不忘賓旅，好學博藝，省物而勤也，是3.＿＿之行也。齊莊而能肅，志通而好禮，儐相兩君之事，篤雅有節，是4.＿＿之行也。博無不學，其貌恭，其德敦，其言於人也無所不信，其驕大人也常以浩浩，是以眉壽，是5.＿＿之行也。(《孔子家語・弟子行第十二》)

參考選項

(A)顏淵 (B)閔子騫 (C)冉伯牛 (D)公西赤 (E)宰我 (F)子貢 (G)冉求 (H)子路 (I)子游 (J)子夏 (K)曾參

顏淵第十二

一、單選題

（　）1. 顏淵問仁，孔子回答「一日□□□□，天下歸仁焉」空格中應填入： (A)克己復禮

(B)好學慎思　(C)明辨篤行　(D)不憂不懼。

（　）2.「克己復禮」意思是：(A)克服怠惰，遵守禮節　(B)克制自己，恢復禮法　(C)戰勝自己，成為有禮之人　(D)克勝己身私慾，踐行禮節。

（　）3.日本著名旅遊景點日光東照宮，有一彫刻：三隻型態各異的猴子，雙手分別蒙著眼睛、摀住耳朵、遮住嘴巴，中國觀光客見之莫不會心一笑。這應是取義於：(A)《郁離子》寓言「狙公養猴」　(B)《莊子》寓言「朝三暮四」　(C)《論語・顏淵》篇「克己復禮為仁」　(D)《史記》「沐猴而冠」。

（　）4.仲弓問「仁」，孔子的回答說明實踐仁德，重在：(A)恕道　(B)謙退　(C)克欲　(D)慎言。

（　）5.請選出引號內「與」字詞性與其他三者不同者：(A)片言可以折獄者，其由也「與」　(B)吾「與」點也　(C)論篤是「與」　(D)「與」其進也，不「與」其退也。

（　）6.「在邦無怨，在家無怨」意思是：(A)不管出仕或隱退在家都不會有怨恨　(B)不管出仕或隱退在家都沒有人怨恨他　(C)不管仕於諸侯邦國或卿大夫家都不會有怨恨　(D)仕於諸侯的邦國或卿大夫的家都沒有人怨恨。

（　）7.子曰：「仁者，其言也訒。」說明實踐仁德應當如何？(A)志向高遠　(B)出言謹慎　(C)言行合一　(D)沉默是金。

（　）8.孔子教學因材施教，從司馬牛問仁，孔子答「仁者，其言也訒」，可見司馬牛為人可能如何？(A)舌燦蓮花　(B)沉默寡言　(C)心口不一　(D)多言而躁。

（　）9.「為之難，言之得無訒乎？」句中「為之難」的意思是：(A)這樣做實在很困難　(B)做的時候很困難　(C)與人爭辯是件很困難的事　(D)我想要完成困難的事。

（　）10.內省不□／既往不□／追根□底，以上三個空格依序應填入：(A)咎／疚／究　(B)究／咎／疚　(C)疚／咎／究　(D)咎／疚／究。

（　）11.君子之所以能不憂不懼，原因在於：(A)內省不疚　(B)下學上達　(C)四海之內皆兄弟　(D)愛之欲其生，惡之欲其死。

（　）12.「子貢問『政』。子曰：『足食，足兵，民信之矣。』……」依據本章所言，為政之道首在：(A)人民不能沒有信用　(B)為政者失去信用　(C)政府能得民眾之信任　(D)人民、政府互相信任。

(　) 13.依據「足食，足兵，民信之矣。」章所言，為政之道首在： (A)食 (B)兵 (C)信 (D)勇。

(　) 14.「君子有□□□□的度量，不像小人喜好議論，故眾人樂於與之接近。」缺空處不可以填入： (A)鼎力玉成 (B)成人之美 (C)從中作梗 (D)與人為善。

(　) 15.「樊遲問崇德、脩慝、辨惑」，依孔子之言，以下何者是「崇德」之法？ (A)先事後得 (B)攻其惡，無攻人之惡 (C)一朝之忿，忘其身以及其親 (D)忠告而善道之。

(　) 16.以下敘述何者正確？ (A)「愛之欲其生，惡之欲其死」是「愛」的行為 (B)「主忠信，徙義」是「崇德」的方法 (C)「居之無倦，行之以忠」是「立身」的道理 (D)「忠告而善道之，不可則止」此章是論「事親」之道。

(　) 17.「棘子成曰：『君子質而已矣，何以文為？』子貢曰：『惜乎，夫子之說君子也，駟不及舌！文猶質也，質猶文也。虎豹之鞟，猶犬羊之鞟。』」請選出本章說明正確者： (A)質，指本質；文，指典籍 (B)依棘子成之見，君子宜質勝於文 (C)「夫子之說君子也，駟不及舌」其中「夫子」指孔子 (D)子貢以虎豹的本質與犬羊的本質相同之例，贊同棘子成君子宜質勝於文之見。

(　) 18.承上題，子貢對文質二者關係的看法與何者相同？ (A)先進於禮樂，野人也。後進於禮樂，君子也。如用之，則吾從先進 (B)質勝文則野，文勝質則史，文質彬彬，而後君子 (C)虎豹無文，則鞟同犬羊；犀兕有皮，而色資丹青，質待文也 (D)水性虛而淪漪結，木體實而花萼振，文附質也。

(　) 19.哀公問於有若曰：「年饑，用不足，如之何？」有若對曰：「盍徹乎？」曰：「二，吾猶不足，如之何其徹也？」以下說明何者不正確？ (A)哀公之問，用意在增加賦稅，以補救國家財政支出不足 (B)從「二，吾猶不足」可見魯國早已實施取十分之二的稅制 (C)有若希望恢復古代田賦十分取一的稅制，減低人民負擔 (D)本章說明治國理財之道，在於正名思想。

(　) 20.「主忠信，徙義。」意思是什麼？ (A)君主若能忠誠信實，人民就趨向道義 (B)明君必須忠誠信實，趨向道義 (C)對待國君必須忠信，才不會悖離道義 (D)親近忠信者，行為趨向道義。

(　) 21.「居之無倦」意思是說： (A)居官行政，

不要懈怠 (B)為學忠篤，不要懈怠 (C)待人至誠，不要懈怠 (D)隱逸安居，不要懈怠。

二、多選題

( ) 1. 請選出字音相同者：(A)虎豹之「鞟」／鯉也死，有棺而無「槨」 (B)崇德，脩「慝」／「匿」怨而友其人 (C)仁者，其言也「訒」／為山九「仞」 (D)浸潤之「譖」／中原亂，「簪」纓散 (E)膚受之「愬」／自反而「縮」。

( ) 2. 請選出引號內字義相同者：(A)克己「復」禮／南容三「復」白圭 (B)天下「歸」仁焉／「歸」與！歸與！吾黨之小子狂簡 (C)請「事」斯語／宗廟之「事」 (D)君子「以」文會友／約之「以」禮 (E)「居」之無倦／「居」則曰：不吾知也。

( ) 3. 以下何者是「克己復禮」實踐的條目？ (A)非禮勿聽 (B)非禮勿思 (C)非禮勿動 (D)非禮勿言 (E)非禮勿視。

( ) 4. 以下以「不□不□」形式構詞的詞語，請選出完全沒有負面意思的選項：(A)不憂不懼／不衫不履 (B)不日不月／不偏不倚 (C)不倫不類／不夷不惠 (D)不忮不求／不三不四 (E)不郎不秀／不卑不亢。

( ) 5. 司馬牛憂曰：「人皆有兄弟，我獨亡！」子夏安慰他不必憂懼，依子夏所言，如何做才能達到「四海之內皆兄弟」呢？ (A)敬而無失 (B)不憂不懼 (C)與人恭而有禮 (D)浸潤之譖，膚受之愬，不行焉 (E)其言也訒。

( ) 6. 以下何者具有疑問語氣？ (A)君子質而已矣，何以文為 (B)百姓足，君孰與不足 (C)雖有粟，吾得而食諸 (D)苟子之不欲，雖賞之不竊 (E)內省不疚，夫何憂何懼。

( ) 7. 以下何者有「藏富於民」的思想？ (A)百姓足，君孰與不足？百姓不足，君孰與足（《論語・顏淵》） (B)省力役，薄賦斂，則民富矣（《說苑・理政》） (C)下貧則上貧，下富則上富（《荀子・富國》） (D)明主必謹養其和，節其流，開其源，而時斟酌焉。潢然使天下必有餘，而上不憂不足（《荀子・富國》） (E)邦有道穀，邦無道穀（《論語・憲問》）。

( ) 8. 子張、樊遲分別請問孔子「崇德」之法，以下何者屬之？ (A)主忠信 (B)徙義 (C)愛之欲其生，惡之欲其死 (D)先事後得 (E)攻其惡，無攻人之惡。

( ) 9. 以下何者為孔子論政治的言論？ (A)治國

之道在於能明人倫：「君君，臣臣，父父，子子」 (B)治國之法要能使百姓富足：「百姓足，君孰與不足？百姓不足，君孰與足」 (C)為政之道在於能得民眾之信任：「民無信不立」 (D)為政之道在於不懈怠，表裡如一：「居之無倦，行之以忠」 (E)為政需嚴明政刑，以彰教化，必須「殺無道，以就有道」。

（　）10. 關於「片言可以折獄」敘述正確的是： (A)意思是聽片面之詞便能夠判決案件 (B)這是孔子讚美子路有明斷篤信之德 (C)孔子曾說「由也兼人」，此例可資印證 (D)因子路能果斷斷案，故在「四科十哲」被列入「言語」 (E)孔子：「聽訟，吾猶人也。必也，使無訟乎！」是說對自己斷案能力十分自豪。

（　）11. 子張問「達」，孔子以「聞」與「達」之別來教導子張，下列選項何者是「達」的行為？ (A)質直而好義 (B)察言而觀色 (C)慮以下人 (D)色取仁而行違 (E)居之不疑。

（　）12. 下列選項何者是君子之行？ (A)敬而無失 (B)與人恭而有禮 (C)不憂不懼 (D)內省不疚 (E)脩己以安人。

（　）13. 孔子教弟子凡事要有原則、有分寸，以下敘述何者正確？ (A)忠告而善道之，不可則止：交友之道 (B)父為子隱，子為父隱：直道 (C)博學於文，約之以禮：不違正道 (D)所謂大臣者，以道事君，不可則止：為臣事君之道 (E)未能事人，焉能事鬼：不問鬼神問蒼生，務實之道。

（　）14. 以下引號內的人稱代名詞，何者當成第三人稱？ (A)攻「其」惡，無攻人之惡 (B)既欲「其」生，又欲「其」死 (C)不能正「其」身，如正人何 (D)唯「其」言而莫予違也 (E)仁者，「其」言也訒。

（　）15. 「樊遲問仁。子曰：『愛人。』問知。子曰：『知人。』樊遲未達。子曰：『舉直錯諸枉，能使枉者直。』」關於本章，請選出正確敘述： (A)樊遲問仁、知，孔子回答「仁者愛人」、「智者知人」，簡明扼要 (B)能「舉直錯諸枉」，要有知人之明，能達到「使枉者直」的境界，就是仁的表現 (C)「舉」，舉拔；「錯」，安置，二者均為動詞 (D)治國之道，要舉賢才，義近於「先有司，赦小過，舉賢才」 (E)舜舉皋陶，湯舉伊尹，即為「舉直錯諸枉」的例子。

（　）16. 《說文》：「片，判木也。」剖木為二稱為片，意思是半、偏，引申為少、小。以下詞語說明請選出正確者：(A)片面：單方面，如片面之詞、片面毀約 (B)片言：一言、一句話，「片言隻字」意同於「一言半語」 (C)片言折獄：一語便可以決斷訟案，孔子以此讚美子路斷案明快 (D)片言九鼎：喻具決定性的言論，即「一言九鼎」 (E)片瓦根椽：只有一片瓦，一根椽，比喻十分窮困。

(　　)17. 以下通同字的說明何者正確？ (A)忠告而善「道」之：通「導」，以義導之 (B)「鄉」也，吾見於夫子而問知：通「嚮」，指前時 (C)人皆有兄弟，我獨「亡」：通「無」，沒有 (D)於吾言，無所不「說」：同「悅」，喜悅 (E)奢則不「孫」，儉則固：通「遜」，謙遜。

三、非選題

填充：

閱讀下列新詩、對聯，判斷所指的四書人物：

	人物描述	答案
1.	允哉聖人之徒，聞善則行，聞過則喜；大哉夫子之勇，見危必拯，見義必為。	
2.	你那瞳孔是一個箭靶/昂貴無比，神奇無比/丘陵高山都是你/哪怕一卷《春秋》已斷爛/你永不哭泣。	
3.	出宰武城，弦歌雅化；行道吳土，文學宗儒。	
4.	山染嵐光帶日黃，蕭然茅屋枕池塘。自知寡與真堪笑，賴有簞瓢一味長。	
5.	千里而來，何必曰利，亦有仁義而已矣；百世之下，莫不興起，況於親炙之者乎。	

子路第十三

一、單選題

(　　)1. 「先之，勞之」是：(A)為學之方 (B)行孝之法 (C)事君之道 (D)為政之道。

(　　)2. 「仲弓為季氏宰，問政。子曰：『先有司，赦小過，舉賢才。』……」此章章旨說明：(A)為政要寬大 (B)為政要分工合作 (C)為政在舉賢才 (D)為政要溫和。

(　　)3. 關於「先有司」的說明何者不正確？ (A)「先」，以身率之 (B)「有司」，指百官 (C)凡事自己比百官先躬行 (D)意同於「先之，勞之」。

(　　)4. 「上好信，則民莫敢不用情。」意思是：

(A)在上位的人好信，民眾不敢不誠實 (B)在上位的人好信，人民不敢刻薄無情 (C)在上位的人能相信百姓，人民一定感動 (D)在上位的人能相信百姓，人民不敢不服從。

（　）5. 子曰：「苟有用我者，期月而已可也，三年有成。」關於本章解說何者不正確？ (A)「苟有用我者」，是假設語氣，假如國君能重用我 (B)「期月」指滿一個月，孔子自言只要一個月治國即能見效 (C)從此章可見孔子有用世之心，並非避世之人 (D)本章乃孔子嘆時君莫能用己，空有懷瑾握瑜之才。

（　）6. 選出字義相同者： (A)「野」哉，由也／先進於禮樂，「野」人也 (B)雖不吾以，吾其「與」聞之／不得中行而「與」之 (C)子謂衛公子荊，善「居」室／「居」處恭 (D)如有政，雖不吾「以」，吾其與聞之／「以」不教民戰，是謂棄之。

（　）7. 「誦《詩》三百，授之以政，不達。使於四方，不能專對；雖多，亦奚以為？」本章章旨說明： (A)不學《詩》，無以言 (B)人之才學貴於適用 (C)學而不思則罔 (D)君子以文會友，以友輔仁。

（　）8. 子貢問士，孔子回答第一等士是何種表現？ (A)言必信，行必果 (B)宗族稱孝焉，鄉黨稱弟焉 (C)行己有恥，使於四方，不辱君命 (D)能赦小過，舉賢才。

（　）9. 下列選項中「君子」、「小人」的意義，何者與「君子泰而不驕，小人驕而不泰」意思相同？ (A)君子之德風；小人之德草；草上之風必偃 (B)君子學道則愛人，小人學道則易使 (C)君子寡欲，則不役於物，可以直道而行；小人寡欲，則能謹身節用，遠罪豐家 (D)君子易事而難說也；小人難事而易說也。

（　）10. 孔子適衛，以「庶」「富」「教」教導冉有，此章章旨在： (A)論振興經濟 (B)論養生之道 (C)論治民之法 (D)論教育之法。

（　）11. 請選出正確的排列順序：子曰：「誦《詩》三百，　(甲)不能專對，(乙)使於四方，(丙)不達，(丁)授之以政，(戊)雖多　，亦奚以為？」 (A)甲乙丙丁戊 (B)乙丙丁甲戊 (C)丁丙乙甲戊 (D)戊丙丁乙甲。

（　）12. 樊遲問「仁」。子曰：「居處□，執事□，與人□。雖之夷狄，不可棄也。」根據原文，空格中分別應填入何字？ (A)敬、恭、忠 (B)恭、敬、忠 (C)敬、忠、恭 (D)忠、敬、恭。

（　）13. 據《宋史・范純仁傳》記載，范純仁反對王安石變法，他曾上書神宗：「道遠者，理當馴致，事大者，不可速成。人材不可急求，積弊不可頓革，儻欲事功亟就，必為憸佞所乘。」范純仁對政事的看法，符合以下哪一項？　(A)不恆其德，或承之羞　(B)其身正，不令而行；其身不正，雖令不從　(C)無欲速，無見小利；欲速則不達，見小利則大事不成　(D)善人為邦百年，亦可以勝殘去殺矣。

（　）14. 「如有王者，必世而後仁。」意思是：(A)如果想要王天下，必須經過三十年經營，才能被稱為仁者　(B)如果想要王天下，必須經過百年經營，才能使仁道大行於天下　(C)如果聖王治理天下，必須經過三十年經營，才能被稱為仁者　(D)如果有聖王興起，以治理天下，必三十年後，才能使仁道大行於天下。

（　）15. 子曰：「不得中行而與之，必也狂狷乎！狂者進取，狷者有所不為也。」請選出敘述不正確者：　(A)中行，言行能合乎中庸者，即中道　(B)與之，指讚許他　(C)狂狷各有偏，狂者雖好高騖遠，但有進取心　(D)狷介的人拘謹保守，但不肯做不合義理的事。

（　）16. 關於儒家的觀人之法，請選出敘述正確者：　(A)鄉人皆好之，即為善人　(B)鄉人皆惡之，即為惡人　(C)鄉人之善者好之，其不善者惡之，方為真正的善人　(D)「眾惡之，必察焉；眾好之，必察焉」，這才是客觀的觀人之法。

（　）17. 「不恆其德，或承之羞。」請選出敘述正確者：　(A)人無恆心，人將羞於與之為伍　(B)為政者無恆心，人民將會遭受恥辱　(C)人無常德，將常承受羞辱　(D)為政者無常德，人民將會遭受恥辱。

（　）18. 「善人為邦百年，亦可以勝殘去殺矣。」請選出敘述不正確者：　(A)勝殘：化殘暴之人，使他不為惡　(B)去殺：民化於善，可以不用刑殺　(C)善人為政連續一百年，可以使民不為惡，而廢除殺戮的刑罰　(D)「勝殘去殺」意同於「殺無道，以就有道」。

（　）19. 「冉子退朝，子曰：『何晏也？』對曰：『有政。』子曰：『其事也！如有政，雖不吾以，吾其與聞之！』」請選出敘述正確者：　(A)「冉子退朝」：冉有從魯國的公朝回來　(B)有「政」：大夫家的事務，指

季氏　(C)其「事」也：指國家政事　(D)孔子說如果有國家政務，雖然朝廷現在不用我，我大概還是會知道的。

（　）20. 蘇軾〈教戰守策〉：「及至後世，用迂儒之議，以去兵為王者之盛節。天下既定，則卷甲而藏之。數十年之後，甲兵頓敝，而人民日以安於佚樂；卒有盜賊之警，則相與恐懼訛言，不戰而走。開元、天寶之際，天下豈不大治？惟其民安於太平之樂，酣豢於遊戲酒食之間；其剛心勇氣，消耗鈍眊，痿蹶而不復振。是以區區之祿山一出而乘之，四方之民，獸奔鳥竄，乞為囚虜之不暇，天下分裂，而唐室因以微矣。」細繹文意，以上引文可與下列何者相發？(A)善人為邦百年，亦可以勝殘去殺矣　(B)信如君不君，臣不臣，父不父，子不子，雖有粟，吾得而食諸　(C)以不教民戰，是謂棄之　(D)舉直錯諸枉，能使枉者直。

二、多選題

（　）1. 關於孔子論君子，請選出正確的敘述：(A)求諸人　(B)泰而不驕　(C)同而不和　(D)易事而難說　(E)及其使人也，求備焉。

（　）2. 「子路問政。子曰：『先之，勞之。』請益。曰：『無倦。』」關於此章說明正確的是：(A)「之」指百姓　(B)凡民之行，若能以身先之，則不令而行　(C)凡民之事，若能以身勞之，則雖勤不怨　(D)以德教民不僅要先其民而行，更要持久不倦　(E)本章章旨是說為政在先施德澤。

（　）3. 以下何者是舉賢才的方法？(A)正名　(B)舉「鄉人皆好之」之人　(C)舉「鄉人皆惡之」之人　(D)舉爾所知之賢人　(E)爾所不知的賢人，則待他人推薦。

（　）4. 依孔子之言，倘若「禮樂不興」可能導致何種結果？(A)名不正　(B)言不順　(C)事不成　(D)刑罰不中　(E)民無所措手足。

（　）5. 要讓四方之民，襁負其子而至，主政者必須：(A)學稼　(B)學為圃　(C)好禮　(D)好義　(E)好信。

（　）6. 以下詞語解釋何者正確？(A)子適衛，冉有「僕」：隨侍在側　(B)使於四方，不能「專對」：單獨作主應對　(C)冉有曰：既「庶」矣，又何加焉：富庶、富裕　(D)朋友「切切偲偲」：互相切磋　(E)兄弟「怡怡」：和悅相處。

（　）7. 以下何者使用倒裝句型？(A)如有政，雖不吾以，吾其與聞之　(B)苟正其身矣，於從政乎何有　(C)不能正其身，如正人何

(D)予無樂乎為君，唯其言而莫予違也 (E)行己有恥，使於四方，不辱君命。

（ ）8. 以下何者為行仁之效？ (A)近者說，遠者來 (B)一言而可以興邦 (C)為邦百年，亦可以勝殘去殺 (D)宗族稱孝焉，鄉黨稱弟焉 (E)先之，勞之。

（ ）9. 以下出自《論語》的成語，何者字形全部正確？ (A)附之闕如／襁負而至 (B)剩殘去殺／欲速不達 (C)言信行果／合而不同 (D)手足無措／近說遠來 (E)刑罰不重／斗梢之人。

（ ）10. 以下何者論「為政」之道？ (A)其身正，不令而行；其身不正，雖令不從 (B)苟正其身矣，於從政乎何有？不能正其身，如正人何 (C)無欲速，無見小利 (D)先有司，赦小過，舉賢才 (E)居處恭，執事敬，與人忠。

（ ）11. 請選出引號內字義相同者： (A)言不可以若是其「幾」也／不「幾」乎一言而興邦 (B)唯「其」言而莫予違也／攻「其」惡，無攻人之惡 (C)既「庶」矣，又何加焉／「庶」幾乎 (D)子謂公子荊，善「居」室／「居」則曰：不吾知也 (E)「苟」子之不欲，雖賞之不竊／「苟」有用我者。

（ ）12. 以下《論語》論君子之行的敘述，何者正確？ (A)君子難事而易說，及其使人，求備焉 (B)君子和而不同，泰而不驕 (C)君子以文會友，以友輔仁 (D)成人之美，不成人之惡 (E)君子疾沒世而名不稱焉，故不病無能，病人之不己知也。

（ ）13. 依孔子之言，以下何種行為可稱為「士」？ (A)懷居 (B)切切偲偲、怡怡如也 (C)志於道，而恥惡衣惡食 (D)言必信，行必果，硜硜然，小人哉 (E)見危致命，見得思義。

（ ）14. 子曰：「魯、衛之政，兄弟也。」以下說明正確的是： (A)魯國為康叔之後 (B)衛國為周公之後 (C)魯衛二國政治相似，真是兄弟之邦 (D)若以家庭關係來比喻，魯衛二國可說如股肱般親近 (E)魯衛二國關係親近，可說是「肝膽胡越」。

（ ）15. 以下選項何者有勉人慎言之意？ (A)對國君：一言興邦，一言喪邦 (B)對個人：古者言之不出，恥躬之不逮 (C)對個人：君子於其所不知，蓋闕如也 (D)對父子：父為子隱，子為父隱，直在其中矣 (E)對個人：君子名之必可言也，言之必可行也。

（ ）16. 子謂衛公子荊：「善居室。始有，曰：『苟合矣。』少有，曰：『苟完矣。』富有，曰：『苟美矣。』」關於本章請選出正確的敘述：(A)善居室：指善於治理家業 (B)苟合：寒酸湊合，不敷使用 (C)少有，曰：「苟完矣」：物質生活窮困，他說：「幾乎無法生活」 (D)富有，曰：「苟美矣」：富有時，他便說：「差不多富麗堂皇了」 (E)從「始有」、「少有」到「富有」，運用層遞修辭，讚美衛公子荊有知足的美德。

17.（ ）子曰：「南人有言曰：『人而無恆，不可以作巫醫。』善夫！『不恆其德，或承之羞。』」子曰：「不占而已矣。」請選出正確的敘述：(A)人而無恆，就無法交神鬼、醫人疾 (B)引《詩經》「不恆其德，或承之羞」，說明人無常德，將常承受恥辱 (C)「不恆其德」是「其德不恆」的倒裝 (D)「不占」的原因是無恆者只有凶，不可能有吉 (E)本章章旨在責備無恆之人。

18.（ ）請選出字義相同者：(A)言不可以若是其「幾」也／如知為君之難也，不「幾」乎一言而興邦 (B)君子於其言，無所「苟」而已矣／始有，曰：「苟」合矣 (C)君子易事而難「說」／近者「說」，遠者來 (D)「其」事也！如有政，雖不吾以；吾其與聞之／其事也！如有政，雖不吾以，吾「其」與聞之 (E)先「之」，勞之／雖「之」夷狄，不可棄也。

19.（ ）請選出解釋正確者：(A)君子易事而難說也：君子辦事能力強，可惜不善言語 (B)君子泰而不驕：君子安詳舒泰而不驕傲 (C)近者說，遠者來：鄰近的人歡悅，遠方的人民來歸附 (D)誦《詩》三百，授之以政，不達：讀了《詩經》三百首，授給他政事，不能夠把政事治理好 (E)使於四方，不能專對：出使到各國去，不會獨斷專行。

20.（ ）孔子不輕許人為仁，以下何種行為被孔子稱許為仁德之行？(A)剛毅木訥 (B)切切偲偲、怡怡如也 (C)其言也訒 (D)愛人、知人 (E)質直而好義，察言而觀色，慮以下人。

三、非選題

請寫出正確的形音義：

		形	音	義
1.	四方之民，「ㄑㄧㄤˇ」負其子而至矣			
2.	苟有用我者，「期月」而已可也			

3.	其父「ㄖㄤˊ羊」而子證之		
4.	「ㄎㄥ ㄎㄥ然」，小人哉		
5.	剛毅木「訥」，近仁		

憲問第十四

一、單選題

（　）1. (甲)公叔文子之臣大夫僎，與文子同升諸公。子聞之曰：可以為「文」矣；(乙)君子以「文」會友；(丙)君子質而已矣，何以「文」為；(丁)君子博學於「文」，約之以禮；(戊)若臧武仲之知……「文」之以禮樂，亦可以為成人矣。以上各選項的「文」，有幾種解釋？ (A)二種　(B)三種　(C)四種　(D)五種。

（　）2. 無論邦有道無道，都不能改變的行為是： (A)危言　(B)危行　(C)言孫　(D)懷居。

（　）3. 子曰：「君子恥其言而過其行。」本章章旨： (A)警人言語之禍　(B)勉人言行相副　(C)示人言語之節　(D)告人言語之用。

（　）4. 子曰：「君子而不仁者有矣夫！未有小人而仁者也！」以下說明何者不正確？ (A)就連君子往往也做不到仁德　(B)從來沒有小人會行仁的　(C)孔門弟子如顏淵「其心三月不違仁」，其餘則「日月至焉而已矣」　(D)本章章旨說明仁道難備。

（　）5. 子曰：「士而懷居，不足以為士矣！」以下選項何者與此意思相近？ (A)飯疏食，沒齒，無怨言　(B)士志於道，而恥惡衣惡食者，未足與議也　(C)邦有道，危言危行；邦無道，危行言孫　(D)行己有恥，使於四方，不辱君命，可謂士矣。

（　）6. 關於「有德者必有言，有言者不必有德」，以下說明何者正確？ (A)「必」表示肯定之意，意思是有道德的人一定會說話　(B)「不必」表示完全否定，意思是善於言語的人一定不具備德行　(C)此引文重在稱許「有言」之人　(D)孔門弟子中，宰我可說是「有德者必有言」的代表。

（　）7. 「顏回曰：『子在，回何敢死？』」從這段話可以說明何理？ (A)仁者壽　(B)壽者仁　(C)勇者必有仁　(D)仁者必有勇。

（　）8. 關於孔門弟子的敘述，請選出正確者： (A)子貢有言卻無德　(B)子路有勇而無仁

（　）9. (C)顏淵有德亦有言　(D)司馬牛其言也訒。

「公伯寮愬子路於季孫，子服景伯以告，曰：『夫子固有惑志於公伯寮，吾力猶能肆諸市朝。』」「吾力猶能肆諸市朝」意思是說：(A)我有能力把真相公諸於世　(B)我的體力尚足以報效朝廷　(C)我的能力還足以在市集上暢行無阻　(D)我還有能力使季孫明白真相，而把公伯寮殺掉，陳屍於市。

（　）10. 子路無宿諾，可說實踐孔子何項訓誨？(A)有德者必有言　(B)時然後言，人不厭其言　(C)仁者，其言也訒　(D)古者言之不出，恥躬之不逮也。

（　）11. 「勿欺也，而犯之。」意思是：(A)事奉國君不能欺瞞，但可以冒犯　(B)事奉國君不能欺瞞，但可以犯顏諫諍　(C)對待朋友不能欺瞞，但可以冒犯　(D)對待朋友不能欺瞞，但可以犯顏諫諍。

（　）12. 子曰：「賢者辟世，其次辟地，其次辟色，其次辟言。」本章章旨論：(A)隱逸賢者之行　(B)兼善天下之難　(C)獨善其身者之非　(D)賢者之高下等級。

（　）13. 「子言衛靈公之無道也。康子曰：『夫如是，奚而不喪？』」意思是：(A)衛靈公既無道，為何還不死呢　(B)衛靈公無道，不知何時死呢　(C)衛靈公既無道，為何還不失位呢　(D)衛靈公無道，不知何時失位呢。

（　）14. 靈公無道卻未喪失君位，原因在於：(A)任用賢才　(B)減免賦稅　(C)與世無爭　(D)垂拱而治。

（　）15. 關於「沒齒難忘」的敘述，請選出錯誤者：(A)多用以感念他人的大恩大德　(B)意同「永銘五中」　(C)以「沒齒」言一生，是「婉曲」的修辭方法　(D)沒「齒」難忘、「齒」德俱尊，二個「齒」字義相同。

（　）16. 請選出敘述正確者：(A)孔子認為能做到克、伐、怨、欲四者，就能稱為仁者了　(B)「勿欺也，而犯之」是說明交友之理　(C)「君子思不出其位」說明為政者應各專其職　(D)「高宗諒陰，三年不言」是說商王武丁荒廢政務，三年不施政事。

（　）17. 子曰：「君子上達，小人下達。」關於此章請選出不正確的敘述：(A)上達：君子循天理，故日求上進　(B)下達：小人殉人欲，故日趨汙下　(C)說明君子、小人的分別是先天命定　(D)此章君子、小人的分別與「君子喻於義，小人喻於利」相同。

（　）18. 子曰：「晉文公□而不□，齊桓公□而不

□。」空格中依序應填入：(A)譎、正、譎、正 (B)譎、正、正、譎 (C)正、譎、譎、正 (D)正、譎、正、譎。

（　）19. 子路問成人。孔子回答「若臧武仲之知，公綽之不欲，卞莊子之□，冉求之□，文之以□□，亦可以為成人矣！」空格中應填入：(A)藝，勇，禮樂 (B)仁，辯，文采 (C)勇，藝，禮樂 (D)義，仁，文采。

（　）20. 請選出未使用時間副詞的選項：(A)無欲速，無見小利 (B)既而曰：「鄙哉，硜硜乎！莫己知也」 (C)鄉也，吾見於夫子而問知 (D)既庶矣，又何加焉。

二、多選題

（　）1. 請選出引號內字義不相同者：(A)君子「成人」之美／子路問「成人」 (B)久「要」不忘平生之言／雖曰不「要」君，吾不信也 (C)堯舜其猶病「諸」／吾得而食「諸」 (D)「作」者七人／述而不「作」 (E)「如」其仁／方六七十，「如」五六十。

（　）2. 請選出引號內字詞音義皆正確者：(A)公伯寮「愬」子路於季孫：ㄙㄨˋ，讒言毀謗 (B)丘，何為是「栖栖」者與：ㄒㄧ ㄒㄧ，不寧之貌 (C)深則厲，淺則「揭」：ㄑㄧˋ，不脫衣涉水 (D)百官「總己」以聽於冢宰：ㄗㄨㄥˇ ㄐㄧˇ，總攝己職 (E)克、「伐」、怨、欲：ㄈㄚˊ，好勝。

（　）3. 孔子論今之成人者，應該具備何種條件？(A)見利思義 (B)見危授命 (C)久要不忘平生之言 (D)飯疏食，沒齒，無怨言 (E)以德報怨。

（　）4. 以下選項何者說明治國從上而化之道？(A)苟子之不欲，雖賞之不竊 (B)君子之德風；小人之德草；草上之風必偃 (C)子帥以正，孰敢不正 (D)上好禮，則民易使也 (E)上好義，則民莫敢不服。

（　）5. 依孔子之言，何種行為可「恥」？(A)邦有道穀，邦無道穀 (B)巧言、令色、足恭 (C)匿怨而友其人 (D)攻其惡，無攻人之惡 (E)以不教民戰。

（　）6. 以下次序何者正確？(A)居處恭→執事敬→與人忠 (B)中行→狂者進取→狷者有所不為 (C)鄭國制定外交辭令次序：草創→討論→脩飾→潤色 (D)君子之道：脩己以敬→脩己以安人→脩己以安百姓 (E)正名必要性：名不正→言不順→事不成→禮樂不興→刑罰不中→民無所措手足。

（　）7. 君子有三種美德，孔子自言尚未做到的是：(A)言必信，行必果 (B)仁者不憂

(C)不怨天，不尤人　(D)知者不惑　(E)勇者不懼。

（　）8. 孔子說賢者辟世、辟地、辟色、辟言，證諸《論語》，以下何者屬之？　(A)夷俟的原壤　(B)子路問津，回答孔丘「是知津矣」的長沮　(C)說「滔滔者，天下皆是也，而誰以易之」的桀溺　(D)聽孔子擊磬，說「有心哉，擊磬乎」的荷蕢　(E)稱孔子「知其不可而為之者」的石門晨門。

（　）9. 子曰：「賢者辟世，其次辟地，其次辟色，其次辟言。」本章所言「賢者」是指：　(A)隱逸賢者　(B)兼善天下者　(C)獨善其身者　(D)欲寡其過而未能者　(E)天下無道則隱。

（　）10. 原壤有何行為，因而被孔子批評他敗常亂俗「是為賊」？　(A)幼而不孫弟　(B)長而無述焉　(C)老而不死　(D)以杖叩其脛　(E)居於位、與先生並行也。

（　）11. 「深厲淺揭」義同於：　(A)因時制宜　(B)膠柱鼓瑟　(C)循表夜涉　(D)緣木求魚　(E)刻舟求劍。

（　）12. 請選出引號內動詞當使動用法者：　(A)愛之，能勿「勞」乎　(B)脩己以「安」人　(C)子適衛，冉有僕。子曰：「庶」矣哉　(D)冉有曰：既庶矣，又何加焉？曰：「富」之　(E)人也，奪伯氏駢邑三百，「飯」疏食，沒齒，無怨言。

（　）13. 子曰：「有德者必有言，有言者不必有德。仁者必有勇，勇者不必有仁。」此章使用何種修辭法？　(A)回文　(B)映襯　(C)頂針　(D)類疊　(E)排比。

（　）14. 請選出與「見危授命」意思相近的成語：　(A)臨難苟免　(B)靦顏借命　(C)捨生取義　(D)視死如歸　(E)忍辱偷生。

（　）15. 孔子評論時人，請選出敘述正確者：　(A)衛公子荊：「善居室」，有知足的美德　(B)葉公：父為子隱，子為父隱，直在其中　(C)南宮适：君子哉若人，尚德哉若人　(D)子產：惠人也　(E)管仲：如其仁；微管仲，吾其被髮左衽矣。

（　）16. 孔子論出處之道，請選出正確者：　(A)邦有道，不廢；邦無道，免於刑戮　(B)邦有道，危言危行；邦無道，危行言孫　(C)邦有道穀，邦無道穀　(D)在邦必達，在家必達　(E)在邦無怨，在家無怨。

（　）17. 下列出自《論語》的文句，何者使用了譬喻手法？　(A)君子之德風；小人之德草；草上之風必偃　(B)虎豹之鞟，猶犬羊之鞟　(C)出門如見大賓，使民如承大祭　(D)子擊磬於衛。有荷蕢而過孔氏之門者，曰：「有心哉，擊磬乎」 (E)「今之從政者何如？」子曰：「噫！斗筲之人，何足算也」。

(　　) 18. 孔子讚美管仲「如其仁」，以下何者是管仲事跡？ (A)佐桓公，九合諸侯，不以兵車 (B)相桓公，霸諸侯，一匡天下，民到于今受其賜 (C)匹夫匹婦之為諒也，自經於溝瀆，而莫之知也 (D)不怨天，不尤人，下學而上達 (E)鄙哉，硜硜乎！莫己知也。

(　　) 19. 南宮适問於孔子曰：「羿善射，奡盪舟，俱不得其死然。禹稷躬稼而有天下。」夫子不答。南宮适出，子曰：「君子哉若人！尚德哉若人！」關於此章，請選出正確敘述： (A)羿善射、奡有勇力，二人只憑勇力而無道德，終不免敗亡 (B)禹治水，稷教民耕稼，對天下有大功。禹受禪成天子；后稷的後代建立周朝 (C)四人事例，印證「恃德者昌，恃力者亡」之理 (D)本章章旨是賤不義而貴有德之人 (E)南宮适即南容，孔子學生，曾三復白圭，孔子以其兄之子妻之。

三、非選題

請參考所列之選項，填入適當成語。

	成語	意義
1.		名義正當，道理才說得通
2.		鄙陋淺薄之人，用以形容氣量狹小的人
3.		想求快速，反而不能達到目的。勸人做事，應循序漸進，不能只求速效，否則一定壞事
4.		話一說出口，就難以收回
5.		指胡人的裝扮與服飾
6.		做事須恰到好處
7.		克除自己的私欲，使言行都能合於禮
8.		危難時能犧牲生命
9.		比喻用仁德感化，人們自然心悅誠服
10.		幫助別人達到目的或成全別人的好事

參考選項

(A)被髮左衽 (B)克己復禮 (C)欲速不達 (D)駟不及舌
(E)過猶不及 (F)名正言順 (G)言信行果 (H)怨天尤人
(I)斗筲之人 (J)文質彬彬 (K)成人之美 (L)見危授命
(M)風行草偃 (N)棲棲皇皇 (O)見得思義

衛靈公第十五

一、單選題

(　　) 1. 下列釋義何者正確？ (A)衛靈公問「陳」於孔子：陳年舊事 (B)子路「慍」見：發

怒 (C)君子固窮，小人窮斯「濫」矣：濫收賄賂 (D)「俎豆」之事：行軍之事。

（ ） 2.子曰：「躬自厚，而薄責於人。」孔子之言意近於：(A)其身正，不令而行 (B)蓬生麻中，不扶而直 (C)嚴以律己，寬以待人 (D)清者自清，濁者自濁。

（ ） 3.儒家曾提出一些「察人之法」，下列哪一選項不是察人之法？ (A)視其所以，觀其所由，察其所安，人焉廋哉！人焉廋哉 (B)人無遠慮，必有近憂 (C)眾惡之，必察焉；眾好之，必察焉 (D)存乎人者，莫良於眸子；眸子不能掩其惡。胸中正，則眸子瞭焉；胸中不正，則眸子眊焉。

（ ） 4.「士志於道，而恥惡衣惡食者，未足與議也！」意在勉人：(A)道不同，不相為謀 (B)安貧樂道 (C)言忠信，行篤敬 (D)潔身自愛，堅持理想。

（ ） 5.孔子論道德修養，下列詮釋何者正確？(A)「以德報怨」是孔子處世的最高道德依據 (B)「言忠信，行篤敬」意近於「邦有道，危行言孫」 (C)「參乎！吾道一以貫之。」所謂「一」是指「篤敬」 (D)「志士仁人，無求生以害仁」，仁為儒家中心思想。

（ ） 6.顏淵問為邦，孔子的回答，下列敘述何者正確？(A)服周之冕 (B)乘夏之輅 (C)樂則鄭聲 (D)親佞人。

（ ） 7.關於君子，下列何者不正確？(A)君子禮以為質 (B)君子病無能焉，不病人之不己知也 (C)君子求諸己 (D)君子疾沒世而名不稱焉。

（ ） 8.「君子病無能焉，不病人之不己知也。」意謂君子最引以為憂的事是：(A)不能博施濟眾 (B)不能明辨是非 (C)不能知人善任 (D)不能充實自己。

（ ） 9.子曰：「君子疾沒世而名不稱焉。」意謂：(A)君子怕才華埋沒於世而不為世人稱讚 (B)君子所引以為憾的是，死後聲名與事實不稱 (C)君子所引以為憾的是，死後名聲不見稱於世，所以生前需不顧一切的求名 (D)君子所引以為憾的是，死後名聲不見稱於世，所以生前力求得名之實。

（ ） 10.「言忠信，行篤敬……立，則見其參於前也；在輿，則見其倚於衡也。夫然後行。」孔子所指「言忠信，行篤敬」意謂：(A)不可能做到 (B)隨心情不同來約束自己 (C)隨時隨地實踐履行，不可分離 (D)要如駕車一樣，謹慎小心。

（　）11.「眾惡之，必察焉；眾好之，必察焉。」意謂：(A)要有知人之明 (B)要有真才實學 (C)要能知人善任 (D)要善與人同。

（　）12.(甲)「俎」豆：ㄗㄨˇ；(乙)「喟」然：ㄨㄟˋ；(丙)執「輿」：ㄩˊ；(丁)「哂」之：ㄕㄞˋ；(戊)「便」便言：ㄆㄧㄢˊ；(己)「憮」然：ㄈㄨˇ。以上詞語，引號內注音正確的選項是：(A)(乙)(丙)(己) (B)(甲)(丙)(戊) (C)(乙)(丁)(己) (D)(丙)(戊)(己)。

（　）13.君子志在求道，下列何者不正確？(A)君子謀道不謀食 (B)耕也，餒在其中 (C)學也，祿在其中 (D)君子憂貧不憂道。

（　）14.子曰：「君子求諸己，小人求諸人。」意在勉人應：(A)自求多福 (B)自食其力 (C)反求諸己 (D)自矜自是。

（　）15.子曰：「君子不以言舉人，不以人廢言。」意謂君子應該：(A)不以言論為舉人標準，不以外貌為取人依據 (B)不因人言論得當而舉用，不因人無德而廢其善言 (C)不因親近其人而用其言，不因疏遠其人而廢其言 (D)不用巧言令色之人，不廢無德人士之言。

（　）16.孔子說：「工欲善其事，必先利其器。」是指：(A)好的人才一定不會被埋沒 (B)使用工具要妥善 (C)人要先積德行才能盡仁義 (D)偉大的工匠都有好的工具。

（　）17.關於「吾道一以貫之」，下列何者不正確？(A)一，是指忠恕之道 (B)是孔子對子路說的 (C)道與學是一貫的 (D)常被當作儒家的心法。

（　）18.下列何者是孔子讚美舜的話？(A)脩己以安百姓 (B)無為而治 (C)言忠信，行篤敬 (D)躬自厚，而薄責於人。

（　）19.下列何者屬於君子的行為？(A)諒而不貞 (B)可以小知 (C)可以大受 (D)黨而不群。

（　）20.孔子對於言辭的態度是：(A)實事求是 (B)言行一致 (C)文理通達 (D)感動人心。

（　）21.孔子對於教育的態度是：(A)有教無類 (B)文重於德 (C)中庸之道 (D)貴族教育。

（　）22.孔子對於居官臨民之法，下列何者不正確？(A)以仁德治理百姓 (B)以莊重的態度治理百姓 (C)治理民眾舉動要合禮 (D)用智慧管理百姓。

（　）23.「言不及義，好行小慧」之「小慧」指的是：(A)小的恩惠 (B)給人民的好處 (C)私智 (D)小的利益。

二、多選題

（　）1.關於《論語》的文句解讀，下列敘述何者不正確？(A)「工欲善其事，必先利其器。」

譬喻培養仁德須有良師益友之輔導　(B)子曰：「仁者，其言也訒。」是孔子教司馬牛實踐仁當言近旨遠　(C)「己欲立而立人，己欲達而達人。」即推己及人之意　(D)子曰：「當仁不讓於師。」意謂弟子對老師原宜遜讓，但面對行仁之事則不必遜讓　(E)子曰：「唯仁者，能好人，能惡人。」意謂仁者能審度人而好惡之。

（　）2.中文的使用方法中，句中有一否定詞，且賓語為代詞（或稱「指稱詞」）時，賓語往往前置。例如「未之有也」即「未有之也」句次之變化。下列文句何者屬此句型？(A)己所不欲，勿施於人　(B)莫我知也夫　(C)女以予為多學而識之者與　(D)焉知來者之不如今也　(E)然以功業大，人莫之非。

（　）3.以下各句中的「君子」，何者泛指有才德者？　(A)君子貞而不諒　(B)人不知而不慍，不亦君子乎　(C)君子食無求飽，居無求安　(D)君子無終食之間違仁　(E)君子寡欲，則不役於物，可以直道而行。

（　）4.在《論語》篇章中，下列有關「仁」之解說何者正確？　(A)孔子答仲弓之問仁，言「己所不欲，勿施於人」　(B)子張問仁，孔子言能行溫、良、恭、儉、讓於天下為仁　(C)孔子說剛、毅、木、訥，近仁　(D)孔子教導樊遲雖往夷狄，也不可放棄「居處恭，執事敬，與人忠」之道　(E)孔子認為志士仁人，無求生以害仁，有殺身以成仁。

（　）5.下列文句的次序經過調整後，何者意義不變？　(A)予一以貫之↓予以一貫之　(B)句讀之不知，惑之不解，或師焉，或不焉↓句讀之不知，或不焉；惑之不解，或師焉　(C)夫庸知其年之先後生於吾乎↓夫庸知其年生於吾之先後　(D)久矣，吾不復夢見周公↓吾不復夢見周公久矣　(E)無恥之恥↓恥無恥。

（　）6.下列有關《論語》文意的闡釋，哪些選項較符合原意？　(A)「出門如見大賓，使民如承大祭」就是「敬以持己」的意思　(B)「民之於仁也，甚於水火」意謂行仁貴在刻苦自勵　(C)「當仁不讓於師」意謂仁之所在，雖師長也無所謙讓　(D)「子不語：怪、力、亂、神」其用意當在避免造成偏執的無知　(E)司馬牛問仁，孔子答以「仁者，其言也訒」，旨在期勉司馬牛當知戒除「浮躁多言」之病。

（　）7.下列何者運用回文之修辭？　(A)人能弘

道，非道弘人　(B)學而不思則罔，思而不學則殆　(C)日知其所亡，月無忘其所能　(D)弟子不必不如師，師不必賢於弟子　(E)由儉入奢易，由奢入儉難。

8.（　）在孔門「論學」篇章中，下列哪幾則可以看出「學」的內涵，重在德行的實踐？　(A)吾嘗終日不食，終夜不寢，以思；無益，不如學也　(B)賢賢易色，事父母能竭其力，事君能致其身，與朋友交，言而有信，雖曰未學，吾必謂之學矣　(C)君子食無求飽，居無求安，敏於事而慎於言，就有道而正焉：可謂好學也已　(D)苗而不秀者，有矣夫！秀而不實者，有矣夫　(E)弟子入則孝，出則弟，謹而信，汎愛眾，而親仁。行有餘力，則以學文。

9.（　）在《論語》的篇章中，孔子論君子，下列何者正確？　(A)泰而不驕　(B)無恆產而有恆心　(C)不可小知，而可大受也　(D)恥其言而過其行　(E)望之儼然，即之也溫，聽其言也厲。

10.（　）下列修辭的敘述，何者正確無誤？　(A)「俎豆之事」之「俎豆」為盛祭品的禮器，所以此句借代為「祭祀禮儀之事」　(B)「歲寒，然後知松柏之後彫也」為「借喻」，其喻體當是「君子之處危亂而不改其節」　(C)「君子坦蕩蕩，小人長戚戚」為「映襯」　(D)「眾惡之，必察焉；眾好之，必察焉」為「類疊」　(E)「君子之過也，如日月之食焉。」為「誇飾」。

11.（　）下列文句中之「遠」字作動詞用的選項是：(A)躬自厚，而薄責於人，則「遠」怨矣　(B)謹身節用，「遠」罪豐家　(C)銜「遠」山，吞長江　(D)死而後已，不亦「遠」乎　(E)孤帆「遠」影碧山盡。

12.（　）下列關於修辭的敘述，正確的選項是：(A)「少之時，血氣未定，戒之在色；及其壯也，血氣方剛，戒之在鬭；及其老也，血氣既衰，戒之在得」，「少、壯、老」為層遞　(B)「斗筲之人」，意謂德量如斗筲之短淺，為譬喻　(C)「俎豆之事」，為借代，指祭祀禮儀之事　(D)「死生有命，富貴在天」，為對偶　(E)「君子喻於義，小人喻於利」，為映襯。

13.（　）下列有關孔子的文字，何者寓意要旨說明正確？　(A)晨門認為孔子是「知其不可而為之者」，表達了儒家積極用世的態度　(B)「如有所譽者，其有所試矣」，理念同於「眾惡之，必察焉；眾好之，必察焉」　(C)「廄焚，子退朝，曰：『傷人乎？』不問馬。」表現儒家的人本思想　(D)「互鄉童子見，孔子謂：『人潔己以進，與其潔也，不保其往也』」，強調人必須潔身自好　(E)「大車無輗，小車無軏，其何以行之哉」，以牛車、馬車不可沒有輗、軏做比喻，論人不可無恕。

（　）14.以下引號中的「惡」字，作名詞使用的是：(A)士志於道，而恥「惡」衣惡食者，未足與議也　(B)君子去仁，「惡」乎成名　(C)眾「惡」之，必察焉；眾好之，必察焉　(D)君子惡居下流，天下之「惡」皆歸焉　(E)唯仁者，能好人，能「惡」人。

三、非選題

翻譯：

1.子曰：「直哉史魚！邦有道，如矢；邦無道，如矢。君子哉蘧伯玉！邦有道，則仕；邦無道，則可卷而懷之。」

答：

2.子曰：「知及之，仁不能守之，雖得之，必失之。知及之，仁能守之，不莊以涖之，則民不敬。知及之，仁能守之，莊以涖之，動之不以禮，未善也。」

答：

3.子曰：「君子義以為質，禮以行之，孫以出之，信以成之，君子哉！」

答：

季氏第十六

一、單選題

（　）1.下列引號中的成語，何者用法不正確？(A)國家「分崩離析」之際，全國人民更該團結　(B)「禍起蕭牆」之內，人們往往不自知　(C)少年「血氣方剛」，更應忍耐　(D)老師的「趨庭之教」，令人感動。

（　）2.下列敘述何者正確？(A)不學《詩》，無以立　(B)不學禮，無以言　(C)《詩》可以興觀羣怨　(D)恭而無禮則葸。

（　）3.君子有九思，正確的是：(A)貌思恭　(B)見得忘義　(C)疑思難　(D)聽思明。

（　）4.伯夷叔齊餓死在首陽山下，下列何者不是孔子對此事的評論？(A)求仁得仁　(B)民到于今稱之　(C)民無德而稱焉　(D)古代的仁人。

(　) 5. 君子有三戒，下列何者不正確？ (A)少之時，血氣未定，戒之在情 (B)壯年，血氣方剛，戒之在鬭 (C)老年，血氣既衰，戒之在得 (D)孔子勉人要自勵。

(　) 6. 孔子對於學問的看法，下列何者不正確？ (A)生而知之者，上也 (B)學而知之者，次也 (C)困而學之者，次也 (D)困難而不學，下也。

(　) 7. 君子有三畏，下列何者不正確？ (A)畏懼天所賦的正理 (B)畏懼居高位者 (C)畏懼聖人所說的話 (D)畏懼小人的中傷。

(　) 8. 侍奉君子應該有的道理，下列何者不正確？ (A)言未及之而言，謂之躁 (B)言及之而不言，謂之不言 (C)得時然後言 (D)未見顏色而言，謂之瞽。

(　) 9. 孔子說「益者三友」，下列何者不正確？ (A)結交正直的朋友 (B)結交誠信的朋友 (C)要多多學習朋友的好處 (D)告訴我們選擇朋友的重要。

(　) 10. 「損者三友」指的是： (A)習於威儀而正直 (B)工於媚說而誠信 (C)習於口語而無實踐之實 (D)口辯而無實的人。

(　) 11. 下列讀音何者不相同？ (A)仁者「樂」山 (B)益者三「樂」 (C)樂驕「樂」 (D)「樂」多賢友。

(　) 12. 「陳力就列，不能者止」，指的是： (A)周雖舊邦，其命維新 (B)見賢思齊，見不賢內自省 (C)居位者要努力為國家做事，不能施展才力，就當辭官歸去 (D)無能的人，就不要出來作官，於事無補。

(　) 13. 關於「見善如不及，見不善如探湯」，下列敘述何者正確？ (A)看見別人不好的地方，要及時加以改正 (B)要努力使別人學習自己的好處 (C)看見別人的不善處，就像看到了熱湯，避之唯恐不及 (D)獨善其身，離開混濁的亂世。

(　) 14. 關於《詩經》，下列敘述何者正確？ (A)是孔子所創作的 (B)屬十三經之一 (C)作者大都是當時知名的詩人 (D)是中國古代的經典哲學書籍。

(　) 15. 下列關於君夫人的稱謂，何者是不正確的？ (A)邦君之妻，國君稱之為「夫人」 (B)夫人自稱為「童子」 (C)邦人稱她為「君夫人」 (D)異邦人稱她，也是「君夫人」。

(　) 16. 陳亢問伯魚，退而喜曰：「問一得三」，下列何者不正確？ (A)不學《詩》，無以言 (B)不學禮，無以立 (C)聞斯行諸 (D)君子之遠其子。

二、多選題

（　）1.下列有關成語釋義，何者正確？ (A)「巧言令色」與「便佞善柔」均有言行不誠之意 (B)「能近取譬」與「聞一知十」均有學貴觸類旁通之意 (C)「終食之間」與「易姓之間」均有時間短暫之意 (D)「伐善施勞」與「博施濟眾」均有施恩行善之意 (E)「里仁為美」與「擇鄰而處」均有慎選環境之意。

（　）2.下列文句的詮釋，何者正確？ (A)子曰：「不學禮，無以立」——孔子認為禮樂的根基在人心 (B)「禮，與其奢也，寧儉。喪，與其易也，寧戚」——奢與易是文，而戚是質，「文勝質」比不上「質勝文」 (C)「唯仁者，能好人，能惡人」——這是因為仁者感情特別豐富的緣故 (D)子曰：「朝聞道，夕死可矣」——孔子指出生命最高的價值是「道」 (E)「士志於道，而恥惡衣惡食者，未足與議也」——其義近於「士而懷居，不足以為士矣」。

（　）3.「王先生幼承□□□□，長大以後果然成為一個頂天立地的人。」缺空的詞語可以是 (A)趨庭之教 (B)畫荻之教 (C)義方之訓 (D)蓼莪之歌 (E)燕雀之志。

（　）4.孔子論言語之道，正確的選項是： (A)古者言之不出，恥躬之不逮也 (B)言未及之而言，謂之瞽 (C)言及之而不言，謂之隱 (D)可與言，而不與之言，失人 (E)不可與言，而與之言，失言。

（　）5.孔子曰：「樂驕樂，樂佚遊，樂宴樂，損矣。」下列文句，何者義理相通？ (A)其嗜欲深者，其天機淺 (B)五色令人目盲，五音令人耳聾 (C)有容乃大，無欲則剛 (D)馳騁畋獵，令人心發狂；難得之貨，令人行妨 (E)君子務本，本立而道生。

（　）6.下列成語與「仁」有關的選項是： (A)視民如傷 (B)悲天憫人 (C)烏鳥私情 (D)風樹興悲 (E)民胞物與。

三、非選題

填充：

1.孔子曰：「益者三友，損者三友：＿＿＿，＿＿＿，＿＿＿，益矣；友便辟，友善柔，友便佞，損矣。」

2.孔子曰：「益者三樂，損者三樂：＿＿＿，＿＿＿，＿＿＿，益矣；樂驕樂，樂佚遊，樂宴樂，損矣。」

陽貨第十七

一、單選題

(　)1. 「君子學道則愛人，小人學道則易使也」，與下列何者相同？ (A)君子之德風，小人之德草 (B)君子憂道不憂貧 (C)以禮樂治國，則天下太平 (D)君子小人都應該學習仁德之道。

(　)2. 子曰：「割雞焉用牛刀。」其意為： (A)大材小用 (B)天生我材必有用 (C)知人善任 (D)牛刀小試。

(　)3. 子張問仁於孔子，孔子的回答，下列何者不正確？ (A)恭則不侮 (B)寬則得眾 (C)敏則有功 (D)信則任人。

(　)4. 關於六言六蔽，下列敘述何者正確？ (A)好仁不好學，其蔽也愚 (B)好直不好學，其蔽也蕩 (C)好勇不好學，其蔽也狂 (D)好信不好學，其蔽也絞。

(　)5. 下列何者不是學《詩》的好處？ (A)可以興 (B)可以觀 (C)可以不怨 (D)多識於鳥獸草木之名。

(　)6. 不學「　」，其猶正牆面而立，指的是： (A)《詩》、《易》 (B)禮、樂 (C)〈周南〉、〈召南〉 (D)大雅、小雅。

(　)7. 子曰：「鄉原，德之賊也。」「鄉原」是指： (A)閹然媚世者 (B)道聽塗說者 (C)擇善固執者 (D)耿介絕俗者。

(　)8. 孺悲欲見孔子，孔子不願見他，是因為： (A)地位相差太遠 (B)孔子家中有事 (C)孔子是行不言之教 (D)孔子生病了。

(　)9. 孔子論三年之喪，下列何者不正確？ (A)宰我認為三年太久 (B)君子之居喪，食旨不甘，聞樂不樂，居處不安 (C)只要安心，就可以不居三年之喪 (D)孔子讚美宰我是仁者。

(　)10. 有關孔門弟子的敘述，下列何者有誤？ (A)公西赤熟習禮儀，善於外交 (B)子路善於言語，唯個性衝動，缺乏毅力 (C)冉求善於行政，唯個性較為謙退保守 (D)澹臺滅明行不由徑，不喜鑽營。

(　)11. 孔子以為「好仁不好學」與「好直不好學」，其蔽依序是： (A)絞與亂 (B)賊與狂 (C)蕩與絞 (D)愚與絞。

(　)12. 「禮云禮云，玉帛云乎哉？樂云樂云，鐘鼓云乎哉？」意謂： (A)禮樂徒具虛文，則失禮樂的意義 (B)禮樂之形式，在於祭典儀式 (C)行禮奏樂，不需要鐘鼓玉帛 (D)孔子制禮作樂，以玉帛鐘鼓為根本。

(　)13. 下列出自《論語》的字句，何者音義皆正確？ (A)則民不「偷」：ㄊㄡ，通「媮」，

竊取 (B)亦可以弗「畔」矣：ㄆㄢˋ，通「盼」，期盼 (C)慎而無禮則「葸」：ㄒㄧˇ，畏懼 (D)思而不學則「殆」：ㄉㄞˋ，通「怠」，懈怠。

二、多選題

（　）1.從《論語》篇章來判斷以下的敘述何者正確？ (A)孔子之為人：孔子自言自己是「好古，敏以求之者也」 (B)「論學」章中，孔子以為「好直不好學，其蔽也蕩」 (C)孔子主張「力不足者，中道而廢」 (D)「論仁」章中，孔子認為人應該「不可以久處約，不可以長處樂」 (E)孔子答顏淵問仁，以「克己復禮」答覆之，由此可知，仁就是要求自己在視聽言動上按禮行事。

（　）2.有關孔子之言論，其旨意說明何者正確？ (A)「鄉原，德之賊也！」痛斥偽善害俗之深 (B)「不患無位，患所以立。不患莫己知，求為可知也。」勉人充實自己 (C)「放於利而行，多怨。」言重商輕農之弊病 (D)「今之孝者，是謂能養。至於犬馬，皆能有養；不敬，何以別乎？」言孝尤須注重敬 (E)「孟懿子問孝。子曰：『無違。』」指出行孝不可違背禮。

（　）3.有關孔子論孝，所寓要旨何者敘述正確？ (A)「今之孝者，是謂能養。至於犬馬，皆能有養；不敬，何以別乎？」言孝尤須注意奉養父母 (B)「子夏問孝。子曰：『色難』」，即「父母之年，不可不知也：一則以喜，一則以懼」之意 (C)「子曰：『子生三年，然後免於父母之懷。』」所以三年之喪乃天性所然 (D)「孟武伯問孝。子曰：『父母唯其疾之憂。』」此言孝子不妄為非，唯疾病然後使父母憂也 (E)「事父母幾諫，見志不從，又敬不違，勞而不怨。」表示對父母要長存誠敬之心。

（　）4.下列哪一組引號中的字義相同？ (A)父母「在」，不遠遊／以其求思之深，而無不「在」也 (B)遊必有「方」／教之以進退坐作之「方」 (C)三年之喪，「期」已久矣／是以君子之難能，「期」小人之尤者以必能也 (D)父母唯其疾「之」憂／無恥「之」恥，無恥矣 (E)有事，弟子服其「勞」／又敬不違，「勞」而不怨。

（　）5.下列文句，引號中的字作動詞用的選項是： (A)父母唯其疾之「憂」 (B)有酒食，先生「饌」 (C)如臨深淵，如「履」薄冰 (D)鑽燧改火，「期」可已矣 (E)食夫稻，「衣」夫錦。

(　　)6. 關於孔子之政治理念，下列何者為是？(A)孔子以「割雞焉用牛刀」痛責子游以禮樂治武城乃小題大作之舉 (B)子曰：「不在其位，不謀其政。」戒人勿越職侵權 (C)以「其身正，不令而行」強調為政者應「以身率下」 (D)「子路問政。子曰：『先之，勞之。』」則強調為政者要以身作則，並勤勞民事 (E)「殺無道，以就有道」之意同於「舉直錯枉」。

(　　)7. 下列文意之敘述何者正確？(A)「割雞焉用牛刀」，孔子所以深惜仲弓之大材未能重用 (B)「君君，臣臣，父父，子子。」孔子所以答齊景公問政，其意謂治國之道在於明人倫 (C)「足食，足兵，民信之矣。」意謂使人民信服政府，方法在於充足糧食、整修軍備 (D)孔子以為「以不教民戰，是謂棄之。」意謂當明恥教戰，否則就是棄絕人民 (E)「舉直錯諸枉，舉枉錯諸直。」意謂施政當舉賢遠佞。

(　　)8. 下列有關孔門「四科十哲」之敘述，何者正確？(A)子游：德行 (B)宰我：言語 (C)季路：政事 (D)子夏：文學 (E)子貢：政事。

(　　)9. 有關孔門弟子，下列敘述何者正確？(A)子貢長於辭令，有辯才，善貨殖 (B)言偃為武城宰，以弦歌治邑 (C)冉求退，而仲由兼人 (D)子游為魏文侯師，誓曰：「日知其所亡，月無忘其所能，可謂好學也已矣」 (E)仲由「片言可以折獄者」。

(　　)10. 下列敘述，何者引號中的語句解釋正確？(A)敏於事而慎於言，「就有道而正焉」：向有正義感的有道之士學習 (B)賜也，始可與言詩已矣！「告諸往而知來者」：告訴你以前的事情，就能推斷出未來的事情 (C)「七十而從心所欲，不踰矩」：到七十歲，便能隨心所欲，不會有超越禮法的地方 (D)求也退，故進之；「由也兼人」，故退之：仲由好勇過人 (E)好直不好學，「其蔽也絞」：它的損害是禍亂的根由。

(　　)11. 下列有關孔子所說「六言六蔽」的文句，正確的有哪些？(A)好信不好學，其蔽也絞 (B)好勇不好學，其蔽也亂 (C)好剛不好學，其蔽也賊 (D)好仁不好學，其蔽也蕩 (E)好知不好學，其蔽也狂。

(　　)12. 孔子有三千弟子，其中成名七十二人，有關下列敘述，正確的選項是：(A)公司的公關部門，須負責溝通協調，這樣反應敏捷，能言善道的人，非子貢莫屬 (B)司法要求公正，而不接受關說、能明斷是非、可「片言折獄」的是子路 (C)文化紮根工作也是一個國家興盛的基礎，而善於禮樂教化，期待能讓城鄉都弦歌不輟的是子游 (D)擔任縣令，並將地方行政事務發揮得淋漓盡致的是冉求 (E)外交禮節，外賓蒞臨，可以擔任禮儀，負責接待賓客的是公西赤。

（　）13. 選出音義正確的選項：(A)日知其所「亡」：ㄨㄤˊ，滅亡 (B)雖覆一「簣」：ㄎㄨㄟˋ，籠子 (C)多學而「識」之：ㄓˋ，強記 (D)其蔽也「絞」：ㄐㄧㄠˇ，急切 (E)學而不思則「罔」：ㄨㄤˇ，危疑不定。

（　）14. 下列敘述何者正確？(A)子之武城，聞弦歌之聲，夫子莞爾，乃因言偃能學道化民 (B)孔子欲學生學《詩》，因為《詩》可興、觀、群、怨 (C)柳下惠為士師，三黜而不去父母之邦，孟子稱讚他為「聖之和者」 (D)伯夷、叔齊，不念舊惡，怨是用希 (E)孔文子三思而後行。子聞之，曰：「再，斯可矣」。

（　）15. 下列敘述，何者是孔子的教育主張？(A)啟發式——不憤不啟；不悱不發 (B)因材施教——求也退，故進之；由也兼人，故退之 (C)有教無類——自行束脩以上，吾未嘗無誨焉 (D)行不言之教，要門人躬行實踐——天何言哉？四時行焉，百物生焉 (E)不屑之教——不得中行而與之，必也狂狷乎。

（　）16. 孔子強調人性的自我成長，論學貴能自覺而主動學習。下列選項中能彰顯其精神的是：(A)苗而不秀者，有矣夫 (B)自行束脩以上，吾未嘗無誨焉 (C)不憤不啟；不悱不發 (D)四時行焉，百物生焉，天何言哉 (E)互鄉難與言。童子見，門人惑。子曰：「與其進也，不與其退也」。

（　）17. 孔子評論古今人物，下列何項為是？(A)「敏而好學，不恥下問」者為孔文子 (B)「卑宮室，而盡力乎溝洫」者為禹 (C)「巧言、令色、足恭」者為左丘明 (D)「不念舊惡，怨是用希」者為伯夷、叔齊 (E)許微子、箕子、比干為仁者。

三、非選題

翻譯：

1. 好仁不好學，其蔽也愚；好知不好學，其蔽也蕩；好信不好學，其蔽也賊；好直不好學，其蔽也絞；好勇不好學，其蔽也亂；好剛不好學，其蔽也狂。

答：

2. 子曰：「予欲無言！」子貢曰：「子如不言，則小子何述焉？」子曰：「天何言哉？四時行焉，百物生焉，天何言哉？」

答：

微子第十八

一、單選題

（　）1. 關於「殷有三仁」，下列敘述何者正確？(A)微子成為奴隸　(B)比干離開了紂王　(C)箕子成為紂王的奴隸　(D)以上都不對。

（　）2. 「直道而事人，焉往而不三黜？枉道而事人，何必去父母之邦？」這句話指的是：(A)孔子的道德修養　(B)柳下惠的言行　(C)子貢的為國家盡忠　(D)顏淵的品德。

（　）3. 孔子離開魯國的原因，是因為：(A)齊國的國君病死　(B)魯國發生內亂　(C)齊國送歌姬給魯國　(D)孔子想周遊列國。

（　）4. 孟子曰：「五百年必有王者興，其間必有名世者。」此「名世者」是指　(A)聖賢者，如周公、孔子　(B)英明之君主，如堯、舜　(C)輔弼之名臣，如皋陶、太公望　(D)隱居之士，如長沮、桀溺。

（　）5. 以下敘述何者正確？(A)「滔滔者，天下皆是也，而誰以易之」：滔滔大亂，天下皆如此，無人可以改變天下的紛亂　(B)「人雖欲自絕，其何傷於日月乎」：人們如果不求進步，便禁不起歲月的洗禮　(C)「吾不試，故藝」：我未曾參加考試，所以學會了許多技藝　(D)「子食於有喪者之側，未嘗飽也」：形容孔子容態莊敬自然。

（　）6. 以下『　』中指的是「孔子」的有幾個？「文王既沒，文不在『茲』乎？天之將喪斯文也，『後死者』，不得與於斯文也。」「且而與其從『辟人之士』也，豈若從『辟世之士』哉？」「非『斯人之徒』與而誰與？」(A)一個　(B)二個　(C)三個　(D)四個。

（　）7. 孔子談論逸民賢者之行，下列何者不正確？　(A)不降其志，不辱其身／伯夷叔齊　(B)降志辱身矣，言中倫，行中慮／柳下惠　(C)無可無不可／虞仲　(D)隱居放言，身中清，廢中權／夷逸。

（　）8. 下列選項中，引號內詞語解釋正確者為：(甲)「大師」：魯樂官長；(乙)「少師」：樂官之佐；(丙)「足恭」：過度地恭敬；(丁)何用不「臧」：同「藏」，隱藏；(戊)「培塿」：丘陵。　(A)(甲)(乙)(丙)　(B)(丙)(丁)(戊)　(C)(乙)(丙)(戊)

(D)(甲)(丙)(戊)。

( ) 9.下列句意的闡釋何者錯誤？ (A)「廢中權」：發言合於權宜 (B)「循循然善誘人」：孔子教學耐心十足，善於誘導人 (C)「言中倫」：說話合於道理 (D)「力不足者，中道而廢」：指能力不足的人常畫地自限。

( ) 10.〈黃州快哉亭記〉：「使其中不自得，將何往而非病？使其中坦然不以物傷性，將何適而非快？」其處世態度與下列何者近似？ (A)滔滔者，天下皆是也，而誰以易之？且而與其從辟人之士也，豈若從辟世之士哉 (B)蓋將自其變者而觀之，則天地曾不能以一瞬；自其不變者而觀之，則物與我皆無盡也 (C)居廟堂之高，則憂其民；處江湖之遠，則憂其君 (D)信於久屈之中，而用於至足之後；流於既溢之餘，而發於持滿之末。

( ) 11.孔子稱許微子、箕子、比干為殷之三仁，是因為這三人： (A)不恤生死，與暴君對抗到底 (B)皆為保護人民而死 (C)行事雖有不同，其聖賢之心則同 (D)貧賤不能移，威武不能屈。

二、多選題

( ) 1.下列論語人物的敘述，何者正確？ (A)孔門十哲中，以政事見長的是冉有、子貢 (B)冉雍在孔門四科中，以德行見長 (C)孔子曰：「殷有三仁焉」，乃指微子、杞子、比干三賢能憂國為民，故以仁許之 (D)孔文子諡曰「文」，乃因其敏而好學，不恥下問 (E)子曰：「犁牛之子，騂且角……」乃喻惡父有賢子，以明顏回之德足以用世。

( ) 2.下列敘述正確的選項是： (A)孔門四科，依序是德行、文學、政事、言語 (B)孔子謂子產有君子之道四焉，是指恭、敬、惠、義 (C)以為殷有三仁，是指微子、箕子、比干 (D)子游、子夏在孔門四科中屬於文學 (E)柳下惠，其人姓「柳」，名「下惠」。

( ) 3.下列文句中，哪一組引號內的字義相同？ (A)我「叩」其兩端而竭焉／「叩」之寺僧，則史公可法也 (B)願無伐善，無「施」勞／信義行於君子，而刑戮「施」於小人 (C)述而不作，信而好古，竊「比」於我老彭／或以之「比」德而自勵，或以之懲志而自警 (D)「與」其進也，不與其退也／天下有道，丘不「與」易也 (E)毋「固」，毋我／與其不孫也，寧「固」。

( ) 4.孔子曰：「殷有三仁焉！」是指： (A)伯夷之清 (B)微子去之 (C)叔齊之仁 (D)箕

子為之奴　(E)比干諫而死。

三、非選題

翻譯：

1. 微子去之，箕子為之奴，比干諫而死。孔子曰：「殷有三仁焉！」

答：

2. 滔滔者，天下皆是也，而誰以易之？且而與其從辟人之士也，豈若從辟世之士哉？

答：

子張第十九

一、單選題

(　)1. 「紂之不善，不如是之甚也。是以君子惡居下流，天下之惡皆歸焉。」這段文字是說：(A)警人潔身自愛，不可背信忘義　(B)警人慎擇朋友，不可狼狽為奸　(C)勉人堅持理想，不可半途而廢　(D)勉人修身向善，不可自甘墮落。

(　)2. 子貢曰：「君子之過也，如日月之食焉。過也，人皆見之；更也，人皆仰之。」意謂君子：(A)急公好義　(B)樂於助人　(C)勇於改過　(D)敢於直諫。

(　)3. 下列引號中之詞語，何組兩者同義？(A)聽其言也「厲」／未信，則以為「厲」己也　(B)秦伯「說」，與鄭人盟／近者「說」，遠者來　(C)舉直錯「諸」枉／假「諸」人而後見也　(D)事不成，則禮樂不「興」／「興」於詩。

(　)4. 孟氏使陽膚為士師，問於曾子。曾子曰：「上失其道，民散久矣！如得其情，則哀矜而勿喜。」曾子之言是在說明典獄之法是：(A)疾惡如仇　(B)體民恤刑　(C)通情達理　(D)不別親疏。

(　)5. 子夏曰：「大德不踰閑，小德出入可也。」這是說：(A)堅守大節，不拘小節　(B)隨機應變，不要拘泥　(C)不管大事小事，都要遵守禮節　(D)遵從法律的規定。

(　)6. 下列何者是子夏對於做官與為學的看法？(A)兩者有異曲同工的地方　(B)兩者毫無關係　(C)求學的目的是為了做官　(D)鼓勵讀書人隱居，不要出來做官。

(　)7. 子夏對於君子利用人民的看法是：(A)國君無為而治　(B)信而後勞其民　(C)民之所欲常在我心　(D)水可覆舟亦可載舟。

8.（　）君子有三變，下列何者不正確？(A)聽其言也厲 (B)觀其行也恭 (C)望之儼然 (D)即之也溫。

9.（　）子夏認為何者才是好學者？(A)孜孜不倦者 (B)好思明辨 (C)博學審問 (D)日知其所亡，月無忘其所能。

10.（　）子張認為讀書人的行為，下列何者不正確？(A)見危致命 (B)見賢思齊 (C)見得思義 (D)祭思敬，喪思哀。

11.（　）「雖小道，必有可觀者焉，致遠恐泥，是以君子不為也。」這句話是說：(A)小道雖有可觀，然不足以成德 (B)君子不做不被大家認同的事 (C)不要看輕小道 (D)因為推行不易，所以君子不為小道。

12.（　）孔子對於為學的看法，以為 (A)溫故而知新，可以為師矣 (B)好知不好學，其蔽也愚 (C)古之學者為人，今之學者為己 (D)學而不思則殆，思而不學則罔。

13.（　）子貢讚美孔子的德行，下列何者不正確？(A)百官之富 (B)宗廟之美 (C)宮牆數仞 (D)不能言聖。

14.（　）下列何者的修辭與其他不同？(A)君子之過也，如日月之食焉 (B)逝者如斯夫！不舍晝夜 (C)仲尼，日月也 (D)不患人之不己知，患不知人也。

15.（　）子夏認為學問之道，下列何者不正確？(A)廣博的學習 (B)篤守其志 (C)不恥下問 (D)觸類旁通。

16.（　）關於結交朋友的道理，子張與子夏的看法是：(A)子夏認為可交的就跟他做朋友 (B)子張認為人人都是我的好朋友 (C)子張認為毋友不如己者 (D)子夏認為毋友勝己者。

二、多選題

1.（　）下列敘述何者正確？(A)「日知其所亡，月無忘其所能」亦即「學而時習之」 (B)「君子務本」中的「本」乃指孝悌之道 (C)「無施勞」即「己所不欲，勿施於人」之意 (D)「仰之彌高，鑽之彌堅」與「宗廟之美，百官之富」皆為讚嘆孔子之學高深 (E)「巧言令色」中的「令色」，指美色而言。

2.（　）下列文句何者勉人「慎言」？(A)小人之過也必文 (B)便便言 (C)非禮勿言 (D)君子欲訥於言，而敏於行 (E)仁者，其言也訒。

3.（　）下列何者非孔子論仁之言？(A)非禮勿視，非禮勿聽，非禮勿言，非禮勿動 (B)己所不欲，勿施於人 (C)博學而篤志，切

問而近思　(D)君子務本，本立而道生　(E)剛、毅、木、訥。

（　　）4. 孔子認為為政者該如何以身作則？　(A)先之，勞之　(B)君子信而後勞其民　(C)子帥以正　(D)其身正，不令而行　(E)子欲善，而民善矣。

（　　）5. 下列哪一組引號中的注音相同？　(A)日月之「食」／簞「食」瓢飲　(B)孝親「幾」諫／見「機」而作　(C)「御」車而行／「卸」下責任　(D)戰戰「兢」兢／「競」爭力強　(E)有酒食，先生「饌」／「撰」寫文章。

（　　）6. 下列引號內的字作動詞用的選項是：(A)致遠恐「泥」　(B)小人之過也必「文」　(C)無「友」不如己者　(D)君子懷「刑」　(E)「任」重而道遠。

（　　）7. 關於孔子論政的言辭，下列選項何者正確？　(A)孔子曾闡發以德、禮治國，其效果遠勝於政、刑的道理　(B)子夏問政。孔子告知為政不可求急利，好小功　(C)孔子用北極星居天之中樞，而眾星環繞著歸向它的道理，說明德政之感化力　(D)孔子教子夏為政之道，首重正名　(E)孔子指點有若從政之道在於尊五美、屏四惡。

（　　）8. 下列文句中，哪一組引號內的字義相同？　(A)見危「致」命／「致」民畋獵以講武　(B)脩己以安百姓，堯舜「其」猶病諸／聖人之所以為聖，愚人之所以為愚，「其」皆出於此乎　(C)君子不重則不威，學則不「固」／與其不孫也，寧「固」　(D)君子之過也，如日月之「食」焉／士志於道，而恥惡衣惡「食」者　(E)周而不「比」／朋「比」為奸。

（　　）9. 下列詞語解釋正確的選項是：(A)士而懷居：貶謫在外，懷念故鄉　(B)君子懷刑：君子之人以存心為法律的標準　(C)致遠恐泥：推行久遠，則恐滯泥不通　(D)行己有恥：對自己的行事，能知恥而有所不為　(E)無適無莫：不貪求生活舒適，不剛愎自用。

（　　）10. 下列解釋何者正確？　(A)孟氏使陽膚為「士師」：財稅官員　(B)盍「徹」乎：周代田賦十分取二的稅法　(C)舜、禹之有天下也，而不「與」焉：讚許　(D)草「上」之風：加也　(E)子「帥」以正：領導、統率。

（　　）11. 下列何者為「孔子」之言？　(A)富而無驕，難；貧而無怨，易　(B)以德報怨　(C)大德不踰閑，小德出入可也　(D)道聽而塗說，

德之棄也　(E)道不同，不相為謀。

三、非選題

翻譯：

1. 子貢曰：「譬之宮牆：賜之牆也及肩，窺見室家之好；夫子之牆數仞，不得其門而入，不見宗廟之美，百官之富。得其門者或寡矣！夫子之云，不亦宜乎？」

答：

2. 君子信而後勞其民；未信，則以為厲己也。信而後諫；未信，則以為謗己也。

答：

3. 子貢曰：「文武之道，未墜於地，在人。賢者識其大者，不賢者識其小者，莫不有文武之道焉。夫子焉不學，而亦何常師之有？」

答：

堯曰第二十

一、單選題

（　）1. 關於《論語》的篇章，下列何者不正確？ (A)都是以每一篇的前一兩字為篇名 (B)第一篇為〈學而〉篇 (C)最後一篇為〈堯曰〉篇 (D)內容與篇名有關。

（　）2. 關於治理天下的道理，〈堯曰〉篇所言，何者解釋正確？ (A)古代帝王所重視的，是民眾、權位、喪禮、祭祀 (B)以不偏不倚的正道治理人民 (C)寬厚待下，便能信任人民 (D)敏則有功，不恭則民不服。

（　）3. 子張問孔子，如何才能治理國家，子曰：「尊五美，屏四惡。」關於以上的說解何者正確？ (A)尊五美是指遵行五種美德 (B)屏四惡是指除去國家的四種惡人 (C)是為人處事的道理 (D)天子與庶民都該共同遵行。

（　）4. 關於「五美」，下列何者不正確？ (A)惠而不費 (B)欲而不貪 (C)泰而不驕 (D)矜而不爭。

（　）5. 關於「五美」的說解，下列何者不正確？ (A)因民之所利而利之，就是勞而不怨 (B)欲仁而得仁，又焉貪 (C)君子正其衣冠，尊其瞻視，就是威而不猛 (D)君子無眾寡，無小大，無敢慢，就是泰而不驕。

（　）6. 「不知命，無以為君子也。」這句話指的是：(A)君子樂天知命 (B)君子畏天命 (C)君子聽天由命 (D)君子不言天命。

二、多選題

（ ）1.下列有關修辭的敘述，正確的選項是：(A)「君子無眾寡，無小大，無敢慢」，句中「眾寡」「小大」為偏義複詞 (B)「先有司，赦小過，舉賢才」，為排比 (C)「君子之德風；小人之德草」，為譬喻之借喻 (D)「欲速則不達，見小利則大事不成」，為映襯 (E)「名不正，則言不順；言不順，則事不成」，為頂針。

（ ）2.下列敘述何者正確？ (A)「不知命，無以為君子也。」意謂君子知命 (B)「學而不思則罔，思而不學則殆。」乃勉人學思並重，不可偏廢 (C)「古之學者為己」意謂古人求學目的是為追求個人私利 (D)「君子食無求飽，居無求安。」顏子之簞瓢陋巷，庶幾近之 (E)「賢賢易色，事父母能竭其力，事君能致其身，與朋友交，言而有信，雖曰未學，吾必謂之學矣。」旨在主張為學重在實踐人倫。

（ ）3.下列《論語》的章句，敘述正確的選項是：(A)「道之以政，齊之以刑，民免而無恥」：「道」音ㄊㄠˋ，通「導」 (B)「無欲速，無見小利」：「無」音ㄨˋ，通「勿」 (C)「尊五美，屏四惡」：「尊」通「遵」，「屏」同「摒」 (D)「與其不孫也，寧固」：「孫」音ㄙㄨㄣˋ，通「遜」 (E)「鄉原，德之賊也」：「原」音ㄩㄢˋ，通「愿」。

三、非選題

翻譯：

1.子張曰：「何謂五美？」子曰：「君子惠而不費，勞而不怨，欲而不貪，泰而不驕，威而不猛。」

答：

孟子

梁惠王上

一、單選題

（ ）1.梁惠王對孟子說：「叟！不遠千里而來，亦將有以利吾國乎？」根據這句話，下列敘述何者錯誤？ (A)言梁惠王禮賢而孟子至梁 (B)有以利吾國指的是對魏國有富國強兵之利 (C)不遠千里，猶言不辭千里 (D)老先生您長途跋涉而來，對魏國來說，是項好消息。

（　）2.「上下交征利，而國危矣。」意謂：(A)上位者和下位者互爭以求勝利 (B)上位者和下位者為利而互相征戰 (C)上位者和下位者互相爭取私利 (D)上位者常向下位者要脅求利。

（　）3.「萬乘之國，弒其君者，必千乘之家；千乘之國，弒其君者，必百乘之家。」下列敘述何者錯誤？ (A)意謂一談私利，必以下犯上 (B)先利後義，則弒天子者必為諸侯，弒諸侯者必為大夫 (C)千乘之家，指的是「天子之公卿」 (D)萬乘之國必奪千乘之家，千乘之國必奪百乘之家。

（　）4.「萬取千焉，千取百焉。」意謂：(A)萬乘之國，奪取千乘之家；千乘之國，奪取百乘之家 (B)由上而下逐步併吞 (C)公卿劫奪天子，大夫劫奪公卿 (D)帝王擁有萬乘，而諸侯有他的十分之一；諸侯擁有千乘，而貴族大夫有他的十分之一。

（　）5.「未有仁而遺其親者也；未有義而後其君者也。」意謂：(A)仁者必愛其君，義者必急其親 (B)仁者必愛其親，義者必急其君 (C)仁者必先他人之親而後己親 (D)義者必先他國之君而後己國之君。

（　）6.《孟子・梁惠王上》：「叟！不遠千里而來，亦將有以利吾國乎？」篇旨在言：(A)「利」是富國強兵之道 (B)仁義也是富國強兵之術 (C)利是根治變亂的利器 (D)仁義是根治利亂紛爭的要道。

（　）7.下列詞語的解釋，何者錯誤？ (A)王立於「沼」上：池塘 (B)賢者亦樂「此」乎：指園囿 (C)「經」始靈臺：築也 (D)「不日」成之：不約定期限。

（　）8.下列短語解析何者錯誤？ (A)經之營之：規劃營造建臺的工作 (B)庶民攻之：百姓盡力築臺 (C)經始勿亟：起初並不急著趕工 (D)庶民子來：百姓自願造臺，若兒子為父母做事那樣的努力。

（　）9.下列短語解析何者錯誤？ (A)麀鹿攸伏：麀鹿所遊伏的地方 (B)麀鹿濯濯：麀鹿長得肥滿光澤 (C)白鳥鶴鶴：白鳥長得像白鶴 (D)於牣魚躍：哇！滿池塘的魚都活潑地跳躍著。

（　）10.「文王以民力為臺、為沼，而民歡樂之，謂其臺曰靈臺，謂其沼曰靈沼，樂其有麋鹿魚鼈。」意謂：(A)文王能與民同樂 (B)文王豈能獨與民同樂 (C)文王不能與民同樂 (D)文王能與物為樂。

（　）11.有關〈湯誓〉曰：「時日害喪，予及女偕亡」的敘述，何者錯誤？(A)時，是也。(C)予，人民也 (B)日喻夏桀。害，何也 (D)引〈湯誓〉以〈湯誓〉、《詩經》篇名證明獨樂之不可能。

(　) 12. 下列字詞解釋何者為非？(A)「經始」靈臺：開始計劃 (B)謂其臺曰「靈」臺：有美善之意 (C)「靈臺、靈沼」：是文王愛戴人民而取的名字 (D)「時日害喪，予及女偕亡」：言人民欲與夏桀同歸於盡。

(　) 13. 「河內凶，則移其民於河東，移其粟於河內；河東凶，亦然。」孟子以為梁惠王此舉實屬：(A)救荒賑災 (B)養民裕民 (C)發政施仁 (D)善政利民。

(　) 14. 下列字詞解釋何者錯誤？(A)鄰國之民不「加少」：更加減少 (B)寡人之民不「加多」：更加增多 (C)棄甲「曳」兵：拖也 (D)「或」百步而後止：也許。

(　) 15. 下列字詞解釋何者錯誤？(A)棄甲曳兵而「走」：敗逃 (B)「直」不百步耳：只 (C)穀不可「勝」食：同剩 (D)數罟不入「洿池」：深池。

(　) 16. 下列短語解析何者錯誤？(A)兵刃既接：雙方已經交戰 (B)棄甲曳兵而走：形容敗逃之狀 (C)五十步笑百步：譏人貪生怕死 (D)數罟不入洿池：不趕盡殺絕。

(　) 17. 下列何者文義與其他不同？(A)數罟不入洿池 (B)不為淵驅魚 (C)不殺雞取卵 (D)不竭澤而漁。

(　) 18. 「謹庠序之教，申之以孝悌之義，頒白者不負戴於道路矣。」意謂修好教化則：(A)老人因得孝養，不再勞苦 (B)老人不再披星戴月，汲汲宦途 (C)老人不再為子女忙碌奔波 (D)道路上再也看不到頭髮半白之人。

(　) 19. 「填然鼓之，兵刃既接，棄甲曳兵而走，或百步而後止，或五十步而後止。以五十步笑百步，則何如？」為孟子：(A)鼓勵梁惠王要身先士卒，以鼓舞士氣 (B)提示梁惠王，貴國軍心渙散，紀律蕩然 (C)諷刺梁惠王好戰殘民，與鄰國無異 (D)惋惜魏國國富兵強，卻不能統一天下。

(　) 20. 下列何者不具有生態保育概念？(A)數罟不入洿池 (B)斧斤以時入山林 (C)雞豚狗彘之畜，無失其時 (D)不違農時，穀不可勝食也。

(　) 21. 下列何者不是王道之政？(A)五畝之宅，樹之以桑 (B)謹庠序之教，申之以孝悌之義 (C)百畝之田，勿奪其時 (D)狗彘食人食。

（　）22. 下列短語解析何者錯誤？ (A)王無罪歲：請梁惠王不要歸罪到凶歲上 (B)謹庠序之教：嚴謹地辦理學校教育 (C)頒白者不負戴於道路矣：老年人不再勞苦奔波，汲汲仕途 (D)雞豚狗彘之畜，無失其時：雞狗大小豬仔的飼養，不要誤失孵化繁殖時期。

（　）23. 「狗彘食人食而不知檢，塗有餓莩而不知發。」義近於：(A)朱門酒肉臭，路有凍死骨 (B)牛驥同一皁，雞棲鳳凰食 (C)可憐無定河邊骨，猶是春閨夢裡人 (D)田園寥落干戈後，骨肉流離道路中。

（　）24. 下列何者不是用來譬喻「以政殺人」？ (A)殺人以梃 (B)殺人以刃 (C)率獸食人 (D)野有餓莩。

（　）25. 梁惠王曰：「寡人願安承教。」意謂：(A)我樂意接受您的王道之教 (B)我欽佩您的先義後利之說 (C)我贊同您的求利必亂之論 (D)我怎能接受您的率獸食人的看法。

（　）26. 下列各句解析何者為非？ (A)惡在其為民父母也：為「其為民父母惡在」的倒裝 (B)始作俑者：喻其殘忍也 (C)為其象人而用之：只因他模仿真人製成木偶，卻用來殉葬 (D)如之何其使斯民飢而死也：國君面對飢餓而死的人民也手足無措。

（　）27. 下列字詞解釋何者錯誤？ (A)斧斤「以」時：依照／謹「庠序」之教：殷、周鄉學之名 (B)「頒」白者：同「斑」／不「負戴」：負，以背任物；戴，以頭頂物 (C)塗有餓「莩」：同「殍」，餓死之人／狗彘食人食而不知「檢」：斂也 (D)寡人願「安」承教：如何／以刃與「政」，有以異乎：政治。

（　）28. 下列詞句解析何者錯誤？ (A)晉國，「天下莫強」焉：天下無可匹敵的強國 (B)寡人恥之，「願比死者一洒之」：願效法死者，跟敵人拚了 (C)深耕易耨：勤於耕耘 (D)仁者無敵：行仁政的人，是沒有敵手的。

（　）29. 「省刑罰，薄稅斂；深耕易耨；壯者以暇日修其孝悌忠信，入以事其父兄，出以事其長上；可使制梃以撻秦楚之堅甲利兵矣。」此之謂：(A)富而後教 (B)仁者無敵 (C)勝殘去殺 (D)除暴安民。

（　）30. 「可使制梃以撻秦楚之堅甲利兵」意謂施仁政於民，即可：(A)以小敵大 (B)以弱敵強 (C)有備無患 (D)無敵於天下。

（　）31. 下列字詞解釋何者錯誤？ (A)願「比」死者一「洒」之：替／同「洗」 (B)東敗「於」

齊、西「喪」地於秦：給／割 (C)「省」刑罰，「薄」稅斂：減輕／少徵 (D)「制」梃以「撻」：通「掣」，揭舉／打也。

（　）32. 「望之不似人君，就之而不見所畏焉。」意謂梁襄王：(A)是一位平易近人的國君 (B)是一位不擺架勢的國君 (C)無令人敬畏的人君威儀 (D)無吹毛求疵，隨意妄行之失。

（　）33. 下列字詞解釋何者錯誤？ (A)「卒」然問曰：通「猝」，忽然 (B)天下「惡」乎定：何也，怎麼 (C)定於「一」：統一的局面 (D)孰能「與」之：參與。

（　）34. 下列字詞解釋何者錯誤？ (A)天「油然」作雲：雲盛貌 (B)孰能「禦」之：抗衡 (C)天下之「人牧」：治理人民者、國君 (D)皆「引領」而望之：延頸。

（　）35. 下列文句解析何者錯誤？ (A)不嗜殺人者能一之：不喜好殺人者就能統一天下 (B)天油然作雲，沛然下雨，則苗浡然興之矣：喻國君作威作福，人民受害甚大 (C)如有不嗜殺人者，則天下之民，皆引領而望之矣：喻天下之民急切盼望歸向仁君 (D)民歸之，由水之就下，沛然誰能禦之：人民悅歸仁君，猶水之向下奔流，無人能禁止得住。

（　）36. 孟子說：「仲尼之徒，無道桓、文之事者，是以後世無傳焉，臣未之聞也。」意謂：(A)孟子以孔子之徒自居，且不屑談霸道 (B)孔子的學生不談論桓文稱霸的事 (C)孔子以後的儒家不談桓文霸業 (D)孟子自述未聞桓文霸業。

（　）37. 孟子和齊宣王對話中，以齊宣工「以羊易牛」之事相告，用意在： (A)諷刺齊宣王明察秋毫，而不見輿薪 (B)責備齊宣王，只顧牛羊性命，不顧人民生活 (C)激發齊宣王不忍人之心，以行仁政於天下 (D)暗指齊宣王的作為，有類「五十步笑百步」。

（　）38. 下列字詞解釋何者錯誤？ (A)無「以」，則王乎：已／將以「釁鐘」：殺牲取血塗鐘而祭 (B)吾不忍其「觳觫」：恐懼戰慄／「若」無罪而就死地：如 (C)「是心」足以王矣：指愛牛之心／百姓皆以王為「愛」也：吝惜 (D)王若「隱」其無罪而就死地：掩藏／則牛羊何「擇」焉：選擇。

（　）39. 下列字詞解釋何者錯誤？ (A)「無傷」也，是乃仁術也：不妨害／他人有心，予「忖度」之：思量推測 (B)「夫」我乃行之：發語詞／於我心有「戚戚焉」：悲傷難過

(C)有「復」於王者曰：報告／天下可「運於掌」：極言其易 (D)王請度「之」：指禽獸與人相比／危士臣，「構怨」於諸侯：結怨。

（　）40.下列字詞解釋何者錯誤？ (A)以「若」所為：你／求「若」所欲：你 (B)若是「其」甚與：豈／「殆」有甚焉：恐怕 (C)天下之欲「疾」其君者：憎恨／皆欲赴「愬」於王：訴 (D)民之從之也「輕」：容易／此惟救死而恐「不贍」：指時間不足。

（　）41.下列文句解析何者錯誤？ (A)欲辟土地，朝秦楚，莅中國，而撫四夷也：言欲稱霸天下 (B)以若所為，求若所欲，猶緣木而求魚也：言以孟子之所作所為，求能統一天下，必不可得 (C)今王發政施仁，使天下仕者皆欲立於王之朝，耕者皆欲耕於王之野，商賈皆欲藏於王之市，行旅皆欲出於王之塗：王發政施仁，則天下之民皆近悅遠來 (D)願夫子輔吾志，明以教我，我雖不敏，請嘗試之：齊宣王願意試著去發政施仁。

（　）42.「吾力足以舉百鈞，而不足以舉一羽；明足以察秋毫之末，而不見輿薪。」意謂：(A)不為 (B)不能 (C)不屑 (D)不願。

（　）43.下列文句解析何者錯誤？ (A)挾太山以超北海：不能也 (B)為長者折枝：不為也 (C)權，然後知輕重；度，然後知長短。物皆然，心為甚：言齊宣王愛物之心重且長，而仁民之心輕且短 (D)及陷於罪，然後從而刑之，是罔民也：等到人民犯罪，再按罪量刑，這是心中無民。

（　）44.下列文句修辭敘述何者錯誤？ (A)明足以察秋毫之末，而不見輿薪：誇飾 (B)王之不王，非挾太山以超北海之類也：譬喻 (C)老吾老以及人之老，幼吾幼以及人之幼：轉品 (D)以若所為，求若所欲，猶緣木而求魚也：借代。

（　）45.下列字音字義何者錯誤？ (A)「制」梃：ㄓˋ，制同「掣」，拿也 (B)「撻」秦楚之堅甲利兵：ㄉㄚˋ，擊打 (C)「俑」者：ㄩㄥˇ，從葬之木偶人 (D)「麀」鹿：ㄧㄡ，母鹿。

二、多選題

（　）1.孟子見梁惠王卻棄利而大談仁義者，何也？ (A)王曰何以利吾國，大夫曰何以利吾家，士庶人曰何以利吾身，上下交征利 (B)萬乘之國，弒其君者，必千乘之家 (C)千乘之國，弒其君者，必百乘之家 (D)苟為後義而先利，不奪不饜 (E)未有仁而遺其親者也，未有義而後其君者也。

（　）2.王曰：「叟！不遠千里而來，亦將有以利吾國乎？」的利是指：(A)富國強兵 (B)侵略征伐 (C)萬取千焉 (D)千取百焉 (E)上下交征利。

（　）3.下列何者在描寫「文王愛其民，故民樂其樂」？ (A)經始靈臺，經之、營之。庶民攻之，不日成之 (B)經始勿亟，庶民子來 (C)王在靈囿，麀鹿攸伏 (D)麀鹿濯濯，白鳥鶴鶴 (E)王在靈沼，於牣魚躍。

（　）4.「河內凶，則移其民於河東，移其粟於河內；河東凶，亦然。」孟子以為「移民移粟」：(A)乃救荒之措施 (B)為仁政之根本 (C)是一時之小恩小惠 (D)盡心於國事 (E)與鄰國相比猶五十步笑百步。

（　）5.「斧斤以時入山林，材木不可勝用也。」意近：(A)取之有時，用之有節 (B)留得青山在，不怕沒柴燒 (C)弋不射宿 (D)釣而不綱 (E)數罟不入洿池。

（　）6.「百畝之田，勿奪其時，數口之家，可以無飢矣。謹庠序之教，申之以孝悌之義。」意謂：(A)民貴君輕 (B)先富後教 (C)保民而王 (D)王道之始 (E)民之從之也輕。

（　）7.下列何者為王道之始必備條件？ (A)不違農時 (B)數罟不入洿池 (C)斧斤以時入山林 (D)狗彘食人食 (E)謹庠序之教。

（　）8.下列何者為推行王道的具體辦法？(A)五畝之宅，樹之以桑 (B)雞豚狗彘之畜，無失其時 (C)百畝之田，勿奪其時 (D)謹庠序之教 (E)斧斤以時入山林。

（　）9.下列何者可謂「率獸食人」？ (A)庖有肥肉 (B)廄有肥馬 (C)民有飢色 (D)野有餓莩 (E)深耕易耨。

（　）10.孔子曰：「始作俑者，其無後乎！」何故？(A)為其象人而用之，失之殘忍 (B)不用木偶陪葬必無後顧之憂 (C)孔子惡其不仁 (D)不用真人陪葬，有愛心 (E)無後代辦理喪事。

（　）11.梁惠王曰：「晉國，天下莫強焉，叟之所知也。」下列選項何者正確？ (A)梁惠王，即魏惠王 (B)梁國即魏國 (C)韓趙魏三家分晉合稱三晉 (D)魏得晉故都，故魏惠王自稱晉 (E)晉未被瓜分前，天下莫強焉。

（　）12.下列何者有人民悅歸仁君之義？ (A)七八月之間旱，則苗槁矣 (B)天油然作雲，沛然下雨，則苗浡然興之矣 (C)如有不嗜殺人者，則天下之民，皆引領而望之矣 (D)庖有肥肉，廄有肥馬 (E)民歸之，由水之就下，沛然誰能禦之。

（　）13.「老吾老以及人之老，幼吾幼以及人之幼。」意近：(A)人不獨親其親，不獨子其子 (B)己立立人，己達達人 (C)親親而後仁民 (D)推己及人 (E)己所不欲，勿施於人。

（　）14.《詩》云：「刑于寡妻，至于兄弟，以御于家邦。」意謂：(A)教化之道，要以身作則 (B)先齊家而後治國 (C)先修身而後齊家 (D)強調宜室宜家的重要 (E)家庭和順安定就可推廣以安定社會秩序。

（　）15.下列敘述何者正確？(A)無恆產而有恆心者，民 (B)無恆產而無恆心者，士 (C)明君制民之產，必使仰事俯畜皆足 (D)明察秋毫不見輿薪，不為也 (E)為長者折枝，不能也。

（　）16.下列字音何者錯誤？(A)胡「齕」：ㄑㄧˋ／「釁」鐘：ㄒㄩㄣˋ (B)「觳」觫：ㄏㄨˊ／「忖」度：ㄘㄨㄣˇ (C)以「御」于家邦：ㄩˋ／「便」嬖：ㄆㄧㄢˊ (D)不「贍」：ㄓㄢˋ／「卒」然問曰：ㄗㄨˊ (E)「浡」然：ㄅㄛˊ／一「洒」之：ㄒㄧˇ。

三、非選題

配合：

（　）1.下列何者在說明「賢者而後樂此」？

（　）2.下列何者在說明「不賢者雖有此不樂」？

（　）3.下列何者為五十步笑百步？

（　）4.下列何者為王道之始？

（　）5.下列何者為仁者無敵？

參考選項

(A)《詩》云：「經始勿亟，庶民子來。王在靈囿，麀鹿攸伏。麀鹿濯濯，白鳥鶴鶴，王在靈沼，於牣魚躍。」(B)使天下仕者皆欲立於王之朝，耕者皆欲耕於王之野 (C)明君制民之產，必使仰足以事父母，俯足以畜妻子 (D)推恩，足以保四海；不推恩，無以保妻子 (E)時日害喪，予及女偕亡 (F)省刑罰，薄稅斂，深耕易耨；壯者以暇日修其孝悌忠信 (G)王之不王，是折枝之類也 (H)穀與魚鱉不可勝食，材木不可勝用，是使民養生喪死無憾 (I)樂歲終身飽，凶年免於死亡 (J)河內凶，則移其民於河東，移其粟於河內，河東凶，亦然

梁惠王下

一、單選題

（　）1.齊宣王說：「寡人非能好先王之樂也，直好世俗之樂耳！」其所好者為：(A)下里巴人 (B)陽阿薤露 (C)陽春白雪 (D)引商刻羽。

（　）2.「今之樂，由古之樂也。」孟子此言旨在

強調：(A)貴古賤今 (B)雅樂與俗樂，本質無異 (C)與民同樂，推行仁政 (D)鄭聲遠勝雅樂。

(　　) 3.「獨樂樂，與人樂樂，孰樂？」與「與少樂樂，與眾樂樂，孰樂？」孟子有此二問，用意在強調：(A)獨自欣賞音樂比較快樂 (B)和別人共同欣賞音樂比較快樂 (C)和少數人共同欣賞音樂比較快樂 (D)與民同樂，亦是王天下之方。

(　　) 4.孟子以為齊王好樂甚，則齊國其庶幾乎，乃由於：(A)王能與人樂樂，與眾樂樂 (B)王能與莊暴樂樂 (C)王庶幾無疾病與 (D)今之樂，由古之樂也。

(　　) 5.下列文句解析何者錯誤？(A)齊國其庶幾乎：齊國差不多有平治的希望 (B)直好世俗之樂：只是喜愛社會上流行的世俗之樂 (C)舉疾首蹙頞：頭痛得抬不起來且一臉愁苦的樣子 (D)王好田獵：君王愛好打獵。

(　　) 6.「今王鼓樂於此，百姓聞王鐘鼓之聲、管籥之音，舉欣欣然有喜色而相告曰：『吾王庶幾無疾病與！何以能鼓樂也？』」孟子此言在告訴齊宣王為政要：(A)以禮樂治國 (B)與民為善 (C)保民而王 (D)與民同樂。

(　　) 7.下列注釋何者錯誤？(A)於「傳」有之：古書 (B)若是「其」大乎：之 (C)「芻蕘」者往焉：指牧童樵夫 (D)「雉兔」者往焉：指野生動物。

(　　) 8.「文王之囿，方七十里，芻蕘者往焉，雉兔者往焉。」意謂：(A)文王能與民同樂 (B)文王之囿疏於管理 (C)文王之囿草木茂盛，雞兔眾多 (D)文王之囿有鳥獸、有百姓。

(　　) 9.「臣始至於境，問國之大禁，然後敢入。臣聞郊關之內，有囿方四十里，殺其麋鹿者，如殺人之罪。」孟子此言乃謂：(A)齊國法令嚴明 (B)入齊要問禁令 (C)齊國珍惜萬物生命 (D)齊為阱國中，陷民於死。

(　　) 10.孟子以「文王之囿，方七十里，民以為小，齊宣王之囿，方四十里，民以為大。」來說明君王治國：(A)要眾生齊等 (B)要與民同樂 (C)要先富後教 (D)要為阱罔民。

(　　) 11.孟子認為智者交鄰國之道為：(A)以大事小 (B)文王事昆夷 (C)湯事葛 (D)以小事大。

(　　) 12.孟子認為仁者交鄰國之道為：(A)大王事獯鬻 (B)句踐事吳 (C)樂天保天下 (D)畏天保國。

（　）13.《詩》云：「畏天之威，于時保之。」孟子引用此言，說明何人畏天威故能保其國家？ (A)文王 (B)齊宣王 (C)商湯 (D)大王。

（　）14.王曰：「大哉言矣！寡人有疾，寡人好勇。」齊宣王此言意在表達： (A)不能以小事大 (B)不能以大事小 (C)可能行事不周 (D)可能魯莽衝動。

（　）15.下列字詞解釋何者錯誤？ (A)作「之」君，作「之」師：皆為「其」，指人民 (B)四方有罪無罪，惟我「在」：察也 (C)以遏「徂」莒：往也 (D)以篤周「祜」：祖先。

（　）16.孟子提文王之勇及武王之勇意在說明： (A)寡人有疾，寡人好勇 (B)齊宣王好匹夫之勇 (C)能養大勇，則能除暴安民 (D)聖君賢主皆好勇。

（　）17.有關孟子所謂的「樂以天下，憂以天下」，下列敘述何者正確？ (A)「先天下之憂而憂，後天下之樂而樂」祖源於此 (B)人之常情，先樂後憂 (C)進亦憂，退亦憂 (D)以物喜，以己悲。

（　）18.下列敘述何者正確？ (A)天子適諸侯曰述職 (B)諸侯朝於天子曰巡狩 (C)春省耕而補不足，指天子巡狩 (D)秋省斂而助不給，指諸侯述職。

（　）19.下列字詞解釋何者錯誤？ (A)吾王不「遊」，吾何以休：天子春天巡行 (B)吾王不「豫」，吾何以助：天子秋天巡行 (C)一遊一豫，為諸侯「度」：取法 (D)吾「何修」而可以比於先王觀也：如何學習。

（　）20.下列文句解析何者錯誤？ (A)師行而糧食：國君興師遠行，百姓的糧食就被軍隊徵光 (B)飢者弗食，勞者弗息：飢餓的百姓沒飯吃，勞苦的士卒不能休息 (C)睊睊胥讒，民乃作慝：官員側目相看互相毀謗，人民跟著做壞事 (D)方命虐民，飲食若流：正下令殘害飲食無度的百姓。

（　）21.下列字詞義何者錯誤？ (A)「大戒」於國：大修戒備，指預備補助之事 (B)始興「發」，補不足：發倉出粟 (C)春省耕，秋省「斂」：收穫 (D)從流下，「從流上」：在上游。

（　）22.下列文句敘述何者正確？ (A)從流下而忘反，謂之流 (B)從流上而忘反，謂之連 (C)從獸無厭，謂之樂 (D)樂酒無厭，謂之亡。

（　）23.下列何者非王政之德？ (A)耕者九一 (B)仕者世祿 (C)關市譏而不征 (D)乃裹餱糧。

（　）24. 老而無夫者謂之：(A)鰥　(B)寡　(C)獨　(D)孤。

（　）25. 下列詞語解釋何者正確？　(A)關市「譏」而不征：斥責　(B)哀此「煢獨」：無家人，無伴侶　(C)乃積乃倉：言住民有積倉　(D)思戢用光：想要把收藏的糧食全部分送窮民。

（　）26. 下列敘述何者錯誤？　(A)爰方啟行：於是才開始起程　(B)來朝走馬：打算將來騎馬疾馳　(C)率西水滸：順著西邊沮水、漆水岸邊而行　(D)聿來胥宇：來察看可居之處。

（　）27. 下列字詞解釋何者錯誤？　(A)內無怨女，外無「曠夫」：無妻之男　(B)聿來「胥」宇：相，省視　(C)乃裹「餱糧」：乾糧　(D)于「橐」于囊：指盛物的袋子，縫底而兩端皆以繩繫之。

（　）28. 孟子以「託妻之楚」及「士師不能治士」的設喻問齊宣王，其意在說明：　(A)君子要重然諾　(B)人要謹言慎行　(C)君臣各有職責，不稱其職者，要罷去他　(D)大言不慚，則為之也難。

（　）29. 孟子談用人，下列敘述何者正確？　(A)孟子告訴齊宣王，用人要有自信，好惡由己　(B)孟子謂齊宣王，進用人才、罷黜人才，訴諸公論即可　(C)孟子以為進用人才、罷黜官吏須訴諸公論，而後察之，才做定奪　(D)孟子告訴齊宣王用人要收集左右、大夫、國人意見，即可見真章。

（　）30. 齊宣王問曰：「湯放桀，武王伐紂」是「臣弒其君」，孟子以為：　(A)桀紂為殘賊之人，不得以君論　(B)桀紂雖行惡失尊，然罪不及己　(C)桀紂暴虐失道，罪在輔君之臣　(D)桀紂雖眾叛親離，未必為君之咎。

（　）31. 下列字詞釋義何者錯誤？　(A)賊仁者謂之「賊」：凶暴淫虐，滅絕天理　(B)賊義者謂之「殘」：顛倒錯亂，傷敗倫常　(C)殘賊之人，謂之「一夫」：眾叛親離的獨夫　(D)託妻之楚遊者「比」其反也：最近。

（　）32. 孟子見齊宣王曰：「為巨室，則必使工師求大木。工師得大木，則王喜。」意謂：　(A)構築巨室，當求大木　(B)工師得大木，責無旁貸　(C)人君治國，當任賢使能　(D)人君治國，大臣擇才，各司其事。

（　）33. 「今有璞玉於此，雖萬鎰，必使玉人彫琢之。」意謂：　(A)人君治國，不可屈人之是，使從己非　(B)猶言「幼而學之，壯而欲行」　(C)工師得大木，匠人斲而小之　(D)

姑舍余所學，而從女。

（　）34. 齊伐燕，勝之，齊王問孟子說：「以萬乘之國，伐萬乘之國，五旬而舉之，人力不至於此。不取，必有天殃。取之何如？」齊宣王之意為伐燕而勝：(A)必有天時　(B)必有地利　(C)必有人和　(D)必有武功。

（　）35. 承上題，孟子回答：「燕民悅則取之，不悅則不取。」意為征伐之道：(A)當從己意　(B)當順民心　(C)當聽軍心　(D)當隨機緣。

（　）36. 下列敘述何者錯誤？　(A)古之人有行之者，武王是也：武王伐紂，殷民悅，是以取之　(B)古之人有行之者，文王是也：商紂時，文王三分天下有其二，以三仁在，樂師未奔，懼殷民不悅，故未取　(C)以萬乘之國，伐萬乘之國，簞食壺漿以迎王師：這是順應民意之征　(D)避水火也：這是逃避戰火啊。

（　）37. 孟子對曰：「臣聞七十里為政於天下者，湯是也。未聞以千里畏人者也。」「千里畏人」是指誰？　(A)齊宣王　(B)孟子　(C)商湯　(D)燕王子之。

（　）38. 「東面而征，西夷怨；南面而征，北狄怨。」意謂：　(A)四方諸侯抱怨連連　(B)民怨沸騰　(C)四方之國亟盼拯救　(D)四方諸侯爭先恐後。

（　）39. 下列字詞解釋何者錯誤？　(A)天下「信之」：相信商湯志在救民　(B)民望「之」，若大旱之望雲霓也：指齊宣王　(C)徯我「后」，后來其蘇：君，此指湯　(D)誅其君而「弔」其民，若時雨降：撫慰。

（　）40. 下列字詞解釋何者錯誤？　(A)「簞食壺漿」以迎王師：喻熱情犒勞軍隊　(B)「係累」其子弟：拖累　(C)「毀」其宗廟：拆毀　(D)遷其「重器」：寶器。

（　）41. 「吾有司死者三十三人，而民莫之死也。」意謂：　(A)凶年饑歲，自顧不暇　(B)有司不恤民，民自不赴義效忠　(C)上恤其民，下親其上　(D)有司殘民，民疾其死不救。

（　）42. 曾子曰：「戒之戒之！出乎爾者，反乎爾者也。」下列何者意異？　(A)君之倉廩實、府庫充，有司莫以告　(B)君行仁政，斯民親其上，死其長矣　(C)汝以此待人，人亦將以此報汝　(D)君行仁政，則有司愛其民，民亦愛之矣。

（　）43. 滕文公向孟子請教：滕國夾處在齊楚兩大國間怎麼辦？下列何者錯誤？　(A)鑿斯池也　(B)築斯城也　(C)與民守之，效死而民

弗去 (D)惟仁者能如湯事葛。

（　）44.「君子創業垂統，為可繼也。」意謂：(A)有德的君子宜建基立業，垂範後世，傳位子孫 (B)身為國君當立業天下，傳位後代 (C)國君的責任，就是繼續打拼，造福後代 (D)為君之計，要不斷建業，傳位後世。

（　）45.「大王居邠，狄人侵之，大王竭力事之，仍不得免焉。」因此大王以為狄人所欲在：(A)皮幣 (B)犬馬 (C)珠玉 (D)土地。

（　）46.「君子不以其所以養人者害人」意謂大王：(A)將與狄人媾和 (B)將與狄人決戰 (C)將歸附狄人求活 (D)將離開家園以避禍。

（　）47.下列字詞解釋何者錯誤？ (A)君「為」來見也：將也 (B)嬖人有臧倉者「沮」君：阻止 (C)今「乘輿已駕」矣：座車已出發 (D)君所為「輕身」以先於匹夫者：降低身分。

二、多選題

（　）1.下列讀音何者正確？ (A)管「籥」：ㄩㄝˋ／「蹙頞」：ㄘㄨˋ ㄜˋ (B)文王之「囿」：ㄩˋ／芻「蕘」：ㄧㄠˊ (C)大王事「獯鬻」：ㄒㄩㄣ ㄩˋ／以遏「徂」莒：ㄘㄨˊ (D)以篤周「祜」：ㄍㄨˇ／有越「厥」志：ㄑㄧˊ (E)轉附朝「儛」：ㄨˇ／天子適諸侯曰巡「狩」：ㄕㄡˋ。

（　）2.下列字詞的音義何者錯誤？ (A)「睊」睊：ㄐㄩㄢˋ，側目怒視／「胥讒」：ㄒㄩ ㄔㄢˊ，相互毀謗 (B)民乃作「慝」：ㄊㄜˋ，奸惡、壞事／「哿」矣富人：ㄍㄜˇ，可也 (C)乃裹「餱」糧：ㄏㄡˋ，生糧／思「戢」用光：ㄑㄧˋ，收藏 (D)來「朝」走馬：ㄓㄠ，日／「聿」來「胥」宇：ㄩˋ，句首語氣詞，無義；ㄒㄩ，省視 (E)亦「運」而已矣：ㄩㄣˋ，行、逃走／有臧倉者「沮」君：ㄐㄩˇ，阻止。

（　）3.孟子以為齊宣王好樂甚，則齊其庶幾乎，其理安在？ (A)能與民同樂，則民樂其樂 (B)能善推所好，布政施仁則天下太平 (C)能與人樂樂，又能與眾樂樂，即能與民同樂 (D)好樂而能與民同之，則天下之民歸矣 (E)今之樂，由古之樂也。

（　）4.下列何者在強調施政要「與民同樂」？ (A)吾王庶幾無疾病與！何以能田獵也 (B)臣聞郊關之內，有囿方四十里，殺其麋鹿者，如殺人之罪 (C)文王之囿，方七十里，芻蕘者往焉，雉兔者往焉 (D)吾王之好鼓樂，夫何使我至於此極也？父子不相見，兄弟妻子離散 (E)樂以天下，憂以天下。

（　）5.下列文句敘述何者正確？ (A)智者能以大

事小　(B)仁者能以小事大　(C)以大事小者，樂天者也　(D)以小事大者，畏天者也　(E)樂天者，保其國。

(　)6.「畏天之威，于時保之。」意謂：(A)敬畏天威的人，能守住天命　(B)敬畏天理的人，能以小事大，不害其國　(C)敬畏天理的人，樂於奉承天命　(D)不畏天道則盈滿招咎，害己害國　(E)如湯事葛，文王事昆夷。

(　)7.下列何者乃大勇的表現？　(A)夫撫劍疾視曰：「彼惡敢當我哉」　(B)王赫斯怒，爰整其旅，以遏徂莒，以篤周祜，以對于天下　(C)惟曰：其助上帝，寵之。四方有罪無罪，惟我在，天下曷敢有越厥志　(D)一人衡行於天下，武王恥之　(E)畏天之威，于時保之。

(　)8.「樂以天下，憂以天下。」意近：(A)先天下之憂而憂，後天下之樂而樂　(B)不以物喜，不以己悲　(C)居廟堂之高，則憂其民；處江湖之遠，則憂其君　(D)進亦憂，退亦憂　(E)景公說，大戒於國，出舍於郊。於是始興發，補不足。

(　)9.關於「流連荒亡」，下列說明何者不正確？(A)從流下而忘反，謂之流　(B)從流上而忘反，謂之連　(C)從獸無厭，謂之荒　(D)樂酒無厭，謂之亡　(E)方命虐民，飲食若流。

(　)10.下列何者可謂之「王政」？　(A)耕者九一(B)仕者世祿　(C)關市譏而不征　(D)澤梁無禁　(E)罪人不孥。

(　)11.下列文句敘述何者正確？　(A)老而無妻曰鰥　(B)老而無夫曰寡　(C)老而無子曰獨(D)幼而無父曰孤　(E)無兄無弟曰煢。

(　)12.下列文句解析何者正確？　(A)春省耕而補不足：視察春耕，耒耜不足者補之　(B)秋省斂而助不給：視察秋收，收穫不足者助之　(C)畜君何尤：晏子能阻止國君私欲，宜為國君所怨，然晏子本意是為了愛護國君啊，這有何過失呢　(D)文王發政施仁，必先斯四者：四者是指煢獨孤寡　(E)齊宣王對孟子曰：「寡人有疾，寡人好貨、好色」，孟子舉公劉好貨，古公亶父好色為例，說明好貨好色與民同之，亦可行王政。

(　)13.下列文句解析何者正確？　(A)孟子設喻：「有託妻於友而之楚遊者」問齊宣王，意在告訴齊王治四境是王的責任，四境不治，則當已之　(B)孟子告訴齊宣王說：故國的條件是要有喬木、有世臣，意即要有棟樑之材，要有累世勳舊之臣　(C)齊宣王問孟子說：「湯放桀，武王伐紂，根本就是臣弒其君」，孟子回答：「聞誅一夫紂矣，未聞弒君」，意謂桀紂崇惡失尊，不能以君論之 (D)以萬乘之國，伐萬乘之國，五旬而舉之，人力不至於此：意謂必有天助 (E)以萬乘之國，伐萬乘之國，簞食壺漿以迎王師：意在避暴政。

(　) 14. 孟子見齊宣王曰「為巨室，則必使工師求大木」的故事可謂言在此，而意在彼，下列敘述何者正確？ (A)工師得大木，則王喜：喜其能任賢使能 (B)匠人斲而小之，則王怒：怒其小材不堪大用 (C)夫人幼而學之，壯而欲行之；王曰：「姑舍女所學而從我」：意謂庸君常患賢者不能從其所好 (D)至於治國家，則曰：「姑舍女所學而從我。」則何以異於教玉人彫琢玉哉：意謂賢者常患人君不能行其所學 (E)今有璞玉於此，雖萬鎰，必使玉人彫琢之：意同「姑舍女所學而從我」。

(　) 15. 「湯一征，自葛始，天下信之。」下列何者是天下信之的鐵證？ (A)東面而征，西夷怨 (B)南面而征，北狄怨 (C)歸市者不止 (D)耕者不變 (E)反其旄倪，止其重器。

三、非選題

配合：

(　) 1. 下列何者為魯平公欲往見孟子而又中止的原因？

(　) 2. 孟子告訴滕文公竭力事大國之道為何？

(　) 3. 下列何者是孟子謂齊宣王「好樂」「好貨」「好色」均不害於王天下的好方法？

(　) 4. 孟子說「好勇」亦可以安天下，其故安在？

(　) 5. 孟子論任賢去奸的方法為何？

參考選項

(A)天降下民，作之君，作之師，惟曰：其助上帝，寵之。四方有罪無罪，惟我在，天下曷敢有越厥志 (B)世守也，非身之所能為也；效死勿去 (C)匠人斲而小之，則王怒 (D)棺槨衣衾之美也 (E)姑舍女所學而從我 (F)事之以皮幣、犬馬、珠玉 (G)孟子之後喪踰前喪 (H)夫撫劍疾視曰：「彼惡敢當我哉！」 (I)寡人非能好先王之樂也，直好世俗之樂耳 (J)與百姓同之，於王何有

公孫丑上

一、單選題

(　) 1. 下列字詞解釋何者錯誤？ (A)管仲、晏子之功，可復「許」乎：振興／曾西「蹵然」曰：不安 (B)吾「先子」之所畏也：已去

世的太太／曾西「艴然」不悅：忽然　(C)功「烈」如彼其卑：業也／以齊王，由「反手」也：翻轉手掌，喻事之易　(D)猶未「洽」於天下：遍／「流風」善政：流傳之風化。

（　）2.下列字詞解釋何者錯誤？　(A)今言「王」若易然：統一天下、王業／猶「運之掌」：放在掌上運轉，喻容易也　(B)雖有「鎡基」，不如待時：鐵鎝／地不改「辟」矣：偏僻　(C)飢者「易為食」：容易吃得飽／速於「置」：車馬傳遞　(D)「郵」而傳命：步行傳遞／猶解「倒懸」：喻痛苦、災難。

（　）3.「雖有智慧，不如乘勢；雖有鎡基，不如待時。」意謂：　(A)乘勢待時的重要　(B)迅速行動的重要　(C)後勤戰備的重要　(D)知彼知己的重要。

（　）4.下列短語解析何者錯誤？　(A)而齊有其地矣：齊國擁有千里的廣大領土　(B)雞鳴狗吠相聞：齊國牲畜眾多　(C)地不改辟矣：齊國土地已經夠大了，不須再開闢　(D)民不改聚矣：齊國人民眾多，不必再聚集。

（　）5.有關「飢者易為食，渴者易為飲」，下列敘述何者錯誤？　(A)飢渴之人不論飲食優劣，得之便足　(B)喻對飽受虐政之民行仁政，易使歸向　(C)喻對受虐之民行仁政，易收事半功倍之效　(D)罹災受難之民，容易擺布。

（　）6.有人問曾西說：「您和管仲誰比較賢能？」曾西卻露出怒色。為什麼？曾西認為：(A)自己比不上管仲　(B)管仲得君寵信　(C)管仲為相四十年　(D)管仲處境甚佳，卻不能行仁政，王天下。

（　）7.下列字詞解釋何者錯誤？　(A)夫子「加」齊之卿相：居也／雖由此「霸王」不異矣：稱霸諸侯，完成王業　(B)不「膚橈」：肌膚被刺而撓屈／不「目逃」：目遇刺而轉睛逃避　(C)不受於「褐寬博」：衣服寬大的官吏／「無嚴」諸侯：不嚴厲　(D)視不勝猶勝也：看失敗如同勝利／是畏三軍者也：害怕強敵眾多。

（　）8.曾子謂子襄曰：「吾嘗聞大勇於夫子。」下列行為何者可稱為大勇？　(A)自反而不縮，雖褐寬博，吾不惴焉？自反而縮，雖千萬人，吾往矣　(B)不膚橈，不目逃；思以一毫挫於人，若撻之於市朝　(C)視刺萬乘之君，若刺褐夫　(D)視不勝猶勝也；量敵而後進，慮勝而後會。

（　）9.下列文意敘述何者錯誤？　(A)北宮黝為刺客之流，以必勝為主　(B)孟施舍為力戰之士，以無懼為主　(C)夫子之大勇，為理屈，面對貧民則惴之，理直則無懼千萬強敵　(D)曾子守博類北宮黝，子夏守約似孟施舍。

(　) 10. 下列敘述何者錯誤？　(A)北宮黝之勇，專務敵人　(B)孟施舍之勇，專務守己　(C)子夏之勇，篤信聖人　(D)曾子之勇，專守一身之氣。

(　) 11. 下列文句析釋何者錯誤？　(A)是集義所生者，非義襲而取之也：言集合道義生長，非在外面竊取一兩件偶合道義的事　(B)告子未嘗知義，以其外之也：告子不懂什麼是義，因為他只看重外表　(C)宋人有閔其苗之不長而揠之者：宋國有個揠苗助長的農夫　(D)行有不慊於心，則餒矣：行為不合道義，內心覺得不滿足時，氣就跟著委靡了。

(　) 12. 下列字詞解釋何者錯誤？　(A)行有「不慊」於心：不滿足／以其外之也：以之為外，之指「義」　(B)宋人有「閔」其苗之不長而「揠」之者：憂也／拔也　(C)「芒芒」然歸：模糊不清貌／今日「病」矣：憂慮、煩惱　(D)自反而不「縮」：直也、義也／雖「褐寬博」：穿寬大粗布的衣服。

(　) 13. 孟子用揠苗助長這個故事來說明什麼道理？　(A)浩然正氣要以直道好好蓄養，方能日滋月長充塞天地間　(B)並非所做的事偶然合義，就能襲取於外，而得到浩然正氣　(C)耘苗就是養；揠苗就是害　(D)浩然之氣，是配義與道，是集義所生。

(　) 14. 下列何者不是知言？　(A)詖辭，知其所執　(B)淫辭，知其所陷　(C)邪辭，知其所離　(D)遁辭，知其所窮。

(　) 15. 公孫丑問孟子，既不敢比孔子，則於子夏、子游、子張、冉牛、閔子、顏淵數子中，欲何所處？孟子則曰「姑舍是」。孟子之意為何？　(A)不欲以數子所至者自處　(B)自謂善知言、善養氣，是已成聖人矣　(C)自比孔子，尚且不敢以聖人自居　(D)認為孔子弟子猶遠勝於己。

(　) 16. 孟子對伯夷、伊尹、孔子的看法，下列何者錯誤？　(A)伯夷為聖之清者，近於有所不為之狷　(B)伊尹為聖之任者，近於進取之狂　(C)孔子為聖之時者，仕止久速、各以其時之宜　(D)對於行一不義、殺一不辜而得天下，皆各有定見。

(　) 17. 孟子引宰我、子貢、有若三人稱讚孔子之言，用意在表示：　(A)孔子的偉大在見其禮而知其政，聞其樂而知其德　(B)伯夷、

伊尹不及孔子　(C)孔子的偉大在出於其類，拔乎其萃　(D)孔子的偉大在他賢於堯舜遠甚。

（　）18. 下列字詞解釋何者錯誤？　(A)「汙」，不至阿其所好：誇大／「等」百世之王：等第之／莫之能「違」也：避過　(B)泰山之於丘「垤」：小山丘／河海之於「行潦」：積水／拔乎其「萃」：小草　(C)「詖」辭：偏陂／「淫」辭：放蕩／「遁」辭：逃避　(D)無是，「餒」矣：氣餒／孟施舍守「約」：要也／吾不「惴」焉：怕也。

（　）19. 孟子論「王、霸」，下列何者錯誤？　(A)以力假仁者霸　(B)以德行仁者王　(C)王不待大，霸必有大國　(D)湯以七十里，文王以百里稱霸。

（　）20. 《詩》云：「自西自東，自南自北，無思不服。」意謂：　(A)從東西南北來歸的人民，沒有不心服的　(B)從東到西，從南到北，無人想歸服　(C)從東西到南北，人人都心猿意馬　(D)從東西南北四面八方來的消息，人人都不以為然。

（　）21. 孟子曰：「仁則榮，不仁則辱。」意在勉勵時君行仁政：　(A)以求榮免辱　(B)則福祿自來　(C)以貴德尊士　(D)以防患未然。

（　）22. 下列詞語，何者不同於「惡辱而居不仁，是猶惡溼而居下」？　(A)背道而馳　(B)惡醉強酒　(C)欲壽刎頸　(D)未雨綢繆。

（　）23. 《詩》云：「迨天之未陰雨，徹彼桑土，綢繆牖戶；今此下民，或敢侮予。」意謂鴟鴞鳥懂得：　(A)修巢補穴　(B)防患未然　(C)居閒思勤　(D)晏安鴆毒。

（　）24. 孔子曰：「為此詩者，其知道乎！」意謂作這篇詩的人知：　(A)鴟鴞生活習慣　(B)纏結修補之道　(C)居安思危之道　(D)禍由自取之道。

（　）25. 〈太甲〉曰：「天作孽，猶可違；自作孽，不可活。」孟子引詩意在提醒時君：　(A)惡辱而居不仁　(B)般樂怠敖，是自求禍也　(C)貴德尊士，雖大國必畏之　(D)為政，不可明知故犯。

（　）26. 《詩》云：「永言配命，自求多福。」意謂：　(A)要常想配合己命，才能求到幸福　(B)依命行事，必可得到幸福　(C)常想配合天理，不要奢求幸福　(D)永念己行，當配合天理以行善，則福祿自來。

（　）27. 下列字詞解釋何者錯誤？　(A)「俊傑」在位：才德出眾的人／「廛」而不征：指稅舍不稅物，本意為市宅　(B)「譏」而不征：

限制／「法」而不廛：稅舍不稅物　(C)「助」而不稅：助耕公田，不稅私田／無夫里之「布」：錢也　(D)悅而願為之「氓」：民也／無敵於天下者，「天吏」也：奉行天命的官。

28.（　）孟子所云：「惻隱、羞惡、辭讓、是非之心。」依序分別是指：(A)義禮智仁　(B)禮義仁智　(C)仁義禮智　(D)仁智禮義。

29.（　）「以不忍人之心，行不忍人之政，治天下可運之掌上。」孟子以為：(A)仁政之施行，最需百姓之配合　(B)天下人皆能存仁心，則天下太平矣　(C)有仁者輔政，才能行仁政　(D)以仁心行仁政，則天下易治。

30.（　）「人皆有不忍人之心」意謂：(A)凡人皆有仁心　(B)凡人皆有不欲成人之美之心　(C)凡人皆有容忍之雅量　(D)凡能容忍，必能成為人上人。

31.（　）「今人乍見孺子將入於井，皆有怵惕惻隱之心。」意謂今人皆有：(A)不忍人之心　(B)羞惡之心　(C)辭讓之心　(D)是非之心。

32.（　）「凡有四端於我者，知皆擴而充之矣，若火之始然，泉之始達。」「火之始然，泉之始達」意謂：(A)倒行逆施　(B)取法自然　(C)日益增大　(D)瞬息萬變。

33.（　）「矢人惟恐不傷人，函人惟恐傷人，巫人惟求人之生，匠人惟求利人之死。」孟子以為這四種人的本性皆具有：(A)不忍人之心　(B)守約之心　(C)害人之心　(D)必勝之心。

34.（　）下列字詞解釋何者錯誤？(A)「內交」於孺子之父母：結交，內同「納」，結也／「怵惕」惻隱：恐懼　(B)火之始「然」：燃之本字／泉之始「達」：通也　(C)「函人」惟恐傷人：製甲之人／「矢人」惟恐不傷人：造箭之人　(D)莫之「禦」而不仁：抗拒／「人役」也：工頭。

35.（　）「莫之禦而不仁」意謂：(A)不仁之人　(B)不智之人　(C)無禮之人　(D)無義之人。

36.（　）孟子舉子路、禹、舜三聖賢樂善之誠，意在勉人：(A)多自助助人　(B)多納善言、行善事　(C)多自反自省　(D)多改過自新。

37.（　）「自耕稼陶漁，以至為帝，無非取於人者。」意謂：(A)禹起自農夫，聞善言則拜，以致為帝　(B)禹起自治水益農，聞善言則拜，虛心納人，以致為帝　(C)舜之側微，耕于歷山，陶于河濱，漁于雷澤，一身之善，無非取於人者　(D)子路聞過，不論對象是耕稼陶漁或帝王，皆一視同仁，予以拜謝。

38. （　）「立於惡人之朝，與惡人言，如以朝衣朝冠，坐於塗炭。」意謂伯夷：(A)不願同流合汙 (B)自視甚高 (C)不屑與人為伍 (D)不屑禮尚往來。

39. （　）下列敘述何者錯誤？(A)坐於「塗炭」：汙泥、黑炭／思與「鄉人」立：鄉里之常人 (B)「望望然」去之：慚愧之貌／若將「浼」焉：潔淨 (C)雖有「善其辭命」：把言辭說得婉轉動聽／「不屑就」已：不願屈己遷就 (D)「由由然」與之偕：悠然自得／是亦「不屑去」已：不願拋棄直道而離開。

40. （　）「爾為爾，我為我，雖袒裼裸裎於我側，爾焉能浼我哉！」意謂柳下惠：(A)色不迷人 (B)色膽包天 (C)坐懷不亂 (D)見色亂心。

二、多選題

1. （　）下列字音何者正確？(A)曾西「蹵」然：ㄘㄨˋ／曾西「艴」然不悅：ㄈㄨˊ (B)箕子、膠「鬲」，皆賢人也：ㄍㄜˊ／雖有「鎡」基：ㄗ (C)北宮「黝」之養勇也：ㄧㄡˇ／不膚「橈」：ㄋㄠˊ (D)今夫「蹶」者、趨者，是氣也：ㄐㄩㄝˊ／行有不「慊」於心：ㄑㄧㄢˋ (E)泰山之於丘「垤」：ㄔˊ／河海之於行「潦」：ㄌㄠˋ。

2. （　）下列字音何者錯誤？(A)徹彼桑「土」：ㄊㄨˇ／「般」樂怠敖：ㄅㄢ (B)「廛」而不征：ㄌㄧ／悅而願為之「氓」：ㄇㄤˊ (C)「怵」惕惻隱之心：ㄔㄨˋ／非所以「內」交於孺子：ㄋㄚˋ (D)若將「浼」焉：ㄇㄟˇ／綢「繆」牖戶：ㄇㄡˊ (E)「阨」窮不憫：ㄜˋ／「袒」裼裸裎：ㄊㄢˇ。

3. （　）下列字詞解釋何者錯誤？(A)曾西「蹵然」：不安貌／曾西「艴然」：怒色貌 (B)「望望然」去之：去而不顧／「由由然」與之偕：悠然自得 (C)「思」與鄉人立：想念／無「是」，餒也：正確 (D)吾不惴「焉」：語氣詞，無義／志至焉，氣「次」焉：其次 (E)自南自北，無「思」不服：句中助詞／而不自失「焉」：之，稱代端正操守。

4. （　）下列字詞解釋何者正確？(A)以齊王，由「反手」也：喻事之易如翻轉手掌／百年而後崩，猶未「洽」於天下：遍也 (B)無「夫里」之布：指夫布、里布，皆雜稅之稱／不至「阿」其所好：私也 (C)「乍」見孺子：忽也／非所以「內」交於孺子之父母也：同「納」，結也 (D)是「與」人為善者也：和也、同也／莫之「禦」而不仁：違抗 (E)由由然與之「偕」：俱也、並處也／不「屑」就已：潔也。

5.（ ）下列各文句的修辭說明，何者正確？(A)管仲以其君霸，晏子以其君顯——映襯 (B)武丁朝諸侯，有天下，猶運之掌也——譬喻 (C)尺地，莫非其有也；一民，莫非其臣也——類疊 (D)雖有智慧，不如乘勢；雖有鎡基，不如待時——層遞 (E)雞鳴狗吠相聞，而達乎四境，而齊有其民矣——譬喻。

6.（ ）下列各文句的修辭說明，何者錯誤？(A)若是，則夫子過孟賁遠矣——借代 (B)不受於褐寬博，亦不受於萬乘之君——層遞 (C)自反而不縮，雖褐寬博，吾不惴焉——激問 (D)生於其心，害於其政，發於其政，害於其事——層遞 (E)可以仕則仕，可以止則止，可以久則久，可以速則速，孔子也——頂針。

7.（ ）下列各文句的修辭說明，何者正確？(A)自西自東，自南自北，無思不服——類疊 (B)天作孽，猶可違；自作孽，不可活——鑲嵌 (C)關，譏而不征，則天下之旅，皆悅而願出於其路矣；耕者，助而不稅，則天下之農，皆悅而願耕於其野矣——排比 (D)無惻隱之心，非人也；無羞惡之心，非人也——排比 (E)凡有四端於我者，知皆擴而充之矣，若火之始然，泉之始達——層遞。

8.（ ）孟子說：「信能行此五者，則鄰國之民，仰之若父母矣。」「五者」是指：(A)尊賢使能，俊傑在位 (B)市，廛而不征，法而不廛 (C)關，譏而不征 (D)耕者，助而不稅 (E)廛，無夫里之布。

9.（ ）「仁者如射：射者正己而後發；發而不中，不怨勝己者，反求諸己而已矣。」意謂：(A)射有似乎君子，失諸正鵠，反求諸其身 (B)仁者必先正己，行有不得，則反求諸己 (C)《詩》云：永言配命，自求多福 (D)人役而恥為役，由弓人而恥為弓 (E)里仁為美；擇不處仁，焉得智。

10.（ ）孟子在舉「今人乍見孺子將入於井」一例中：(A)使用「『乍』見」，乃言此人的意識未受當時任何外在因素影響 (B)提出非『內』交於孺子之父母」，是指此人內心，並無這種企圖 (C)提到「非『要』譽於鄉黨朋友」，乃言此人非為追求外在聲譽 (D)提到「非『惡』其聲」，是說此人並非厭惡

有不仁之聲名　(E)孟子舉此以證，「仁義禮智」四端乃吾人所固有。

(　) 11.下列文意敘述何者正確？　(A)孟子舉「伯夷，非其君不事……柳下惠不羞汙君……」意謂古之大賢，猶有所偏以襯君子之道中和為貴　(B)孟子言「子路，人告之以有過則喜；禹聞善言則拜。大舜有大焉。」意謂自古以來成聖成賢，皆由采善於人　(C)孟子曰：「矢人惟恐不傷人，函人惟恐傷人。巫匠亦然。」意謂從政治術，寧為函人，行仁護民，勿為矢人　(D)孟子引鴟鴞綢繆牖戶，倡言為政治國要貴德尊士，修政行仁，方能防患未然　(E)孟子曰：「以力假仁者霸，霸必有大國。以德行仁者王，王不待大。」可見王者有意服人，霸者無意服人。

(　) 12.孟子言：「人皆有不忍人之心。」何謂「不忍人之心」？　(A)以不忍人之心，行不忍人之政，治天下可運之掌上　(B)今人乍見孺子將入於井，皆有怵惕惻隱之心　(C)要譽於鄉黨朋友之榮譽心　(D)即惻隱之心、羞惡之心、辭讓之心、是非之心　(E)若能擴充不忍人之心，則小可事父母，大可保四海。

(　) 13.孟子所倡論的四端是：　(A)惻隱之心，仁之端也　(B)羞惡之心，義之端也　(C)是非之心，禮之端也　(D)辭讓之心，智之端也　(E)仁義禮智非由外鑠我也，我固有之也。

(　) 14.下列五句皆有「然」字，何者意同「若火之始然」的「然」字？　(A)彼闇「然」媚於世者　(B)芒芒「然」歸　(C)晴日催花暖欲「然」　(D)可憐景物依「然」　(E)我欲「然」犀看，龍應抱寶眠。

(　) 15.下列有關不動心方法的敘述，何者正確？　(A)北宮黝：不膚橈、不目逃，視刺萬乘之君，若刺褐夫　(B)孟施舍：視不勝猶勝也；量敵而後進，慮勝而後會　(C)北宮黝似曾子，孟施舍似子夏　(D)孔子：自反而不縮，雖褐寬博，吾不惴焉？自反而縮，雖千萬人，吾往矣　(E)孟子：持其志，無暴其氣。

三、非選題

配合：

(　) 1.下列何者為齊地俚俗強調「乘勢待時」的名言？

(　) 2.孟子說「事半古之人，功必倍之」，從下列何言可以看出？

(　) 3.孟子評「告子言不動心」說，何者可？何者不可？

（　）4.孟子以為善養浩然之氣要如何才能無若宋人然？

（　）5.孟子認為仁者如射的理由是什麼？

參考選項

(A)夫持法太急者，其鋒不可犯，而其勢未可乘也 (B)雖有智慧，不如乘勢；雖有鎡基，不如待時 (C)射者正己而後發；發而不中，不怨勝己者，反求諸己而已矣 (D)自西自東，自南自北，無思不服 (E)德之流行，速於置、郵而傳命 (F)不得於心，勿求於氣，可；不得於言，勿求於心，不可 (G)必有事焉而勿正，心勿忘，勿助長也。無若宋人然 (H)志壹則動氣，氣壹則動志也。今夫蹶者、趨者，是氣也；而反動其心 (I)人役而恥為役，由弓人而恥為弓、矢人而恥為矢也 (J)不得於言，勿求於心，可；不得於心，勿求於氣，不可

公孫丑下

一、單選題

（　）1.下列敘述何者錯誤？ (A)三里之城，七里之郭：言得地利 (B)環而攻之而不勝：言天時不如地利 (C)城非不高也，池非不深也，兵革非不堅利也，米粟非不多也；委而去之：言地利不如人和 (D)環而攻之：言得人和。

（　）2.「域民不以封疆之界，固國不以山谿之險，威天下不以兵革之利。」意謂： (A)天時不如地利 (B)地利不如人和 (C)人和不如天時 (D)人和不如地利。

（　）3.孟子本將朝齊宣王，王不知，託疾以召孟子，孟子卻以疾辭，何故？ (A)公孫丑以為孟子傲慢不敬 (B)孟仲子期盼孟子繼續稱病不造朝 (C)景丑氏以為孟子犯了人倫大忌不忠 (D)孟子自認為君子應守道不回。

（　）4.「管仲且猶不可召，而況不為管仲者乎？」「不為管仲者」在指誰？ (A)伊尹 (B)曾子 (C)孟子 (D)孔子。

（　）5.齊宣王託疾以召孟子，孟子亦辭以疾，意在教齊王： (A)要守道不回 (B)要尊德樂義 (C)要尊爵 (D)要尊齒。

（　）6.下列字詞解釋何者錯誤？ (A)寡人「如」「就見」者也：將；往見 (B)「朝」，將視「朝」：上朝朝覲；皇帝臨朝聽政 (C)不「識」可使寡人得見乎／不能「造」朝：知也／到也 (D)使數人「要」於路／吾何「慊」乎哉：同「邀」，邀請／滿足。

（　）7. 下列語詞解釋何者錯誤？ (A)采薪之憂：生病的謙辭 (B)地醜德齊：土地相類、德教齊等 (C)行者以贐：出外旅遊訪友要帶禮物 (D)無處而餽：沒有名義卻接受贈金。

（　）8. 景子引《禮》曰：「父召，無諾；君命召，不俟駕。」意謂：(A)父召，唯而不諾，蓋唯恭於諾也 (B)君命召，不及俟駕車而先行，言急赴君命也 (C)孟子聞王命反而不朝，與禮法不合 (D)將大有為之君，必有所不召之臣，欲有謀焉則就之。

（　）9. 「惡得有其一，以慢其二哉？」意在責備齊宣王：(A)以爵輕慢齒 (B)以爵輕慢德 (C)以爵輕慢齒德 (D)以德輕慢爵齒。

（　）10. 天下達尊者三，下列何者不是？ (A)爵 (B)齒 (C)學 (D)德。

（　）11. 有關天下達尊之說，下列何者正確？ (A)鄉黨莫如爵 (B)朝廷莫如齒 (C)好善惡惡莫如道 (D)輔世長民莫如德。

（　）12. 下列通同字何者錯誤？ (A)昔者疾，今日「愈」：同「癒」 (B)莫能相「尚」：同「上」 (C)木若「以」美：通「已」 (D)燕人「畔」：同「伴」。

（　）13. 「好臣其所教，而不好臣其所受教。」意謂喜歡任用：(A)才德不如我，聽我命令，受我指揮之人 (B)才德不如我，阿諛求媚之人 (C)才德兼備、忠直敢諫之人 (D)才德勝我，我須聽他教導的人。

（　）14. 下列文句解析何者錯誤？ (A)當在宋也，予將有遠行；行者必以贐，辭曰「餽贐」：意謂宋君對我說，這是送行的程儀 (B)當在薛也，予有戒心；辭曰「聞戒，故為兵餽之」：意謂薛君對我說，聽說沿路要戒備，所以送些兵備的費用 (C)若於齊，則未有處也：意謂在齊國，沒有適當的去處 (D)無處而餽之，是貨之也：沒有適當名義，卻以財物收買我，是欲使懷惠也。

（　）15. 「焉有君子而可以貨取乎？」意謂君子：(A)取物有節 (B)辭受有義 (C)送迎有禮 (D)博施愛民。

（　）16. 「子之持戟之士，一日而三失伍。」「三失伍」意謂：(A)多次失時落後 (B)三次走錯行列 (C)三次失去與人結緣的機會 (D)三次出征，皆損兵折將。

（　）17. 「今有受人之牛羊而為之牧之者，則必為之求牧與芻矣。」意謂：(A)為政者若不在其位則不謀其政 (B)為政者應體恤人民生活之疾苦 (C)國君不可與民爭利 (D)國君當盡牧民之責，使民免於飢寒。

（　）18.「民牧失伍」意謂治民者：(A)失去軍職 (B)失去人民的擁護 (C)失去軍隊的支持 (D)不守崗位，不負責任。

（　）19.「今有受人之牛羊而為之牧之者，則必為之求牧與芻矣。」「求牧與芻」意謂尋找：(A)牧地和草料 (B)牧人和草地 (C)牛羊和草場 (D)圈養牛羊的草地。

（　）20.「求牧與芻而不得，則反諸其人乎？抑亦立而視其死與？」意喻人臣：(A)無法救災活民就該與民共患難 (B)無法牧民，則當還其位於君 (C)不能養民活民也不能棄君 (D)遇到天災人禍，不能見死不救。

（　）21.孟子謂蚳鼃曰：「子之辭靈丘而請士師，似也。」何故？因為士師：(A)是管獄員，得知犯罪實情 (B)有言無責，得以大肆放言 (C)近王，得以諫刑罰之不中者 (D)操生殺之權，得先斬後奏。

（　）22.齊人曰：「所以為蚳鼃，則善矣；所以自為，則吾不知也。」意謂：(A)蚳鼃是個好人，好人無好報 (B)蚳鼃是個好人，卻不懂得自處之道 (C)蚳鼃雖好，卻不能把握進諫時機 (D)諷刺孟子道不行而不能去。

（　）23.下列字詞解釋何者錯誤？(A)王使蓋大夫王驩為「輔行」：副使 (B)「反」齊滕之路：返回 (C)未嘗與之言「行事」：出使之事 (D)「齊卿」之位，不為小矣：指孟子。

（　）24.孟子曰：「夫既或治之，予何言哉？」意謂：(A)王驩僭越自專 (B)王驩辦事俐落 (C)孟子處世謙卑 (D)孟子待人不惡言相向。

（　）25.「非直為觀美也，然後盡於人心。」言葬父母的棺槨用好的木材，意謂：(A)子女事業有成 (B)事親至孝，死能葬之以禮 (C)不使土親膚 (D)比照古人作法。

（　）26.「君子不以天下儉其親」意謂：(A)事親不能偷工減料 (B)事親不講求節儉 (C)事親要竭心盡力 (D)事親不可打馬虎眼。

（　）27.「子噲不得與人燕，子之不得受燕於子噲。」意謂：(A)燕國國君子噲讓位子之是合法的 (B)諸侯之土地、人民皆可私相授受 (C)諸侯的爵祿私相授受是合法的 (D)諸侯之授受必須王命。

（　）28.「彼如曰：『孰可以伐之？』則將應之曰：『為天吏，則可以伐之。』」「天吏」是指：(A)受天命之王者 (B)京城派來的官 (C)國

君的特使　(D)天子身邊的官吏。

（　）29.「今以燕伐燕，何為勸之哉？」「以燕伐燕」意指：(A)自己跟自己過意不去　(B)齊國與燕國同樣無道　(C)號召燕人來推翻燕王　(D)以其人之矛攻其人之盾。

（　）30.王曰：「吾甚慙於孟子。」意謂：(A)齊王有羞惡之心　(B)齊王有惻隱之心　(C)齊王有是非之心　(D)齊王有辭讓之心。

（　）31.「賈請見而解之」意謂：(A)陳賈請求替齊王去見孟子，解釋齊王的過失　(B)陳賈請求孟子接見，並向他解說聖如周公也犯同樣過失　(C)陳賈求見孟子，讓他一吐胸中的不快　(D)陳賈求見齊王，並以周公的事來安慰齊王。

（　）32.「周公弟也，管叔兄也，周公之過，不亦宜乎？」意謂：(A)周公知而使之，是不仁也宜矣　(B)周公不知而使之，是不智也宜矣　(C)周公弟也，弟弟信任哥哥是情理中的事　(D)周公平管蔡之亂，並無不對之處。

（　）33.孟子對陳賈說：「今之君子，豈徒順之，又從為之辭。」意在評陳賈：(A)誣蔑聖人，口無遮攔　(B)文過順非，以諂齊王之不是　(C)道聽塗說，不明是非　(D)徒逞口舌，不辨是非。

（　）34.「孟子致為臣而歸」意謂：(A)孟子在齊國當客卿，與大夫時子意見不合，辭官而歸　(B)時子以為孟子欲富，孟子生氣而歸　(C)孟子在齊當客卿，因齊王不能行其道，故致仕而歸　(D)齊王欲授孟子室，養弟子以萬鍾，孟子為避免誤會，辭官而歸。

（　）35.關於齊王對孟子說「得侍同朝」，下列敘述何者錯誤？(A)為齊王之謙辭　(B)得孟子在朝為臣　(C)指孟子來齊後而言　(D)孟子和齊王同在殷商為官。

（　）36.「我欲中國而授孟子室，養弟子以萬鍾，使諸大夫國人，皆有所矜式。」意謂齊王欲賜孟子宅第及萬鍾津貼供養弟子，目的在：(A)令諸大夫及全國百姓有一個敬慕效法的模範　(B)試探孟子是不是愛慕富貴之人　(C)考驗孟子是不是：使己為政，不用，則又使其子弟為卿的人　(D)試探孟子是不是像商場上利用機會龍斷利益的人。

（　）37.孟子曰：「然；夫時子惡知其不可也？如使予欲富，辭十萬而受萬，是為欲富乎？」則孟子認為齊王送屋送萬意在：(A)為齊國樹立學習典範　(B)為齊國大夫建立標竿　(C)暗示齊王只是欲以利誘，實非想要尊己

(D)讚美齊王深謀遠慮。

38.（　）「必求龍斷而登之，以左右望而罔市利。」意謂齊王送屋送萬乃： (A)既不得於此，而又欲求得於彼 (B)欲得此，而又取彼 (C)說明道既不行，復受其祿，實無以異此矣 (D)賤丈夫登龍斷者之所為也。

39.（　）下列各句析釋何者錯誤？ (A)弟子齊宿而後敢言：我是想了一天一夜才敢來說這些話 (B)請勿復敢見矣：請勿見怪，我再也不敢來見你了 (C)昔者魯繆公無人乎子思之側，則不能安子思：從前魯繆公尊敬子思，常使人伺候，轉達誠意，子思才安心留下 (D)泄柳、申詳無人乎繆公之側，則不能安其身：泄柳、申詳的賢能不及子思，但他們卻能義不苟容，非有賢者在繆公側，亦不能自安其身。

40.（　）「子為長者慮，而不及子思；子絕長者乎？長者絕子乎？」下列解析何者錯誤？ (A)長者是指孟子 (B)齊王不使子來，而子自欲為王留我，子為我慮者，不及繆公留子思 (C)子思以道不行欲去，我今天去齊也是學子思的，可是你卻看我不如子思 (D)我臥而不應，先棄絕你。

41.（　）孟子去齊，尹士批評孟子去齊曰：「千里而見王，不遇故去，三宿而後出晝；是何濡滯也！」下列析釋何者錯誤？ (A)不識王之不可以為湯武，因此犯了糊塗不明的錯 (B)識其不可，然且至，又犯了求取祿位的錯 (C)三宿而後出晝，乃期盼王改變心意用己行道 (D)「是何濡滯也」則言他這樣慢吞吞的離開，一定心術不正。

42.（　）下列齊王之言，何者不符合孟子所說的「王由足用為善」？ (A)寡人非能好先王之樂也，直好世俗之樂耳 (B)寡人有疾，寡人好勇 (C)寡人有疾，寡人好貨 (D)以上齊王皆以直告無隱，孟子以為欲望太多，不足推行善政。

43.（　）下列字詞解釋何者錯誤？ (A)名世者：留名萬世的聖人 (B)以其「數」，則過之：指五百年之期 (C)以其「時」考之，則可矣：時勢，指當時亂極思治，可以有為之日 (D)夫子若有不「豫」色然：悅也。

44.（　）「彼一時，此一時也。」下列敘述何者錯誤？ (A)彼一時：指之前充虞聞君子不怨天，不尤人之時，即指平常之時 (B)此一時：指孟子去齊之時，為孟子不得行其道之時 (C)彼一時，此一時：意謂時既有所不同，故不可一概而論 (D)不管是那時還是這時，感受應該都一樣。

（　）45.「如欲平治天下，當今之世，舍我其誰？」孟子的這個抱負與下列何者相近？ (A)子曰：「文王既沒，文不在茲乎」 (B)孟子曰：「雞鳴而起，孳孳為善者，舜之徒也」 (C)子曰：「後生可畏，焉知來者之不如今也」 (D)子曰：「法語之言，能無從乎？改之為貴」。

（　）46.關於「於崇，吾得見王，退而有去志；不欲變，故不受也」，下列敘述何者錯誤？ (A)孟子見齊王於崇 (B)孟子見齊王後，知齊王不能行仁政，故懷去志 (C)後來孟子在齊做客卿，仍不想改變去齊之志，故不受祿 (D)孟子為客卿，仍不想改變行道的初衷。

二、多選題

（　）1.下列字音何者正確？ (A)吾何「慊」乎哉：ㄑㄧㄢˋ／王「餽」兼金：ㄎㄨㄟˋ (B)行者必以「贐」：ㄐㄧㄣˇ／持「戟」之士：ㄐㄧˇ (C)老「羸」轉於溝壑：ㄌㄟˊ／求牧與「芻」：ㄘㄨˊ (D)孟子謂蚳「鼃」曰：ㄨㄚ／王「驩」朝暮見：ㄏㄨㄢ (E)棺「椁」無度：ㄍㄨㄛˇ／於人心獨無「恔」乎：ㄒㄧㄠˋ。

（　）2.下列字音何者錯誤？ (A)子「噲」不得與人燕：ㄎㄨㄞˋ／吾甚「慙」於孟子：ㄘㄢˊ (B)及其「更」也，民皆仰之：ㄍㄥˋ／孟子致為臣而「歸」：ㄎㄨㄟˋ (C)弟子「齊」宿而後敢言：ㄑㄧˊ／昔者魯「繆」公無人乎子思之側：ㄇㄡˋ (D)是何「濡」滯也：ㄖㄨˊ／「悻」悻然見於其面：ㄒㄧㄥˋ (E)「綽」綽然有餘裕：ㄔㄨㄛˋ／皆有所矜式：ㄐㄧㄣ。

（　）3.下列字詞解釋何者正確？ (A)「不欲變」，故不受也：不想改變初衷／以「其數」，則過矣：指五百年之期 (B)其間必有「名世者」：德業聞望名傳當代／「浩然」有歸志：形容歸志的堅決 (C)王如改諸，則必「反予」：招我還／然且至，則是「干澤」也：求祿 (D)弟子「齊宿」而後敢言：整整睡了一晚／「坐而言」：形容只說不會做 (E)必求「龍斷」而登之：土山高起，四面削落的岡壟／以左右望而「罔市利」：獨占市利。

（　）4.下列字詞解釋何者正確？ (A)我欲「中國」而授孟子室：指齊國之中央／皆有所「矜式」：敬慕效法 (B)今之君子，「過則順之」：犯錯就順著錯到底／又從為之「辭」：辯也 (C)「以燕伐燕」：以暴易暴／「彼然」而伐之：他認為我說的對 (D)

君子不以天下「儉」其親：約束／於人心獨無「恔」乎：狡辯　(E)且比「化者」，無使土親膚：死者／棺槨「無度」：沒有一定的尺寸。

（　）5. 下列字詞解釋何者正確？(A)「嚴」，虞不敢請：急／木若「以」美然：通「已」，太也　(B)夫既「或」治之：有人／未嘗與之言「行事」也：出使的事　(C)王使蓋大夫王驩為「輔行」：開路／「反」齊滕之路：同「返」，回也　(D)「致為臣」而歸：辭職（還祿位）／「不得其職」則去：不能做好分內的事　(E)今有受人之牛羊而為「之」牧之者：主人／則必為「之」求牧與芻矣：主人。

（　）6. 下列字詞解釋何者正確？(A)無「處」而餽之：名義、道理／聞戒，故為「兵」餽之：兵備費用　(B)好臣其「所教」：聽我命令、受我指揮的人／不好臣其「所受教」：我須聽他教導的人　(C)莫能「相尚」：超過他國／「地醜」德齊：土地大小相似　(D)寡人「如」就見者也：將／不能「造」朝：到　(E)「域民」不以封疆之界：國民／委而去「之」：指國家。

（　）7. 下列修辭何者正確？(A)天時不如地利，地利不如人和——層遞　(B)城非不高也，池非不深也，兵革非不堅利也，米粟非不多也——層遞　(C)得道者多助，失道者寡助——映襯　(D)不識可使寡人得見乎——激問　(E)昔者有王命，有采薪之憂，不能造朝——借代。

（　）8. 下列修辭何者正確？(A)天下有達尊三：爵一，齒一，德一——類疊　(B)好臣其所教，而不好臣其所受教——轉化　(C)焉有君子而可以貨取乎——疑問　(D)君子不以天下儉其親——轉品　(E)子噲不得與人燕——倒裝。

（　）9. 關於「域民不以封疆之界，固國不以山谿之險，威天下不以兵革之利」，下列敘述何者正確？(A)就文章結構言，三句是承接　(B)孟子的意思是說得道者才能多助　(C)猶言環而攻之而不勝　(D)意近「委而去之」　(E)多助之助，天下順之。

（　）10. 「昔者有王命，有采薪之憂，不能造朝。」「采薪之憂」可以換成：(A)霜露之疾　(B)二豎之災　(C)膏肓之疾　(D)沉痾之疾　(E)綿惙之慮。

（　）11. 孟子本將朝齊王，齊王不知而託疾以召，孟子亦以病辭。下列敘述何者正確？(A)

天下有達尊三，齊王僅有爵一，我有齒一、德一，齊王不可以一慢二 (B)大有為之君，宜尊古道，待賢者，需先致敬盡禮，尊德樂道 (C)大有為之君，待賢者，先從受學，師之，後以為臣 (D)湯之於伊尹，桓公之於管仲，皆學焉而後臣之 (E)孟子在齊，尚處賓師之位，故不以奉命趨走為恭，而以責難陳善為敬。

（　）12. 孟子受宋、薛餽金，而獨不受齊餽者何也？ (A)當在宋，有遠行，行者必以贐，辭曰「餽贐」，故受之 (B)當在薛，有戒心，辭曰「聞戒，故為兵餽之」，故受之 (C)若於齊，則未有處也。無處而餽之，是貨之也，故不受 (D)孟子堅持辭受取與不可師出無名 (E)孟子答陳臻之問，蓋言君子於辭受之間，當以義為依歸。

（　）13. 有關「民牧失伍」之說，下列何者正確？ (A)乃孟子諷曉齊王當盡牧民之責的設說 (B)全篇以人臣以道事君，否則奉身而退，不尸其祿為廓 (C)採畫龍點睛之法，最後點出王曰「此則寡人之罪也」的主旨 (D)文中以牛羊設喻人民 (E)文中以牧者設喻齊王。

（　）14. 下列文句析釋何者正確？ (A)齊人曰：「所以為蚳鼃，則善矣；所以自為，則吾不知也」：意在譏諷孟子，道不行而不能去也　(B)孟子曰：「夫既或治之，予何言哉」：意謂齊王已經派王驩辦出使之事，我還有什麼好說的呢 (C)君子不以天下儉其親：意謂孟子事親至孝，能生事之以禮，死葬之以禮 (D)或問曰：「勸齊伐燕，有諸？」孟子說我將應之曰：「今以燕伐燕，何勸之哉」：孟子的意思是齊國和燕國皆為諸侯，我為什麼要勸他呢 (E)今之君子，豈徒順之，又從為之辭：孟子責齊王不能遷善改過，還遂非文過。

（　）15. 孟子去齊，三宿而後出晝，乃因： (A)王由足用為善 (B)王如用予，則豈徒齊民安，天下之民舉安 (C)王庶幾改之，予日望之 (D)王如改諸，則必反予 (E)予雖然，豈舍王哉。

三、非選題

配合：

（　）1. 君子不怨天，不尤人，是誰的名言？

（　）2. 時既不同，不可一概而論的名言為何？

（　）3. 最能代表孟子救世心切的名言為何？

（　）4. 景子說：「固將朝也，聞王命而遂不果，宜與夫禮若不相似然。」其中的「禮」是指什麼？

（　　）5.天下有達尊三，指哪三達尊？

參考選項

(A)無有乎爾！則亦無有乎爾　(B)父召，無諾；君命召，不俟駕　(C)如欲平治天下，當今之世，舍我其誰也　(D)彼一時，此一時也　(E)智仁勇　(F)枉尺而直尋，宜若可為也　(G)孔子之言　(H)爵齒德　(I)孟子之言　(J)五百年必有王者興，其間必有名世者

滕文公上

一、單選題

（　　）1.孟子曰：「夫道，一而已矣。」「一」所指為何？　(A)忠恕　(B)行善　(C)盡性　(D)博學。

（　　）2.公明儀曰：「文王我師也，周公豈欺我哉？」意謂：　(A)公明儀拜文王、周公為師　(B)文王與周公皆是知信守義之人，不會欺騙人　(C)師文王，信周公，以為法則　(D)以文王為師，則周公必不欺人。

（　　）3.孟子引《書經》：「若藥不瞑眩，厥疾不瘳。」以病者不憚服藥為喻，旨在戒人：　(A)勿以堯舜之道為難能行之也　(B)欲治好瞑眩之病，當施以重藥　(C)為國須下猛藥，以武力征服　(D)亂世用重典，治國須行以嚴刑峻法。

（　　）4.「今滕絕長補短，將五十里也，猶可以為善國。」下列敘述何者錯誤？　(A)激發文公有「有為者亦若是」的心志　(B)滕國雖小，猶足為治　(C)鼓勵文公施行堯舜之道　(D)滕國地小，自絕於他國，而難以實行堯舜之道。

（　　）5.父母之喪，何以守喪三年？　(A)三代皆同，故定為三年　(B)三才者，天地人，人居其中，故必以三年　(C)以祈後代能有多福多壽多男子之三多，故定為三年　(D)子生三年，然後免於父母之懷，故必以三年。

（　　）6.下列引號內用詞，何者沒有死亡之意？　(A)至於「大故」　(B)固所「自盡」也　(C)君「薨」，聽於冢宰　(D)使老稚「轉乎溝壑」。

（　　）7.滕文公欲行三年之喪，父兄百官皆反對，以下何者不是原因所在？　(A)我們宗國魯國先君沒人這樣做　(B)我國先君也沒人這樣做　(C)世子及諸子反對　(D)古志曰：「喪祭的禮儀，應遵照先祖的規矩」。

（　　）8.君薨，新君的盡哀當如何？下列敘述何者錯誤？　(A)政事聽於冢宰　(B)歠粥，面深墨　(C)即君位而哭　(D)先於父兄百官而哀

也。

9.（　）「上有好者，下必甚焉」與下列文句，何者較不貼近？(A)君子之德風；小人之德草；草上之風必偃 (B)子帥以正，孰敢不正 (C)君子篤於親，則民興於仁。故舊不遺，則民不偷 (D)君子學道則愛人，小人學道則易使也。

10.（　）《詩》云：「晝爾于茅，宵爾索綯；亟其乘屋，其始播百穀。」下列敘述何者錯誤？(A)言民事不可緩也 (B)于茅：割取茅草 (C)索綯：尋索陶土 (D)亟其乘屋：趕緊爬上草寮修葺屋頂。

11.（　）「賢君必恭儉禮下，取於民有制。」「取於民有制」意謂：(A)禮賢下士，不過什一之制 (B)賦取於民，不能依循典章制度 (C)徵調繇役，有一定限制 (D)徵召民兵，不違農時。

12.（　）龍子曰：「治地莫善於□，莫不善於□。」句中空格依序應填入：(A)貢、助 (B)助、徹 (C)助、貢 (D)徹、貢。

13.（　）《詩》云：「雨我公田，遂及我私。」由詩可證：(A)夏后氏實行貢法 (B)殷人實行助法 (C)周人實行徹法 (D)周行徹法兼行助法。

14.（　）《詩》云：「周雖舊邦，其命惟新。」意謂：(A)稱頌文王能秉受天命，勵精圖治 (B)讚頌武王受命於天，伐紂革命 (C)周祚綿長，主要因能不斷行維新 (D)周雖古老，猶能不斷革新吏政。

15.（　）國君施行仁政，必自何始？(A)正經界 (B)分田地 (C)制官祿 (D)徵賦稅。

16.（　）「將為君子焉，將為野人焉。」意謂：(A)有在官府執政受祿的官吏，也有在田野耕種納稅的農民 (B)有持身端正的君子，也有行事卑劣的小人 (C)將成為治理天下的執政官員，還是成為在下位的小民 (D)將成為持身端正的君子，還是行事卑劣的小人。

17.（　）關於井田制度之大略，下列說明何者錯誤？(A)一方里之地畫一井字，均分為九區，每井占地九百畝 (B)井的中央為國家公田，其餘分予八家，每家有私田一百畝 (C)先處理好自己私田裡的農事，再處理公田裡的事情 (D)此為用以分別官吏和人民，使之各盡義務，各享權利之法。

18.（　）下列詞語解釋何者錯誤？(A)「踵門」而告文公：親自登門 (B)饔飧而治：早晚自己燒飯，而兼治國事 (C)一人之身，而百工之所為備：一個人應能身兼百工所具的各項技能　(D)率天下而路也：帶領天下人在路上奔走，極言其忙碌不堪。

（　）19. 下列音義的敘述何者錯誤？　(A)願受一廛而為「氓」：ㄇㄤˊ，民也　(B)捆「屨」織蓆：ㄐㄩˋ，粗麻鞋　(C)「饔」飧而治：ㄩㄥ，早餐　(D)以釜「甑」爨：ㄗㄥˋ，瓦罐。

（　）20. 「賢者與民並耕而食，饔飧而治。」依許行之言，賢者應該如何？　(A)獎勵農耕　(B)藏富於民　(C)教民稼穡　(D)自食其力。

（　）21. 下列引號內的詞語所指稱的意思，何者與「有大人之事，有小人之事」的「小人」相同？　(A)「勞心者」治人　(B)治於人者食「人」　(C)勞力者治於「人」　(D)治人者食於「人」。

（　）22. 當堯之時，天下猶未平，堯舉舜而敷治焉。舜的管理，以下敘述何者錯誤？　(A)使益掌火，益烈山澤而焚之　(B)禹疏九河，瀹濟漯，決汝漢，排淮泗　(C)后稷教民稼穡，樹藝五穀　(D)使皐陶為司徒，教以人倫。

（　）23. 「勞之，來之，匡之，直之，輔之，翼之，使自得之，又從而振德之。」下列敘述何者正確？　(A)勞之，來之：勞動人民，教導人民，使其具謀生能力　(B)匡之，直之：勸慰百姓，匡正百姓，使其行事合宜　(C)輔之，翼之：獎勵民耕，輔導百業，使民生活和樂　(D)使自得之，又從而振德之：使人自得其本性，又從而提振警覺、施給恩惠，免得他們懈怠。

（　）24. 為天下得人者謂之：　(A)惠　(B)忠　(C)仁　(D)智。

（　）25. 「今也南蠻鴃舌之人，非先王之道，子倍子之師而學之，亦異於曾子矣！」句中畫線部分所指人物，何者錯誤？　(A)南蠻鴃舌之人：許行　(B)子：陳相　(C)子之師：陳良　(D)之：陳辛。

（　）26. 曾子曰：「江漢以濯之，秋陽以暴之，皜皜乎不可尚已。」意謂：　(A)言堯舜治天下，無所不用其心　(B)言陳良之悅周公仲尼之道　(C)言有若道德光輝譬之夫子　(D)言夫子道德明著，光輝潔白，非有若所能彷彿也。

（　）27. 農家所言「市賈不貳」，所持理由，何者不在其中？　(A)布帛長短同，則賈相若　(B)衣褲寬窄同，則賈相若　(C)五穀多寡同，則賈相若　(D)屨大小同，則賈相若。

（　）28. 孟子指斥：「從許子之道，相率而為偽者也。」所提理由是：　(A)許子計量不計質，忽略品質好壞的因素 (B)忽略物力的成本 (C)農家以物易物為率天下而路也 (D)以「貨物之大小多寡不齊，是貨物的實情」來駁斥許行市價不貳之說。

( ) 29.「不直，則道不見。」意謂：(A)人心不直，則世道不見 (B)為人不直，則正道無以顯見 (C)不加以糾正，則儒道不能昌明 (D)不能直道而行，則正道無以彰顯。

( ) 30.墨家辦理喪事，以何為原則？(A)厚葬盡哀 (B)薄葬節用 (C)委壑不葬 (D)自然天葬。

二、多選題

( ) 1.選出讀音正確的選項：(A)成「覸」：ㄐㄧㄢ (B)「瞑」眩：ㄇㄧㄥˊ (C)匍「匐」：ㄈㄨˊ (D)蝸「蚋」：ㄖㄨㄟˋ (E)姑「嘬」：ㄔㄨㄛˋ。

( ) 2.選出讀音正確的選項：(A)「齊」疏：ㄗ (B)巨「屨」小屨：ㄌㄩˇ (C)使民「盻」盻然：ㄆㄢˋ (D)壞地「褊」小：ㄅㄧㄢ (E)「皜」皜乎：ㄏㄠˋ。

( ) 3.下列引號中的字，何者音義完全正確？(A)病「瘳」：ㄌㄧㄠˋ，病癒 (B)「憮」然：ㄨˊ，茫然自失之貌 (C)虆「梩」：ㄌㄧˊ，木鍬 (D)「睨」而不視：ㄋㄧˋ，斜視也 (E)其顙有「泚」：ㄘˇ，汗出貌。

( ) 4.下列字義解釋何者正確？(A)「治任」將歸：治理任所 (B)「慢」其經界：輕忽，廢弛 (C)粒米「狼戾」：狼藉 (D)戎狄是「膺」：服膺 (E)或相倍「蓰」：五倍。

( ) 5.下列字義解釋何者正確？(A)「比」而同之：比較 (B)宵爾「索」綯：求 (C)亟其「乘」屋：升也 (D)「糞」其田：施肥 (E)「潤澤」之：增減、變通。

( ) 6.選出正確的通同字：(A)周人百畝而「徹」：澈 (B)草尚之風必「偃」：掩 (C)齊「疏」：蔬 (D)「歠」：啜 (E)師死而遂「倍」之：背。

( ) 7.下列各組引號內詞義，何者不同？(A)秋陽以「暴」之／一日「暴」之，十日寒之 (B)從而刑之，是「罔」民也／可欺也，不可「罔」也 (C)「亟」其乘屋／仲尼「亟」稱於水 (D)「校」數歲之中以為常／庠序學「校」 (E)未能或之「先」也／百官有司，莫敢不哀，「先」之也。

( ) 8.依禮，為父母守喪之制，下列敘述何者正確？(A)守三年之喪 (B)當服斬衰之服 (C)飯疏食，飲水 (D)天子之禮重於諸侯，遑論庶人 (E)夏商周三代皆同。

（　）9. 龍子曰：「治地莫善於助，莫不善於貢。」何以「莫不善於貢」？因貢法：(A)校數歲之高者以為常 (B)多取之則為虐 (C)凶年不足而不必取盈焉 (D)樂歲凶年均取其定額平均值 (E)其制尚可取，其行缺乏權變。

（　）10. 孟子舉哪些說法以激勵滕文公自強之道？(A)顏淵曰：「舜何人也？予何人也？有為者亦若是」 (B)公明儀曰：「文王我師也，周公豈欺我哉」 (C)曾子曰：「彼以其富，我以吾仁；彼以其爵，我以吾義；吾何慊乎哉」 (D)成覸曰：「彼，丈夫也；我，丈夫也；吾何畏彼哉」 (E)柳下惠曰：「爾為爾，我為我，雖袒裼裸裎於我側，爾焉能浼我哉」。

（　）11. 下列有關修辭的敘述，何者正確？(A)今也父兄百官「不我足」也：轉化 (B)晝爾于茅，宵爾索綯：映襯 (C)君子之德，風也；小人之德，草也；草尚之風必偃：層遞 (D)無君子莫治野人，無野人莫養君子：互文 (E)戎狄是膺，荊舒是懲：倒裝。

（　）12. 下列成語何者同義？(A)絕長補短／裒多益寡 (B)風行草偃／上好下甚 (C)出谷遷喬／日趨下流 (D)饔飧不繼／簞瓢屢空 (E)為富不仁／富而好禮。

（　）13. 下列文意敘述何者正確？(A)生，事之以禮；死，葬之以禮，祭之以禮：行孝不可違背禮制 (B)戎狄是膺，荊舒是懲：意謂蠻夷心悅誠服 (C)君哉，舜也！巍巍乎有天下而不與焉：讚美舜能盡君道，雖有天下之貴盛不能與益 (D)今也滕有倉廩府庫，則是「厲民而以自養」也：殘害人民，拿人民的血汗奉養自己 (E)雖使五尺之童適市，莫之或欺：言小童也知商場經濟、市價價格，也無人會欺騙他。

（　）14. 夷子引《書經》「若保赤子」一語，以為「愛無差等，施由親始。」孟子由此而有一番論述，下列敘述何者正確？(A)「若保赤子」：聖王保護人民，如保護嬰兒一般 (B)「施由親始」：施愛之事，先從己親開始 (C)「彼有取爾也」：墨家以為愛的實行有所取捨 (D)天之生物也，使之「一本」：意指天生萬物，皆由一個根本而出 (E)「而夷子二本故也」：夷子視他人父母猶己之父母，故言二本。

（　）15. 下列文句解釋何者錯誤？(A)舉而委之於壑：棄屍於山壑裡 (B)其顙有泚：額上有汗水流出 (C)非為人泚，「中心達於面目」：心有愧疚而表現在臉上　(D)蓋歸反虆梩而掩之：心有愧疚而掩面哭泣　(E)孝子仁人之掩其親，亦必有道矣：薄葬父母，固有其理。

三、非選題

配合：

下列有關田稅制度與學校制度的說明，請找出其施行的朝代，將代號填入括弧中。(A)夏　(B)商　(C)周

（　）1. 田畝的十分之一是公田，要幫公家耕種，以代田賦。

（　）2. 按照田畝中等平均年產量，每年繳上十分之一的田賦。

（　）3. 徵取田畝十分之一的生產作賦稅。

（　）4. 教育場所。取名有射之意，也是習射講武之地。

（　）5. 教育場所。取名有養之意，奉養退休的卿大夫和士，以之為師。

滕文公下

一、單選題

（　）1. 陳代言孟子：「不見諸侯，宜若小然。」「宜若小然」意調：(A)應是位卑職小　(B)應是眼光短淺　(C)好像太拘小節　(D)似乎志向太小。

（　）2. 志曰：「枉尺而直尋。」意謂：(A)尺短而尋長　(B)所屈者小，所伸者大　(C)是非曲直自在人心　(D)尺尋長短相對成形。

（　）3.「昔齊景公田，招虞人以旌，不至，將殺之。」孔子讚美虞人乃取其：(A)不擅離職守　(B)勇於對抗君命　(C)非禮之招不往　(D)不忘喪其元。

（　）4.「志士不忘在溝壑，勇士不忘喪其元。」意謂：(A)謹守職分　(B)心有所懷　(C)志在天下　(D)輕財重義。

（　）5. 王良曰：「吾為之範我馳驅，終日不獲一；為之詭遇，一朝而獲十。」下列敘述何者正確？(A)範：依法度　(B)我：王良自謂　(C)馳驅：奔走效勞　(D)詭遇：奇遇。

（　）6.《詩》云：「不失其馳，舍矢如破。」意謂：(A)快速奔馳，勢如破竹　(B)縱橫馳騁，彎弓發矢　(C)御者不失駕車法度，射者必能一發中的　(D)縱馬馳射，箭無虛發。

（　）7. 女子之嫁也，母戒之，下列何者不在教導之列？(A)以順為正　(B)妾婦之道　(C)不移不屈　(D)無違夫子。

（　）8. 丈夫之冠也，父命之，其內涵不包含：(A)居廣居，立正位，行大道　(B)一怒而諸侯

懼，安居而天下熄 (C)富貴不能淫，貧賤不能移，威武不能屈 (D)得志與民由之，不得志獨行其道。

（　）9. 孟子如何評論公孫衍、張儀二人？ (A)居仁由義，誠大丈夫 (B)自暴自棄，不可與言 (C)居仁、立禮、行義 (D)柔媚事君，竊取權勢。

（　）10. 「居天下之廣居，立天下之正位，行天下之大道。」以上三者所合之德，依序是： (A)仁義禮 (B)仁禮義 (C)禮仁義 (D)義禮仁。

（　）11. 「得志與民由之，不得志獨行其道。」意同： (A)君子固窮，小人窮斯濫矣 (B)居廟堂之高，則憂其民；處江湖之遠，則憂其君 (C)君子學道則愛人，小人學道則易使也 (D)窮則獨善其身，達則兼善天下。

（　）12. 古之君子務仕，旨在： (A)光宗耀祖 (B)無違己志 (C)思播其道 (D)干求利祿。

（　）13. 孔子皇皇如，出疆必載質，乃為： (A)務仕事君 (B)巡行遊說 (C)以迎王師 (D)去父母國。

（　）14. 公明儀曰：「古之人，三月無君則弔。」意謂古之人： (A)三個月內未立國君則該全國弔祭 (B)三個月沒有君主事奉，就該去安慰他 (C)三個月沒有國君，即該派人弔唁 (D)三個月內沒有盡到君子之責，即應唾棄。

（　）15. 下列解釋何者錯誤？ (A)諸侯「耕助」，以供粢盛：親自耕種 (B)夫人「蠶繅」，以為衣服：養蠶繅絲 (C)犧牲「不成」：指牲畜不肥壯 (D)「粢盛」不潔：盛在祭器裡的米穀。

（　）16. 「士無事而食」意謂： (A)無功不受祿 (B)天下沒有白吃的午餐 (C)宵衣旰食 (D)飽食終日。

（　）17. 孟子以為梓匠輪輿與為仁義者之求食為何？ (A)皆食志也 (B)皆食功也 (C)以梓匠輪輿為食志，以君子人為食功 (D)以梓匠輪輿為食功，以君子人為食志。

（　）18. 《尚書》記載：「葛伯仇餉。」下列何者非其本意？ (A)葛伯痛恨糧餉不足 (B)葛伯把送飯童子當作仇敵 (C)葛伯殺掉送飯的童子 (D)葛伯暴慢殘虐。

（　）19. 「救民於水火之中，取其殘而已矣。」「取其殘」意謂： (A)殺掉殘害人民的暴君 (B)收取殘餘的部隊 (C)收復殘剩的土地 (D)拯救傷殘的百姓。

（　）20. 「一齊人傅之，眾楚人咻之，雖日撻而求其齊也，不可得矣。」意謂：(A)里仁為美之不易 (B)眾口鑠金之可怕 (C)望子成龍之心切 (D)學習環境之重要。

（　）21. 「在於王所者，長幼卑尊皆薛居州也，王誰與為不善？」意同於：(A)白沙在涅，與之俱黑 (B)同聲相應，同氣相求 (C)蓬生麻中，不扶而直 (D)取人之長，補己之短。

（　）22. 下列各項引號內的字，何者不作動詞用？(A)子欲子之王「之」善與 (B)日撻而求其「齊」也 (C)使齊人「傅」之 (D)王誰「與」為不善。

（　）23. 「古者不為臣不見」意謂：(A)不在朝為官，即不能求見國君 (B)不在這國為官，即不見國君即不接見 (C)不在這國為官，即不見這國國君 (D)不願稱臣者，國君即不接見。

（　）24. 有關「戴盈之曰：『什一，去關市之征，今茲未能。請輕之，以待來年然後已，何如？』……」一章，下列敘述何者錯誤？(A)什一：十中取一之賦稅 (B)去關市之征：除去征伐關市的軍備 (C)請「輕之」，以待來年：先將舊稅減輕些 (D)請「損」之，月攘一雞：減損。

（　）25. 下列何者不屬於孟子所說「一治一亂」中的亂象？(A)諸侯放恣，處士橫議 (B)臣弒其君，子弒其父 (C)暴君興起，棄田以為園囿 (D)戎狄是膺，荊舒是懲。

（　）26. 《書》曰：「洚水警余。」下列敘述何者正確？(A)上天降下大雨來警戒我 (B)洚，水逆行不遵其道 (C)此句所述為「治」象 (D)此為禹之自言。

（　）27. 《詩》云：「戎狄是膺，荊舒是懲，則莫我敢承。」意謂：(A)懲止不善樹立仁德 (B)仁恩廣被四夷 (C)四夷稱臣納貢 (D)以德招撫夷狄。

（　）28. 有關「孔子懼，作《春秋》」一節，下列敘述何者錯誤？(A)《春秋》，天子之事也：《春秋》是記載天子行政大事的史書 (B)知我者，其惟《春秋》乎：知者，謂此書之作，遏人欲，存天理，為後世慮，至為深遠 (C)罪我者，其惟《春秋》乎：罪者，謂孔子無其位，卻託行天子褒善貶惡、賞功罰罪之權 (D)孔子作《春秋》，口誅筆伐，使亂臣賊子懼，在世衰道微之際，亦一治也。

（　）29. 「楊氏為我，是無君也；墨氏兼愛，是無父也；無父無君，是禽獸也！」可知孟子：(A)重視身教 (B)重視教化 (C)重視人倫

(D)重視輩分。

(　)30.孟子以蚯蚓為喻，旨在說明陳仲子：(A)當上食槁壤，下飲黃泉，方為廉 (B)須完全於世無求，方為廉 (C)應毀室去粟，方為廉 (D)須變為蚯蚓，方為廉。

二、多選題

(　)1.選出讀音正確的選項：(A)「孿」奚：ㄌㄨㄢˊ (B)「彊」而後可：ㄑㄧㄤˊ (C)「踰」垣：ㄩˊ (D)「蠶」「繅」：ㄙㄠ (E)距「詖」行：ㄅㄧˋ。

(　)2.選出讀音正確的選項：(A)日「撻」而求其楚：ㄉㄚˋ，鞭打 (B)文王「謨」：ㄇㄛˊ (C)野有餓「莩」：ㄈㄨˊ (D)日「攘」其鄰之雞：ㄖㄤˊ (E)湯居「亳」：ㄏㄠˋ。

(　)3.下列引號中的字，何者音義完全正確？(A)「粢」盛：ㄗ，黍稷 (B)御者且羞與射者「比」：ㄅㄧˇ，相比 (C)「鶃鶃」：ㄧˋ ㄧˋ，鵝鳴之聲 (D)「赧」赧然：ㄋㄢˇ，慚愧而面紅耳赤 (E)「矙」孔子之亡：ㄎㄢˋ，視，伺也。

(　)4.下列字義解釋何者正確？(A)不忘喪其「元」：首，頭 (B)我使「掌」與女乘：專主 (C)出疆必載「質」：人質 (D)與嬖奚「乘」：乘車 (E)媒「妁」：亦媒也，婚姻之介紹人。

(　)5.下列字義解釋何者正確？(A)「距」楊墨，放淫辭：排抵 (B)「閑」先聖之道：放恣 (C)安居而天下「熄」：戰火熄滅 (D)往之「女」家，必敬必戒：女兒 (E)不「授」者，殺之：接受。

(　)6.選出正確的通同字：(A)我不「貫」與小人乘：慣 (B)出疆必載「質」：值 (C)三月無君則弔，不「以」急乎：已 (D)己「頻」顣曰：顰 (E)紹我周王見「休」：羞。

(　)7.下列各組引號內的字，何者詞義不同？(A)羞與射者「比」／君子周而不「比」 (B)枉己者，未有能「直」人者也／不「直」，則道不見 (C)無違「夫子」／「夫子」循循然善誘人 (D)妻「辟」纑／「辟」兄離母 (E)誅其君，「弔」其民／三月無君則「弔」。

(　)8.下列文意說明，何者正確？(A)「一齊人傳之，眾楚人咻之，雖日撻而求其齊也，不可得矣。」說明有嚴格要求，學習才有成效 (B)「如知其非義，斯速已矣；何待來年？」言從善改非，變惡自新，當知錯即改 (C)「孔子曰：『知我者，其惟《春秋》乎？罪我者，其惟《春秋》乎？』」意謂孔子著《春秋》，雖不免有僭越之嫌，卻能收遏人欲、存天理之功 (D)「孔子皇皇如，出疆必載質。」言孔子倉皇離開，到別國去必載著人質 (E)「子路曰：『未同而言，觀其色赧赧然。』」「未同而言」意指志未同而強與之言。

(　) 9. 孟子曰：「予豈好辯哉！予不得已也！」孟子所抗辯的內容是針對何種亂象？ (A)世衰道微，臣弒其君者有之，子弒其父者有之 (B)聖王不作，諸侯放恣，處士橫議 (C)聖人之道衰，暴君代作，壞宮室以為汙池，棄田以為園囿 (D)楊朱、墨翟之言盈天下；天下之言，不歸楊則歸墨 (E)孔子之道不著，邪說誣民，仁義充塞，率獸食人。

(　) 10. 下列修辭的應用，哪些選項正確？ (A)在於王所者，長幼卑尊皆「薛居州」也：借代 (B)一齊人傅之，眾楚人咻之：映襯 (C)東面而征，西夷怨；南面而征，北狄怨：錯綜 (D)作於其心，害於其事；作於其事，害於其政：層遞 (E)日撻而求其齊也，不可得矣：轉化。

(　) 11. 下列成語哪些組詞義相近？ (A)枉尺直尋／小屈大伸 (B)率獸食人／荼毒生靈 (C)簞食壺漿／簞食瓢飲 (D)世衰道微／世代寒微 (E)撥亂反正／兵連禍結。

(　) 12. 下列詞語，何者與「一傅眾咻」意義相近？ (A)一齊眾楚 (B)近墨者黑 (C)蓬生麻中，不扶而直 (D)白沙在涅，與之俱黑 (E)里仁為美。

(　) 13. 孟子所謂「大丈夫」應是： (A)一怒而諸侯懼，安居而天下熄 (B)富貴不能淫，貧賤不能移，威武不能屈 (C)意氣風發，縱橫捭闔 (D)以道匡君，非禮不運 (E)得志與民由之，不得志獨行其道。

(　) 14. 孟子針對公孫丑所問：「不見諸侯，何義？」的回應，下列敘述何者正確？ (A)身分低微，無才無能，是以不見諸侯 (B)段干木踰垣而辟之，泄柳閉門而不內，皆謹守本分之舉 (C)魏文侯、魯繆公只要一加強迫，段干木、泄柳就會會見國君 (D)依照禮法，凡大夫有賜於士人，士人未能親自在家接受，則要前往大夫門下拜謝 (E)陽貨窺探孔子不在家時，送給孔子蒸豚，其作法不及禮義之中正，而淪於汙賤可恥。

(　) 15. 有關「湯居亳，與葛為鄰。葛伯放而不祀」一節，下列敘述何者正確？ (A)葛伯放而不祀：葛伯放縱無道而不祭祀祖先 (B)商湯「為匹夫匹婦復讎也」，言為葛伯殺無辜的平民而征伐葛國 (C)「奚為後我」與「徯我后」意同 (D)「民之望之，若大旱之望雨也」，言殷切盼望及時雨的降臨，使大地回蘇 (E)「后來其無罰」，言遲來救援者希望不會受到責罰。

三、非選題

是非：

下列各組文句所指人物相同者請打○，不同者請打×。

（　）1.《書》曰：「徯我后，后來其無罰」／誅殺殘賊之夫紂。

（　）2.作《春秋》，以定名分、寓褒貶／可以仕則仕，可以止則止，可以久則久，可以速則速。

（　）3.掘地而注之海，驅蛇龍而放之菹／聞善言則拜。

（　）4.損一毫利天下而不為／善養吾浩然之氣。

（　）5.相武王誅紂，伐奄，三年討其君／閑先聖之道，距楊墨，放淫辭。

離婁上

一、單選題

（　）1.孟子曰：「離婁之明，公輸子之巧，不以規矩，不能成方員；師曠之聰，不以六律，不能正五音；堯舜之道，不以仁政，不能平治天下。」旨在說明：(A)以明亮的眼力，靈巧的技術，即可製成方形和圓形的器具 (B)憑著敏銳的聽覺即可校正五音 (C)依循堯舜之道，即可平治天下 (D)為政者，當規撫先代聖王的典章制度，才可平治天下。

（　）2.「今有仁心仁聞，而民不被其澤，不可法於後世。」其因何在？ (A)不竭耳力目力 (B)不竭心思智力 (C)不行先王之道 (D)不行仁心仁術。

（　）3.何以說「惟仁者宜在高位」？ (A)天命之所歸 (B)得因先王之道，而仁覆天下 (C)眾望之所孚 (D)可垂衣拱手以治天下。

（　）4.依孟子看法，國家最大的禍害是： (A)城郭不完，兵甲不多 (B)田野不辟，貨財不聚 (C)上無禮，下無學，賊民興 (D)敵國外患環伺。

（　）5.《詩》云：「殷鑒不遠，在夏后之世。」詩中「夏后」是指： (A)夏朝之後 (B)夏禹 (C)夏桀 (D)夏朝皇后。

（　）6.有關「孟子曰：『規矩，方員之至也；聖人，人倫之至也……』」一章，下列敘述何者為非？ (A)孔子曰：「道二」，是指仁與不仁兩條為人之道 (B)「欲為君盡君道，欲為臣盡臣道」，二者皆法幽厲即可 (C)「以舜之所以事堯事君」，意指虞舜事奉唐堯的方式為應盡的臣道 (D)「暴其民甚，則身弒國亡」，如桀紂之例。

（　　）7. 孟子曰：「今惡死亡而樂不仁，是猶惡醉而強酒。」意謂： (A)行事矛盾 (B)醉生夢死 (C)雖生猶死 (D)惡貫滿盈。

（　　）8. 「愛人不親，反其仁；治人不治，反其智；禮人不答，反其敬。」意旨為： (A)反求諸己 (B)反道而行 (C)反璞歸真 (D)反經行權。

（　　）9. 「人有恆言，皆曰：『天下國家』。」其根本為何？ (A)天下 (B)諸侯之國 (C)卿大夫之家 (D)自身。

（　　）10. 為何孟子會說：「為政不難，不得罪於巨室」？ (A)巨室財大，掌握國家生計 (B)巨室權傾天下，掌握生殺大計 (C)巨室所慕，人皆向慕則效 (D)巨室人脈寬廣，影響力大。

（　　）11. 「今也，小國師大國，而恥受命焉。」孟子以為如恥之，莫若師何人，必為政於天下？ (A)文王 (B)武王 (C)周公 (D)孔子。

（　　）12. 《詩》云：「商之孫子，其麗不億；上帝既命，侯于周服。侯服于周，天命靡常；殷士膚敏，祼將于京。」下列敘述何者錯誤？ (A)其麗不億：言其數目甚多 (B)侯于周服：等候向周朝獻上臣服 (C)天命靡常：天命流行不定 (D)殷士膚敏：殷商臣子，儀容豐美，才思敏達。

（　　）13. 〈太甲〉曰：「天作孽，猶可違；自作孽，不可活。」意謂： (A)天意難違 (B)飛來橫禍 (C)禍福自取 (D)天助自助。

（　　）14. 孟子言得天下、失天下的關鍵在於： (A)民心的向背 (B)民眾的多寡 (C)民氣的盛衰 (D)民風的良窳。

（　　）15. 「為淵敺魚者，獺也；為叢敺爵者，鸇也。」下列敘述何者為非？ (A)以魚、爵喻人民 (B)以獺、鸇喻暴君 (C)以淵、叢喻大自然 (D)言人民之歸順仁君，皆自然之勢。

（　　）16. 「今之欲王者，猶七年之病，求三年之艾也。」旨在說明為政須： (A)及早積蓄艾草 (B)先能儲蓄糧食 (C)及早儲置軍備 (D)及早志於仁。

（　　）17. 孟子曰：「道在爾，而求諸遠；事在易，而求諸難。」意謂： (A)事理不明 (B)捨

近求遠 (C)勞役不均 (D)難易均等。

（　）18. 孟子引述《中庸》孔子之論，言治民之道，其根本在於：(A)信於友 (B)悅於親 (C)明乎善 (D)誠其身。

（　）19. 孟子以為伯夷、太公歸服於文王，乃因文王勤於：(A)養老尊賢 (B)反求諸己 (C)與民同樂 (D)與人為善。

（　）20. 孟子以伯夷、太公之類的「天下之大老」能歸服於文王，猶如：(A)天下之英歸之也 (B)天下之傑歸之也 (C)天下之雄歸之也 (D)天下之父歸之也。

（　）21. 冉求為季氏宰，孔子曰：「求，非我徒也！小子鳴鼓而攻之可也！」何故？(A)爭地以戰，罪不容誅 (B)爭城以戰，罪無可赦 (C)土食人肉，罪大惡極 (D)聚斂富君，助紂為虐。

（　）22. 孟子曰：「君不行仁政而富之，皆棄於孔子者也；況於為之強戰？」因此，依罪刑「由重而輕」的次序當是：(A)善戰者→辟草萊、任土地者→連諸侯者 (B)善戰者→連諸侯者→辟草萊、任土地者 (C)連諸侯者→善戰者→辟草萊、任土地者 (D)辟草萊、任土地者→善戰者→連諸侯者。

（　）23. 有關「孟子曰：『存乎人者，莫良於眸子……』」一章，下列敘述何者正確？(A)「存乎人者，莫良於眸子」，是說人的精氣神都存藏在眸子中 (B)胸中正，則眸子眊焉 (C)胸中不正，則眸子瞭焉 (D)既聽其言，再觀眸子，此人用心，能藏到哪裡呢。

（　）24. 下列有關男女授受之道，何者為非？(A)男女授受不親，禮也 (B)嫂溺援之以手者，權也 (C)嫂溺不援，禮也 (D)嫂溺不援，是豺狼也。

（　）25. 下列何者不是古人「易子而教」的原因？(A)所以全父子之恩 (B)父子間當求責善 (C)君子之教子，易相夷也 (D)所以相成以仁。

（　）26. 曾子奉養曾皙的表現為：(A)養氣 (B)養心 (C)養志 (D)養體。

（　）27. 孟子曰：「人不足與適也，政不足與間也。惟大人為能格君心之非。」章旨言賢臣輔君當：(A)指出用人之非 (B)指出行政之失 (C)格正君心之非 (D)端正大人之行。

（　）28. 何以說「人之患，在好為人師」？(A)易當仁不讓 (B)易恥學於師 (C)易自以為足，而不復有進也 (D)易好議論別人是非。

（　）29. 「樂正子從於子敖之齊而見孟子」一事，下列敘述何者正確？(A)舍館既定，然後求見長者，禮也　(B)尊師重道，敬賢事長，人之大綱也　(C)樂正子學古之道，乃為餔啜也　(D)樂正子從於子敖而來，為榮顯之職。

（　）30. 於禮，「不孝有三」，何者不列其中？　(A)阿意曲從，陷親不義　(B)不經媒妁，不告而娶　(C)家貧親老，不為祿仕　(D)不娶無子，絕先祖祀。

二、多選題

（　）1. 選出正確的讀音：(A)為淵敺魚者，「獺」也：ㄌㄞˋ　(B)天之方蹶，無然「泄」泄：ㄧˋ　(C)涕出而「女」於吳：ㄋㄩˋ　(D)不「愆」不忘：ㄧㄢˇ　(E)生則「惡」可已也：ㄨ。

（　）2. 下列引號內音義的說明，何者正確？　(A)曾子「養」曾皙：ㄧㄤˇ，奉養　(B)瞽瞍「厎」豫：ㄉㄧˇ，大抵　(C)人焉「廋」哉：ㄙㄡ，隱藏　(D)苟為不「畜」，終身不得：ㄒㄩˋ，儲存　(E)上無道「揆」也：ㄎㄨㄟˊ，度量。

（　）3. 下列引號內的語詞解釋，何者正確？　(A)為高必「因」丘陵：憑藉　(B)誰能執熱，「逝」不以濯：逝去　(C)工不信「度」：法度　(D)吾君「不能」：沒有才能　(E)載「胥」及溺：相也，一起。

（　）4. 下列解釋何者正確？　(A)永言配命，自求多福：說話要配合天命，不可妄言，才能多福　(B)既不能令，又不受命，是絕「物」也：萬物　(C)「裸」將于京：宗廟之祭，以鬱鬯之酒灌地而降神也　(D)載胥及溺：人飢己飢，人溺己溺　(E)「賦粟」倍他日：徵收的賦稅。

（　）5. 孟子用哪些比喻說明人民棄暴歸仁之天性？　(A)水之就下　(B)獸之走壙　(C)魚避獺而入淵　(D)爵避鸇而入叢　(E)惡溼而居下。

（　）6. 孟子曰：「得天下有道：得其民，斯得天下矣。得其民有道：得其心，斯得民矣。得其心有道：所欲與之聚之，所惡勿施爾也。」其意旨與下列何者相同？　(A)民之所欲，常在我心　(B)聖人無常心，以百姓心為心　(C)不得罪於巨室　(D)政之所興，在順民心；政之所廢，在逆民心　(E)愛人不親，反其仁；治人不治，反其智；禮人不答，反其敬。

（　）7. 下列各組引號內詞義不同的有：　(A)太公「辟」紂／「辟」草萊、任土地　(B)「離」婁之明／責善則「離」　(C)「存」乎人者，莫良於眸子／國之所「存」者，幸也　(D)言則「非」先王之道／言「非」禮義，謂

之自暴也 (E)有不「虞」之譽／不「虞」匱乏。

( ) 8. 下列通同字何者正確？ (A)道在「爾」：通「薾」 (B)「盍」歸乎來：通「何」 (C)太公「辟」紂：通「避」 (D)安其危而利其「菑」：通「災」 (E)為叢敺「爵」者，鸇也：通「雀」。

( ) 9. 孟子泛言「事之大者」或「重要大事」，下列敘述何者為是？ (A)不孝有三，無後為大 (B)事，孰為大？事親為大 (C)守，孰為大？守身為大 (D)養生者不足以當大事，惟送死可以當大事 (E)道大，天大，地大，人亦大。

( ) 10. 下列有關《孟子》篇章的文意解釋，何者為非？ (A)人之易其言也，無責耳矣：一個人說話會被看輕，主要是他沒有責任感的緣故 (B)舜不告而娶，為無後也。君子以為猶告也：舜未稟告父母就娶妻子，因為怕他不通情理的父母不許，斷絕了後嗣，所以君子以為舜沒有稟告，和稟告是一樣的合乎禮法 (C)我不意子學古之道，而以餔啜也：我沒想到你學習古事，卻落得只能圖口飯吃 (D)生則惡可已也？惡可已，則不知足之蹈之、手之舞之：一股怒氣油然而生，氣到極點，不覺就要手舞足蹈起來 (E)國必自伐，而後人伐之：國家必定要自我誇耀，而後才能得到別人肯定。

( ) 11. 孟子曰：「人不足與適也，政不足與閒也。惟大人為能格君心之非。君仁，莫不仁；君義，莫不義；君正，莫不正；一正君而國定矣。」下列敘述何者正確？ (A)人不足與「適」也：ㄕˋ，相合適 (B)政不足與「閒」也：ㄐㄧㄢˋ，非難 (C)「大人」是指國君 (D)「格君心之非」意指用感化手法，把國君心中的錯誤改正過來 (E)「一正君而國定矣」意謂有一個端正嚴謹的國君則國家就安定了。

( ) 12. 下列有關成語的運用，何者正確？ (A)處在混濁的紅塵俗世中，「濯纓濯足」，主宰在我 (B)面對挫敗時，若缺乏「反求諸己」的勇氣，難有東山再起的機會 (C)國家興衰無關乎天理，正所謂「順天者存，逆天者亡」 (D)暴君虐民，直是「為淵敺魚」，人民莫不思仁君而歸之 (E)太過強勢又要求完美的人在團體中難免會招來「求全之毀」。

( ) 13. 下列哪一組成語詞義相反？ (A)求全之毀／不虞之譽 (B)好為人師／移樽就教 (C)

居仁由義／克己復禮　(D)自求多福／自詒伊戚　(E)自暴自棄／自輕自賤。

(　　) 14. 依孟子看法，下列何者是根本之道？　(A)守身，守之本也　(B)事親，事之本也　(C)原泉混混，不舍晝夜，盈科而後進，放乎四海。有本者如是，是之取爾　(D)國之本在家，家之本在身　(E)養生喪死無憾，王道之始也。

(　　) 15. 有關曾參、曾元事親一章，下列敘述何者錯誤？　(A)將「徹」，必請所與：通「撤」，取也、去也。食畢取去剩餘之酒肉　(B)將徹，「必請所與」：一定邀請相與的好友　(C)問有餘？必曰有：問還有剩餘的嗎？即使沒有，也一定說還有　(D)亡矣。將以復進也：沒有了，愛吃的話，可以重新再做　(E)事親若曾子者，可也：能像曾子那樣事奉父母，才算可以呢。

三、非選題

成語配合：

下列《孟子》中所引經典文句，各自可與某篇章句相發明，請依參考選項填入適當的代號。

(　　) 1.《書經・太甲》太甲曰：「天作孽，猶可違；自作孽，不可活。」

(　　) 2.《詩經・大雅・桑柔》：「其何能淑？載胥及溺。」

(　　) 3.《詩經・大雅・蕩》：「殷鑒不遠，在夏后之世。」

(　　) 4.《詩經・大雅・文王》：「永言配命，自求多福。」

(　　) 5.《詩經・大雅・桑柔》：「誰能執熱，逝不以濯？」

參考選項

(A)今之欲王者，猶七年之病，求三年之艾也。苟為不畜，終身不得。苟不志於仁，終身憂辱，以陷於死亡　(B)夫人必自侮，然後人侮之；家必自毀，而後人毀之；國必自伐，而後人伐之　(C)暴其民甚，則身弒國亡；不甚，則身危國削，名之曰「幽」、「厲」，雖孝子慈孫，百世不能改也　(D)國君好仁，天下無敵。今也，欲無敵於天下，而不以仁，是猶執熱而不以濯也　(E)愛人不親，反其仁；治人不治，反其智；禮人不答，反其敬。行有不得者，皆反求諸己；其身正，而天下歸之

離婁下

一、單選題

(　　) 1. 依孟子所言，舜與文王有何相似之處？　(A)皆是西夷之人　(B)時代相近　(C)其度量事物的標準相同　(D)皆未得志時即行乎中

國。

(　　)2. 有關「子產聽鄭國之政，以其乘輿濟人於溱、洧……」一章，下列敘述何者錯誤？(A)以其乘輿濟人於溱、洧：以所乘之車救助溱、洧兩地的災民　(B)惠而不知為政：但施小惠，而不知為政之大體　(C)民未病涉也：人民不會病苦於徒涉也　(D)行辟人可也：出行之際，辟除行人，使之避己，亦不為過。

(　　)3. 「君之視臣如手足，則臣視君如腹心；君之視臣如犬馬，則臣視君如國人；君之視臣如土芥，則臣視君如寇讎。」所言君臣相應之道，不可以哪句話說明？(A)表裡相應，猶若影響　(B)以其人之道，還治其人之身　(C)出乎爾者，反乎爾者也　(D)以子之矛，攻子之盾。

(　　)4. 所謂君對臣的「三有禮焉」，下列何者不列其中？(A)諫行，言聽，膏澤下於民　(B)有故而去，則君使人導之出疆，又先於其所往　(C)有故而去，則君搏執之，又極之於其所往　(D)去三年不反，然後收其田里。

(　　)5. 孟子曰：「君仁莫不仁，君義莫不義。」章旨言：(A)君臣相應　(B)上為下效　(C)居仁由義　(D)相輔相成。

(　　)6. 以下句中所提的「大人」意義相同的有幾項？(甲)非禮之禮，非義之義，大人弗為；(乙)惟大人為能格君心之非；(丙)大人者，言不必信，行不必果，惟義所在；(丁)大人者，不失其赤子之心者也；(戊)有大人之事，有小人之事；(己)從其大體為大人，從其小體為小人。(A)五項　(B)四項　(C)三項　(D)二項。

(　　)7. 孟子曰：「中也養不中，才也養不才，故人樂有賢父兄也。」由此言可知孟子重視的是：(A)學校教育　(B)家庭教育　(C)技能教育　(D)政治教化。

(　　)8. 孟子曰：「人有不為也，而後可以有為。」「人有不為也」意為：(A)無可作為　(B)不為非義　(C)無力為之　(D)無所為而為。

(　　)9. 孟子曰：「仲尼不為已甚者。」旨在言孔子：(A)謹守中道　(B)為人謙和　(C)做事嚴謹　(D)自律甚嚴。

(　　)10. 孟子言大人之行，言不必信，行不必果，能通權達變，惟：(A)主於信　(B)主於果　(C)主於禮　(D)主於義。

(　　)11. 孟子以為何者不足以當大事？(A)養生　(B)送死　(C)無後　(D)事親。

(　　)12. 孟子曰：「君子深造之以道，欲其自得之也。」意謂：(A)為學要深入極境，自得於心　(B)讀書要求最高學位，收入才豐富　(C)學問豐富，自然獲得別人敬重　(D)深思熟慮，才能自得其樂。

（　）13. 孟子曰：「博學而詳說之，將以反說約也。」何謂「反說約」？　(A)反過來說儉約之要理　(B)違反約定　(C)反回來說明精微要妙之理　(D)反省自己曾經約定的誓言。

（　）14. 如何在「博學而詳說」之後能「反說約」？　(A)實際踐行　(B)反求諸己　(C)辯才無礙　(D)融會貫通。

（　）15. 孟子以為國君如何即能使天下無不心服？　(A)以仁義養人　(B)以善服人　(C)以力服人　(D)以戰服人。

（　）16. 徐子曰：「仲尼亟稱於水曰：『水哉！水哉！』何取於水也？」依孟子之見，仲尼所取於水者，在於：(A)智者樂水　(B)逝者如斯夫　(C)有本者如是　(D)可濯纓，可濯足。

（　）17. 「原泉混混，不舍晝夜，盈科而後進，放乎四海。」旨在勉人：(A)進德修業，鍥而不捨　(B)學應務本，以達至善　(C)珍惜光陰，努力向善　(D)深造自得，左右逢原。

（　）18. 有關孟子尚論古人的說法，下列何者正確？　(A)禹惡旨酒，而好善言　(B)湯不泄邇，不忘遠　(C)文王執中，立賢無方　(D)武王視民如傷，望道而未之見。

（　）19. 有關「孟子曰：『王者之迹熄而詩亡，詩亡然後春秋作……』」一章，下列敘述何者正確？　(A)「詩亡然後春秋作」與「魯之春秋」之「春秋」，其實一也　(B)晉之乘，楚之檮杌，魯之春秋，所記之事，為齊桓、晉文等霸業　(C)「其文則史」意謂所記內容皆是本國史事　(D)「其義，則丘竊取之矣」意謂孔子言《春秋》的褒貶大義，皆竊取自各國史記。

（　）20. 孟子曰：「君子之澤，五世而斬；小人之澤，五世而斬。予未得為孔子徒也，予私淑諸人也。」關於此言，下列敘述何者錯誤？　(A)君子之「澤」：指德澤，流風餘韻　(B)五世而斬：五代就斷絕了　(C)「小人之澤」與「有小人之事」的「小人」意同　(D)私淑：私自拾取。

（　）21. 孟子曰：「可以取，可以無取；取，傷廉。可以與，可以無與；與，傷惠。可以死，可以無死；死，傷勇。」此在說明：(A)君子守中，過與不及，皆所不取　(B)君子從權，取無取皆無不可　(C)君子守正，一

介不取 (D)君子守分，知所進退。

（ ）22.孟子曰：「西子蒙不潔，則人皆掩鼻而過之；雖有惡人，齊戒沐浴，則可以祀上帝。」此章戒人：(A)深謀遠慮，並勉人仁民愛物 (B)潔身自愛，並勉人改過向善 (C)擇善固執，並勉人樂天知命 (D)動心忍性，並勉人敬天法祖。

（ ）23.孟子「君子所以異於人者」的內涵，下列選項何者為非？ (A)以仁禮存心 (B)以仁、禮、忠自反 (C)有終身之憂 (D)有一朝之患。

（ ）24.「是故，君子有終身之憂，無一朝之患也。」「終身之憂」、「一朝之患」分別指：(A)痛失父母；仕途不順 (B)德不如舜；突發橫逆 (C)世衰道微；個人困挫 (D)毫無建樹；體貌日衰。

（ ）25.「禹、稷、顏回同道」意謂：(A)皆致力聖賢之道，進而濟民，退而修己 (B)皆不役於物，直道而行 (C)皆可以仕則仕，可以止則止 (D)皆取法今人，尚友古人。

（ ）26.有關「禹、稷、顏回同道」一章，下列敘述何者正確？ (A)禹思天下有溺者，「由己溺之也」：謂好像自己也溺水一樣 (B)稷思天下有飢者，「由己飢之也」：謂好像自己也飢餓一樣 (C)人不堪其憂，顏子不改其樂：謂禹、稷憂慮國事，顏回則不改變他樂觀的態度 (D)禹、稷、顏子，易地則皆然：換個立場都有同樣的表現。

（ ）27.「今有同室之人鬥者，救之，雖被髮纓冠而救之，可也。鄉鄰有鬥者，被髮纓冠而往救之，則惑也；雖閉戶可也。」意謂：(A)君子固窮，小人窮斯濫矣 (B)先義後利，不可徇私 (C)先求自保，然後救人 (D)時勢不同，出處有異。

（ ）28.公都子曰：「匡章，通國皆稱不孝焉；夫子與之遊，又從而禮貌之。」孟子之作為可以哪句話說明？ (A)人有不為也，而後可以有為 (B)眾所惡必察焉 (C)與其進也，不與其退也 (D)人樂有賢父兄。

（ ）29.「曾子居武城，有越寇。」一章，下列敘述何者錯誤？ (A)曾子為武城人作師，為父兄，故去留無毀 (B)子思為衛臣，地位卑微，當死難，不可去 (C)曾子、子思是同門學道之人 (D)曾子、子思易地而處，作法必定相同。

（ ）30.「齊人驕其妻妾」這一則寓言比喻人要有羞恥心，而不可：(A)背著家人獨享富貴 (B)不擇手段追求富貴 (C)以富貴驕人 (D)

富貴之後忘恩負義。

二、多選題

（　）1.選出正確的讀音：(A)諸「馮」：ㄈㄥˊ (B)徒「杠」：ㄍㄤ (C)寇「讎」：ㄔㄡˊ (D)「亟」稱於水：ㄐㄧˊ (E)楚之檮「杌」：ㄩㄝˋ。

（　）2.下列引號內音義的說明，何者錯誤？(A)王使人「瞯」夫子：ㄐㄧㄢˋ，暗中察看 (B)「施」從良人之所之：ㄧˊ，通「迤」，斜行 (C)於禽獸，又何「難」焉：ㄋㄢˊ，困難 (D)不「泄」邇：ㄧˋ，多言也 (E)晉「乘」楚杌：ㄕㄥˋ，四馬為一乘。

（　）3.下列詞語解釋何者正確？(A)「極」之於其所往：往也 (B)「膏澤」不下於民：恩澤 (C)此亦「妄人」也已矣：狂妄之人 (D)所惡於智者，為其「鑿」也：穿鑿附會 (E)必「饜」酒肉而後反：飽足。

（　）4.下列《孟子》文意解說，何者正確？(A)惠而不知為政：有小聰明卻無心處理政事 (B)大人者，言不必信，行不必果；惟義所在：言大人之行，行其重者。不信不果，所求合義 (C)大人者，不失其赤子之心者也：成德的君子，就是能保持嬰兒純真無偽之心的人啊 (D)養生者不足以當大事，惟送死可以當大事：送終能致哀盡禮，才可算得上大事 (E)不祥之實，蔽賢者當之：不吉祥的事實，障蔽賢才而無力承當。

（　）5.依孟子所言，下列哪些行止屬於合禮的行為？(A)為舊君有服 (B)丈夫之冠也，父命之；女子之嫁也，母命之 (C)男女授受不親 (D)朝廷不歷位而相與言 (E)不踰階而相揖也。

（　）6.下列何者完全沒有錯別字？(A)而良人未之知也，施施從外來，嬌其妻妾 (B)出妻，屏子，終身不養焉 (C)被髮瓔冠而往救之 (D)舜明於庶務、察於人倫，由仁義行 (E)原泉混混，不舍晝夜，盈科而後進，放乎四海。

（　）7.下列各組引號內詞義不同的有：(A)上無道「揆」也／先聖後聖，其「揆」一也 (B)仲尼不為「已」甚者／樂則生矣；生則惡可「已」也 (C)深「造」之以道／登峰「造」極 (D)盈科而後進，「放」乎四海／「放」於利而行，多怨 (E)以仁「存」心／「存」乎人者，莫良於眸子。

（　）8.下列通同字何者正確？(A)行「辟」人可也：通「僻」 (B)人之所以異於禽獸者，幾「希」：通「稀」 (C)賢不「肖」之相去：通「孝」 (D)其橫逆「由」是也：通

「猶」 (E)「蚤」起，施從良人之所之：通「早」。

( ) 9.孟子所論古聖之道，何者正確？ (A)禹惡旨酒，而好善言：夏禹憎惡美酒，卻愛聽取別人精善的美言 (B)湯執中，立賢無方：商湯執守中道，用人唯才 (C)文王視民如傷，望道而未之見：周文王哀傷民生困苦，憂慮仁道未能行 (D)武王不泄邇，不忘遠：武王不怠忽現在職守，不遺忘先人遺教 (E)周公思兼三王以施四事：周公想兼有三代聖王的美德，實行仁、義、禮、智之四善端。

( ) 10.下列哪一組成語為反義？ (A)若合符節／扞格不入 (B)左右逢源／左支右絀 (C)簞食瓢飲／食前方丈 (D)齊人之福／形影相弔 (F)被髮纓冠／袖手旁觀。

( ) 11.下列成語解釋何者錯誤？ (A)聲聞過情：名聲超過實質內涵，意同「向聲背實」 (B)視民如傷：極言愛民之深，不敢動擾 (C)立賢無方：調取才用人沒有原則 (D)坐以待旦：形容殺敵心切，隨時備戰 (E)盈科後進：比喻循序漸進。

( ) 12.下列文意解釋何者正確？ (A)「何以異於人哉？堯、舜與人同耳。」言其貌同凡人，惟以仁義之道在心，所以異也 (B)「鄉鄰有鬥者，被髮纓冠而往救之，則惑也；雖閉戶可也。」言可以袖手旁觀 (C)「君子有終身之憂，無一朝之患也。乃若所憂，則有之：舜，人也，我，亦人也。」憂舜不在人間，天下無救矣 (D)「其自反而仁矣，自反而有禮矣，其橫逆由是也，君子必自反也：『我必不忠。』」言以仁禮為由而造反 (E)「夫尹公之他，端人也；其取友，必端矣。」意同於「同聲相應，同氣相求」。

( ) 13.下列各文句中的「之」字，何者解釋為「往」義？ (A)瞯良人之所「之」 (B)施從良人「之」所之 (C)卒「之」東郭墦間之祭者 (D)乞其餘；不足，又顧而「之」他 (E)良人未「之」知也。

( ) 14.下列篇章要旨說明，何者正確？ (A)「齊人驕其妻妾」一章，說明君子愛財，取之有道 (B)「非禮之禮，非義之義，大人弗為」一章言有德君子所行皆能折中合宜 (C)「愛人者，人恆愛之；敬人者，人恆敬之」一章，正是「君子時能自反」的效果 (D)「君子深造之以道，欲其自得之也」一章，說明為學當閉門苦心自學 (E)「人之所以異於禽獸者，幾希」一章，言人當自存其善性，以遠別於禽獸。

（　）15.關於「齊人驕其妻妾」一章，下列敘述何者錯誤？(A)「其妻妾不羞也而不相泣者，幾希矣」意指其妻妾不羞而仰望終身 (B)「卒之東郭墦間之祭者」與「卒然臨之而不驚」，兩「卒」字意義相同 (C)「遍國中無與立談者」，「國中」即「城中」 (D)「施從良人之所之」與「施施從外來」，兩個「施」字音義不同 (E)「未嘗有顯者來」，「顯者」指富貴人也。

三、非選題

配合：

《孟子》一書以比喻見長，請選出以之為喻的篇章：

（請依參考選項填入適當的代號）

（　）1.以良人饜酒肉之道為喻。

（　）2.以七八月之閒雨集，溝澮之水皆盈為喻。

（　）3.以西子蒙不潔，人皆掩鼻而過為喻。

（　）4.以天之高，星辰之遠，苟求其故，可推求千歲之日至為喻。

（　）5.以處理同室與鄉鄰之人相鬥的不同態度為喻。

參考選項

(A)雖有惡人，齊戒沐浴，則可以祀上帝 (B)曾子、子思同道。曾子，師也，父兄也；子思，臣也，微也。曾子、子思易地則皆然 (C)天下之言性也，則故而已矣。故者，以利為本 (D)禹、稷、顏回同道。禹思天下有溺者，由己溺之也；稷思天下有飢者，由己飢之也；是以如是其急也。禹、稷、顏子，易地則皆然 (E)由君子觀之，則人之所以求富貴利達者，其妻妾不羞也而不相泣者，幾希矣 (F)君子所以異於人者，以其存心也。君子以仁存心，以禮存心 (G)可以取，可以無取；取，傷廉。可以與，可以無與；與，傷惠。可以死，可以無死；死，傷勇 (H)原泉混混，不舍晝夜，盈科而後進，放乎四海。有本者如是，是之取爾。

萬章上

一、單選題

（　）1.萬章問曰：「舜往于田，號泣于旻天。何為其號泣也？」依孟子言，其原因為：(A)怨親 (B)怨天 (C)怨慕 (D)怨勞。

（　）2.「父母之不我愛，於我何哉？」「於我何哉」意謂：(A)對我有什麼傷害 (B)我有何辦法呢 (C)對於我有何難呢 (D)是我有什麼罪過吧。

（　）3.有關萬章所問「舜往于田，號泣于旻天。何為其號泣也？」一章，下列敘述何者錯誤？ (A)舜「往于田」：到田間耕作 (B)天下之士，多「就」之者：從也，親近 (C)慕「少艾」：容色美好的年輕女子 (D)不得於君則「熱中」：熱切於得君器重。

(　　)4. 舜何以「不告而娶」？依孟子言，下列何者不屬之？ (A)告則不得娶 (B)為順於父母 (C)告則廢人之大倫 (D)為無後也。

(　　)5. 象曰：「謨蓋都君，咸我績！」「謨蓋都君」意為： (A)謀略蓋過眾人 (B)計議為國君蓋都城 (C)謀害舜 (D)計謀蓋過國君。

(　　)6. 下列語詞解釋何者錯誤？ (A)鬱陶：鬱悶思念 (B)忸怩：彆扭貌 (C)惟茲臣庶：想著這些臣民 (D)使「校人」畜之池：主管池沼的小吏。

(　　)7. 「故君子可欺以其方，難罔以非其道。」其意與哪句話相通？ (A)學而不思則罔，思而不學則殆 (B)得之不以其道，得之不處也 (C)大人者，言不必信，行不必果；惟義所在 (D)君子可逝也，不可陷也。可欺也，不可罔也。

(　　)8. 舜置象於有庳，是為： (A)放之 (B)封之 (C)誅之 (D)罪之。

(　　)9. 舜立為天子後，誅除四罪而使天下咸服，下列何者為非？ (A)流共工于幽州 (B)殺三苗于三危 (C)放象於有庳 (D)殛鯀于羽山。

(　　)10. 仁人之於弟，其相待之法，下列何者為非？ (A)不藏怒 (B)不貳過 (C)親愛之 (D)不宿怨。

(　　)11. 關於「象不得有為於其國，天子使吏治其國，而納其貢稅焉，故謂之放。豈得暴彼民哉？雖然，欲常常而見之，故源源而來。」一段，下列敘述何者正確？ (A)不得有為於其國：無法在國內施展抱負 (B)使吏治其國：派遣官吏替他治理國政 (C)納其貢稅焉：繳納貢物和賦稅 (D)源源而來：指不斷親自來見象。

(　　)12. 「不及貢，以政接於有庳。」意謂： (A)等不及諸侯定期的朝貢，就以處理政事接見有庳國君 (B)來不及檢查貢品，就急著接見有庳的使者 (C)等不及行獻貢之禮，就急忙接見有庳國君議論朝政 (D)朝貢之禮不達要求，因此議處有庳國君。

(　　)13. 古語說：「盛德之士，君不得而臣，父不得而子；舜南面而立，堯帥諸侯北面而朝之，瞽瞍亦北面而朝之。舜見瞽瞍，其容有蹙。」下列敘述何者錯誤？ (A)盛德之士，君不得而臣：德行高的人，國君不能

以他為臣子　(B)舜南面而立：舜面南而立，為堯帝臣子　(C)舜見瞽瞍，其容有蹙：舜看到瞽瞍，皺眉蹙額，顯出不安的樣子　(D)此齊東野語，不得信也。

（　）14. 下列解釋何者錯誤？　(A)堯老而舜「攝」也：代理政事　(B)率土之濱：四海之內　(C)舜之不臣堯：舜不向堯稱臣　(D)以意逆志：以己意迎合推想作者之志。

（　）15. 「孝子之至，莫大乎尊親；尊親之至，莫大乎以□□養。」空格內宜填入：　(A)仁義　(B)天下　(C)志意　(D)酒食。

（　）16. 以下所引《詩經》、《書經》之言，何者闡述正確？　(A)祇載見瞽叟，夔夔齊栗：瞽叟拜見舜，露出謹慎恐懼的樣子　(B)普天之下，莫非王土；率土之濱，莫非王臣：稱頌天子統一天下，擁有整個天下與臣民　(C)周餘黎民，靡有孑遺：周朝殘餘的人民，沒有小孩子留下來　(D)永言孝思，孝思維則：永久懷著孝敬之意，這種孝敬之意可以做天下人的法則。

（　）17. 舜有天下也，孰與之？　(A)堯與之　(B)天與之　(C)百官與之　(D)自薦之。

（　）18. 「天不言，以行與事示之而已矣。」意謂：　(A)人在做，天在看　(B)天以自然現象顯示徵兆　(C)天就其德行與行事而予以暗示　(D)天以四時行焉，萬物生焉以示其志。

（　）19. 下列各詞，何者沒有「死亡」之意？　(A)少則洋洋焉，悠然而「逝」　(B)創業未半，而中道「崩殂」　(C)放勳乃「徂落」　(D)離「大去之期」不遠矣。

（　）20. 「天與賢，則與賢；天與子，則與子。」意謂傳賢傳子皆以何者為依歸？　(A)血統　(B)民意　(C)君心　(D)賢德。

（　）21. 下列詞語解釋何者錯誤？　(A)典刑：典獄刑罰　(B)處仁遷義：以仁自處，努力行義　(C)唐、虞「禪」：讓國於賢者　(D)夏后、殷、周「繼」：由後人繼承。

（　）22. 人有言：「伊尹以割烹要湯。」意為：　(A)伊尹善於割肉烹煮羹湯　(B)伊尹以割肉烹羹的手藝求取商湯任用他　(C)伊尹割肉烹羹要脅商湯　(D)伊尹要求熱水來割肉烹羹。

（　）23. 孟子以為伊尹是以何種方式干求商湯？　(A)以堯舜之道　(B)以割烹之藝　(C)以先覺之知　(D)以潔身之道。

（　）24. 湯三使往聘，伊尹既而接聘，其思考點，何者不在其中？　(A)使湯為堯舜之君　(B)使眾民為堯舜之民　(C)自許能為堯舜之君

(D)期能親見堯舜盛世之復現。

（　）25.「思天下之民，匹夫匹婦，有不被堯、舜之澤者，若己推而內之溝中。」意謂：(A)殘民以逞 (B)不恤民生疾苦 (C)己飢己溺 (D)與民同其甘苦。

（　）26.萬章問曰：「或謂孔子於衛主癰疽，於齊主侍人瘠環，有諸乎？」下列解釋何者錯誤？ (A)主：謂舍於其家，以之為主人 (B)癰疽：膿瘡 (C)侍人：奄人，俗稱太監 (D)瘠環：齊君近狎之人。

（　）27.孟子強調觀察臣子好壞之法：「觀近臣，以其所為主；觀遠臣，以其所主。」下列解釋何者錯誤？ (A)近臣：在朝之臣 (B)其所為主：寄宿他家之賓客 (C)遠臣：遠調他處之臣 (D)其所主：所寄宿之主人。

（　）28.下列哪句話無法顯見百里奚之智？ (A)知虞公之不可諫而去 (B)不知以食牛干秦穆公之為汙也 (C)知虞公之將亡，而先去之 (D)知穆公之可與有行也，而相之。

（　）29.百里奚之行，可以下列哪句話說明？ (A)見機而作，伺機而為 (B)非其君不事，非其民不使 (C)進以禮，退以義 (D)時行則行，時舍則舍。

（　）30.下列解釋何者錯誤？ (A)自「鬻」於秦：賣 (B)食牛以「要」秦穆公：要脅 (C)「假」道於虞以伐虢：借 (D)可與「有行」：有所作為。

二、多選題

（　）1.選出正確的讀音： (A)「旻」天：ㄇㄧㄣˊ (B)怨「懟」：ㄉㄨㄟˋ (C)「忸」怩：ㄋㄧㄡˇ (D)如喪考「妣」：ㄆㄧˊ (E)假道於虞以伐「虢」：ㄏㄠ。

（　）2.下列引號內音義的說明，何者正確？ (A)帝將「胥」天下而遷之焉：ㄒㄩ，皆，盡 (B)「妻」帝之二女：ㄑㄧˋ，娶堯帝之二女為妻 (C)不若是「恝」：ㄑㄧㄝˋ，愜意 (D)謨「蓋」都君：ㄍㄞˋ，蓋過 (E)自「鬻」於秦：ㄓㄡ，買。

（　）3.下列字義解釋何者正確？ (A)我獨「賢」勞也：賢能 (B)繫馬千「駟」：四馬 (C)「餼」生魚於鄭子產：進食於尊者 (D)瞽瞍亦允「若」：然，……的樣子 (E)「帥」天下諸侯以為堯三年喪：率領。

（　）4.選出正確的通同字： (A)從而「揜」之：通「壓」 (B)「浚」井：通「濬」 (C)「共」為子職而已矣：通「貢」 (D)放勳乃「徂」落：通「殂」 (E)既而「幡」然改曰：通「翻」。

（　）5. 下列各組引號內的詞語，何者詞義不同？(A)「罔」以非其道／可欺也，不可「罔」也 (B)少「艾」／自怨自「艾」 (C)可欺以其「方」／能近取譬，可謂仁之「方」也已 (D)以意「逆」志／夫天地者，萬物之「逆」旅也 (E)不之堯之子「而」之舜／「而」居堯之宮，逼堯之子。

（　）6. 下列疊字解釋何者正確？(A)「夔夔」齊栗：敬謹恐懼的樣子 (B)「岌岌」乎：急切的樣子 (C)「圉圉」焉：歡喜雀躍的樣子 (D)「洋洋」焉：悠然自得的樣子 (E)「囂囂」然：喧囂的樣子。

（　）7. 選出完全沒有錯字的選項：(A)不藏怒，不訴怨 (B)湯使人以幣聘之 (C)往己而正人 (D)處仁牽義 (E)踐天子位。

（　）8. 依孟子言，下列何者足以解舜之憂？(A)天下之士悅之 (B)妻帝之二女 (C)終身慕父母 (D)順於父母 (E)貴為天子。

（　）9. 「讀書應求義理上的融會貫通，若□□□□，無疑是捨本逐末。」空格內的成語可填上：(A)師心自用 (B)以辭害意 (C)食古不化 (D)以意逆志 (E)通權達變。

（　）10. 下列成語何者近似？(A)處仁遷義／改過遷善 (B)齊東野語／讜言正論 (C)如喪考妣／哀痛欲絕 (D)以文害辭／通權達變 (E)自怨自艾／諉過他人。

（　）11. 下列何者不是孟子評論伊尹的言論？(A)非其君不事，非其民不使 (B)天民之先覺者 (C)思天下之民，匹夫匹婦，有不被堯、舜之澤者，若己推而內之溝中 (D)聖之任者 (E)祿之以天下，弗顧也；繫馬千駟，弗視也。

（　）12. 下列文意解釋何者正確？(A)或遠或近，或去或不去；歸潔其身而已矣：言出處進退，總歸是要使身心聖潔 (B)天誅造攻自牧宮，朕載自亳：天意要攻伐牧宮，朕只好逃到亳 (C)孔子主我，衛卿可得也：假使孔子能住到我家，就可以得到衛國卿相的高位 (D)假道於虞以伐虢：晉獻公借道路給虞國，讓虞國去攻打虢國 (E)為不順於父母，如窮人無所歸：得不到父母的歡心，便好像窮困的人無所歸依。

（　）13. 下列各組父子對應何者正確？(A)堯→丹朱 (B)舜→商均 (C)禹→啟 (D)禹→益 (E)湯→紂。

（　）14. 有關「堯以天下與舜」一章，下列敘述何者正確？(A)「天視自我民視，天聽自我民聽」其意與「天不言，以行與事示之而已矣」可相通 (B)「不之堯之子而之舜」句中「之」字意思相同 (C)之中國，踐天子位焉：到了中國，登天子之位 (D)天視自我民視，天聽自我民聽：上天以自我的視聽來加以觀察 (E)薦之於天，而天受之；暴之於民，而民受之：說明天子不能以天下與人。

（　）15.下列有關聖賢的敘述，哪些是孟子加以批駁的？ (A)堯薦舜於天，而天受之，暴之於民，而民受之 (B)伊尹以割烹要湯 (C)唐、虞禪，夏后、殷、周繼，其義一也 (D)舜南面而立，堯帥諸侯北面而朝之，瞽瞍亦北面而朝之。舜見瞽瞍，其容有蹙 (E)百里奚自鬻於秦養牲者五羊之皮，食牛以要秦穆公。

三、非選題

配合：

《孟子》屢屢於文中辯明先聖先賢行止之切合正道，請選出相切的篇章：（請依參考選項填入適當的代號）

（　）1.舜　（　）2.周公

（　）3.伊尹　（　）4.百里奚

（　）5.孔子

參考選項

(A)予，天民之先覺者也；予將以斯道覺斯民也，非予覺之而誰也 (B)非其君不事，非其民不使，治則進，亂則退 (C)思兼三王以施四事，其有不合者，仰而思之，夜以繼日；幸而得之，坐以待旦 (D)相秦而顯其君於天下，可傳於後世，不賢而能之乎 (E)勞之，來之，匡之，直之，輔之，翼之，使自得之，又從而振德之 (F)可以仕則仕，可以止則止，可以久則久，可以速則速 (G)孝子之至，莫大乎尊親；尊親之至，莫大乎以天下養 (H)禹惡旨酒，而好善言

萬章下

一、單選題

（　）1.「伯夷，目不視惡色，耳不聽惡聲。非其君不事，非其民不使。」「非其君不事，非其民不使」意謂： (A)無不可事奉之君，無不可役使之民 (B)不事奉他國的國君，不役使他國的國民 (C)非理想中的仁德之君不事奉，非心目中的良善的人民不役使 (D)不事奉外族的國君，不役使外族的人民。

（　）2.「何事非君？何使非民？治亦進，亂亦進，伊尹也。」句中「何事非君？何使非民？」意謂： (A)君王為一國之君，人民皆應供其使喚 (B)無不可事奉的君王，無不可治理的人民 (C)任何事情皆要君王負責，任

何事都要差使百姓 (D)為何要事奉汙君？為何要治理暴民。

（ ） 3.「爾為爾，我為我，雖袒裼裸裎於我側，爾焉能浼我哉？」意謂柳下惠：(A)兩全其美 (B)守正能容 (C)入情入理 (D)非禮勿視。

（ ） 4.「故聞柳下惠之風者，鄙夫寬，薄夫敦。」意謂：(A)鄙夫變得知書，薄夫變得達禮 (B)鄙夫變得守法，薄夫變得守信 (C)鄙夫變得勤奮，薄夫變得淳樸 (D)鄙夫變得寬宏，薄夫變得敦厚。

（ ） 5.「柳下惠，不羞汙君，不辭小官。」意謂柳下惠：(A)個性寬厚，不以事汙君、居小官為羞 (B)個性隨便，未能堅持原則 (C)個性貪婪，貪求祿位 (D)大而化之，不拘小節。

（ ） 6.「孔子去齊，接淅而行。」是說孔子離開齊國：(A)徘迴流連 (B)依依難捨 (C)迫不及待 (D)暗夜潛行。

（ ） 7.「可以速而速，可以久而久，可以處而處，可以仕而仕。」是孟子讚美孔子：(A)合於中道 (B)聖之時者 (C)與世無爭 (D)懷德畏威。

（ ） 8.「集大成也者，金聲而玉振之也。」句中「金聲而玉振」意謂：(A)如鐘聲之宏亮，如磬音之悅耳 (B)敲金鐘使樂聲宏亮，擊玉磬使節奏分明 (C)敲金鐘使其發聲，再敲玉磬以相和 (D)敲金鐘以發聲，擊玉磬以收音。

（ ） 9.孟子以何為喻，說明孔子聖、智兼備？(A)以樂曲為喻，以金聲、玉振為譬 (B)以射箭為喻，以巧、力為譬 (C)以奏樂為喻，以節奏為譬 (D)以去父母國為喻，以接淅而行為譬。

（ ） 10.下列各組詞意何者相近？(A)視民如傷／己飢己溺 (B)立賢無方／任人唯親 (C)坐以待旦／尸位素餐 (D)金聲玉振／籍籍無名。

（ ） 11.下列選項引號中的字詞，何者注釋有誤？(A)禹惡「旨酒」：美酒 (B)目不視「惡色」：淫邪的顏色 (C)「遺佚」而不怨：遺失 (D)爾焉能「浼」我哉：汙也。

（ ） 12.下列選項的修辭說明，何者有誤？(A)由射於百步之外也：其至，爾力也；其中，非爾力也／明喻 (B)集大成也者，金聲而玉振之也／略喻 (C)思與鄉人處，如以朝衣朝冠坐於塗炭也／明喻 (D)使先知覺後知，使先覺覺後覺／回文。

（　）13.下列選項引號中的字詞，何者注釋有誤？(A)不「挾」長：有所挾持而自恃也 (B)目不視「惡色」：淫邪的顏色 (C)「友」其德也：朋友 (D)謂之「貴貴」：敬重上位之人。

（　）14.「尊者賜之，曰：『其所取之者，義乎？不義乎？』而後受之；以是為不恭，故弗卻也。」是指：(A)不可接受禮物 (B)長者賜不可違 (C)一切以義為原則 (D)禮尚往來。

（　）15.「〈唐誥〉曰：『殺越人于貨，閔不畏死，凡民罔不譈。』是不待教而誅者也。殷受夏，周受殷，所不辭也，於今為烈，如之何其受之！」何者注釋有誤？(A)殺越人于貨：殺人取其貨 (B)閔不畏死：害怕死亡 (C)民罔不譈：人民沒有不怨恨他的 (D)於今為烈：現在特別厲行。

二、多選題

（　）1.下列引號中的字，音義皆正確的選項是：(A)爾焉能「浼」我哉：ㄇㄟˇ，汙也 (B)「舍」己從人：ㄕㄜˇ，捨棄 (C)耕「稼」陶漁：ㄐㄧㄚˋ，莊稼 (D)「橫」政之所出：ㄏㄥˊ，不循法度 (E)「懦」夫有立志：ㄖㄨˊ，懦弱。

（　）2.下列成語，何者可用來形容匆忙行事？(A)坐以待旦 (B)枕戈待旦 (C)接淅而行 (D)倉促急遽 (E)汲汲營營。

（　）3.下列成語解釋何者正確？(A)視民如傷：探視百姓所受的傷害 (B)金聲玉振：比喻聖道有其始終條理 (C)先知先覺：先知事理、先覺悟事理的人 (D)擊轅之歌：野人之歌 (E)被髮纓冠：蓬頭垢面的樣子。

（　）4.下列選項何者為倒裝句？(A)遲遲吾行 (B)自任以天下之重 (C)與人為善 (D)善與人同 (E)何事非君。

（　）5.下列何組是同義成語？(A)金聲玉振／大成至聖 (B)載胥及溺／登之社席 (C)牛驥同皁／薰蕕同器 (D)兄弟鬩牆／兄弟孔懷 (E)接淅而行／離去匆匆。

（　）6.下列引號中的字，作動詞使用的是：(A)不「羞」汙君 (B)金「聲」而玉振之 (C)使先知「覺」後知 (D)可以「處」而處 (E)居北海之「濱」。

（　）7.下列五句並有「而」字，請選出用法不同的選項：(A)三過其門「而」不入 (B)文王視民如傷，望道「而」未之見 (C)扼窮「而」不憫 (D)可以處「而」處，可以仕而仕 (E)某所，「而」毋立於茲。

（　）8.下列敘述何者正確？(A)大舜有大焉：大

舜又比子路、禹更偉大 (B)周公思兼三王：周公想一人兼做三王 (C)禹、稷、顏回同道：禹、稷和顏回同屬儒家之道 (D)治則進，亂則退：意同於進亦憂，退亦憂 (E)禹思天下有溺者，由己溺之也：夏禹認為天下有溺死的人，就像自己也溺死一樣。

(　) 9.「李國鼎先生，為臺灣經濟之父，一生公忠體國，聞其風者，莫不□□□□，可謂一代賢哲。」缺空的成語可以是：(A)頑廉懦立 (B)見賢思齊 (C)由衷嚮往 (D)率由舊章 (E)馬齒徒長。

(　) 10.「得乎□□而為天子，得乎天子為諸侯。」缺空的詞語可以是：(A)天民 (B)丘民 (C)黎民 (D)橫民 (E)蒸民。

(　) 11.孟子如何讚美禹、湯、文、武、周公的美德？ (A)禹惡旨酒，而好善言 (B)湯執中，立賢無方 (C)文王視民如傷，望道而未之見 (D)武王不泄邇，不忘遠 (E)周公思兼三王以施四事。

(　) 12.孟子心目中的聖人有四位，他們的從政態度如何？ (A)伯夷是「非其君不事，非其民不使。治則進，亂則退」 (B)伊尹是「何事非君？何使非民？治亦進，亂亦進」 (C)柳下惠是「不羞汙君，不辭小官；進不隱賢，必以其道。遺佚而不怨，阨窮而不憫」 (D)孔子則是「可以速而速，可以久而久，可以處而處，可以仕而仕」 (E)而孟子最欣賞孔子因地制宜的表現，所以說他是集三聖之大成。

(　) 13.有關孟子「尚論古人」，何者說法正確？ (A)子路，人告之以有過則喜 (B)禹惡旨酒，而好善言 (C)舜善與人同，舍己從人，樂取人以為善 (D)顏回一簞食，一瓢飲，不改其樂 (E)稷有己飢己溺之心。

三、非選題

(一)音義測驗：

1.「橫」政之所出：

2.「懦」夫有立志：

3.裸裎：

4.焉能「浼」我哉：

5.接「淅」而行：

(二)注釋：

1.橫政：

2.不羞汙君：

3.由由然：

4.袒裼裸裎：

5.遲遲吾行：

告子上

一、單選題

（　）1.「天生蒸民，有物有則。民之秉夷，好是懿德。」下列關於此詩句之理解或說明，何者錯誤？ (A)「蒸民」意同於「黎民」 (B)「有物有則」的「則」是指法則 (C)「民之秉夷」、「其平居無罪夷滅者」二文句中的「夷」同義 (D)意謂仁、義、禮、智之善性，自根於心。

（　）2.「死亦我所惡，所惡有甚於死者，故患有所不辟也。」說明不避禍患的原因在 (A)厭惡不義甚於死亡 (B)禍患根本無法逃避 (C)生於憂患，而死於安樂 (D)死生有命，富貴在天。

（　）3. 孟子曰：「人皆有不忍人之心。」「不忍人之心」意謂： (A)不能忍受屈居人下之心 (B)不能忍受屈辱之心 (C)不能忍受貧乏窮困之心 (D)不忍害人或不忍見人受害之心。

（　）4.「死亦我所惡，所惡有甚於死者，故患有所不辟也。」「故患有所不辟也」意謂： (A)憂慮無法避開比死更厭惡的事 (B)比死更憎惡的事我也有所不避 (C)即使遇到禍患，也不肯苟且躲避 (D)憂慮不能避開所憎惡的死亡。

（　）5.「孔子曰：『操則存，舍則亡；出入無時，莫知其鄉。』惟心之謂與！」孟子引孔子之言，意在說明： (A)人心不可頃刻失其養 (B)人性皆善，心所同然 (C)以仁存心，以禮存心，無往而不利 (D)君子處亂世而不改其節操。

（　）6.「以堯為君，而有象；以瞽瞍為父，而有舜；以紂為兄之子，且以為君，而有微子啟、王子比干。」是公都子引他人之言以述： (A)性善 (B)性可以為善，可以為不善 (C)性無善，無不善也 (D)有性善，有性不善。

（　）7.「牛山之木嘗美矣，以其郊於大國也，斧斤伐之，可以為美乎？」比喻： (A)人性本善，所以為不善，乃由於不知操持存養本心之故 (B)人性本善，所以為不善，乃因無良師之教導 (C)人有性善，亦有性不善，端視其生長之環境而異 (D)人性本善，若學而無恆，終無法躋於成德之境。

（　）8.「天生蒸民，有物有則。民之秉夷，好是懿德。」顯示： (A)性無善，無不善 (B)

性可以為善，可以為不善　(C)性善　(D)有性善，有性不善。

（　）9.「為此詩者，其知道乎！」意謂：(A)讚美《詩經・大雅・烝民》一詩作者了解「人性之道理」　(B)讚美孔子知道《詩經・大雅・烝民》的真諦　(C)讚美《詩經》作者了解儒家的大道理　(D)作這首詩的人，讚美孔子知道人性之道理。

（　）10.下列何者不與孟子性善的主張相合？(A)民之秉夷，好是懿德　(B)人有仁、義、禮、智四端，猶有四體也　(C)文武興，則民好善；幽厲興，則民好暴　(D)先王有不忍人之心，斯有不忍人之政矣。

（　）11.「一簞食，一豆羹，得之則生，弗得則死；嘑爾而與之，行道之人弗受；蹴爾而與之，乞人不屑也。」由是而知：(A)惻隱之心，人皆有之　(B)羞惡之心，人皆有之　(C)辭讓之心，人皆有之　(D)是非之心，人皆有之。

（　）12.「鄉為身死而不受，今為宮室之美為之；鄉為身死而不受，今為妻妾之奉為之；鄉為身死而不受，今為所識窮乏者得我而為之。」此孟子謂失其本心，所失者乃是：(A)是非之心　(B)辭讓之心　(C)羞惡之心　(D)惻隱之心。

（　）13.下列敘述何者錯誤？(A)「所欲有甚於生者，所惡有甚於死者。」「所欲、所惡」係指義與不義　(B)「一簞食，一豆羹」謂飲食之菲薄　(C)「其為人也寡欲，雖有不存焉者，寡矣。」「不存」指本善之心　(D)「蹴爾而與之，乞人不屑也。」「蹴爾」意謂用腳踐踏著。

（　）14.「生亦我所欲，所欲有甚於生者，故不為苟得也。」意即：(A)死生有命，富貴在天　(B)操則存，舍則亡　(C)舍生而取義　(D)生於憂患，而死於安樂。

（　）15.下列敘述何者錯誤？(A)「牛山濯濯」是指牛山滿山青翠　(B)「旦旦而伐之」是天天砍伐它　(C)「莫知其鄉」是不知道它的去向　(D)「梏之反覆」是不斷的擾亂它。

（　）16.「所欲有甚於生者，所惡有甚於死者；非獨賢者有是心也，人皆有之，賢者能勿喪耳。」依孟子之意，「有是心」指的是有：(A)惻隱之心　(B)羞惡之心　(C)辭讓之心　(D)是非之心。

（　）17.孟子所謂的養心為善之道，以下所述何者錯誤？(A)鄉為身死而不受，今為所識窮乏者得我而為之　(B)生，亦我所欲也；義，亦我所欲也；二者不可得兼，舍生而取義者也 (C)養心莫善於寡欲 (D)乃若其情，則可以為善矣，乃所謂善也。若夫為不善，非才之罪也。

(　) 18.孟子道性善，下列何者錯誤？ (A)乃若其情，則可以為善矣，乃所謂善也 (B)惻隱之心，仁也 (C)是非之心，義也 (D)恭敬之心，禮也。

(　) 19.「苟得其養，無物不長；苟失其養，無物不消。」意謂： (A)若能善自操持存養，善性仁心便得以存 (B)無欲則剛，有容乃大 (C)臨難毋苟免，臨財毋苟得 (D)養生有道，乃求其放心。

(　) 20.孟子曰：「其日夜之所息，平旦之氣，其好惡與人相近也者幾希。」此句意謂： (A)早上的清明之氣和人的本心最接近 (B)平旦之氣能和人性接近的很少 (C)早晚養氣可以養性 (D)晚上的氣最接近人性。

(　) 21.下列各句引號中的形容詞，哪一個不具有「稀少」的意思？ (A)平旦之氣，其好惡與人相近也者幾「希」 (B)其為人也多欲，雖有存焉者，「寡」矣 (C)滿園子的人，都屏氣凝神，不敢「少」動 (D)苟或不然，人爭非之，以為鄙吝。故不隨俗靡者蓋「鮮」矣。

(　) 22.有關孟子道性善，下列敘述何者正確？ (A)「牛山之木嘗美矣，以其郊於大國也，斧斤伐之，可以為美乎？」是在說明牛山之木，如此美盛，無異於人性的美善，人性之所以不善，乃在於無良師益友之教導切磋 (B)孔子曰：「操則存，舍則亡；出入無時，莫知其鄉。」孟子引此言，意在說明善性存在人的生命中，但它來去自如，即使本身也無法加以控制 (C)「嘑爾而與之，行道之人弗受；蹴爾而與之，乞人不屑也。」意近於「不食嗟來食」 (D)「學問之道無他，求其放心而已矣。」意謂研究學問的方法沒有別的途徑，就是要胸襟開闊，多所包容。

(　) 23.下列引號中的詞語，文意古今相同的選項是： (A)為此詩者，其「知道」乎／讀過孟子性善之說後，都「知道」良心是需要操持涵養的 (B)學問之道無他，求其「放心」而已矣／王先生謹言慎行，做事態度認真踏實，事情交給他辦，大可「放心」 (C)懷抱「利器」，鬱鬱適茲土／昨天凌晨發生搶匪以「利器」傷人之意外事件 (D)邸第之雄，車輿之飾，「聲色」之多，妻孥之富，止乎一己／如果當政者追求「聲色」犬馬的生活，而天下人都群起效尤，則其後果當不堪設想。

（　）24.孟子在論性善「魚與熊掌」一章中，利用「舍魚而取熊掌」來輔助說明「舍生而取義」，其原因乃在於：(A)熊掌較易得，而義則難見 (B)舍魚而取熊掌，是人的本性；舍生取義，亦為人的本性 (C)熊掌與義一樣，皆非金錢所能換取 (D)熊掌與魚，正如生與義一樣難以抉擇。

二、多選題

（　）1.下列諸子之主張，何者為是？ (A)孔子：性可以為善，可以為不善 (B)告子：性無善惡 (C)公都子：有性善，有性不善 (D)孟子：善性人所固有 (E)孟子：善由外鑠。

（　）2.孟子主性善，下列敘述何者正確？ (A)性可以為善，可以為不善。是故，文武興，則民好善；幽厲興，則民好暴 (B)乃若其情，則可以為善 (C)天生蒸民，有物有則。民之秉夷，好是懿德 (D)若夫為不善，非才之罪也 (E)禮、義、廉、恥四端，非由外鑠我也。

（　）3.下列引號中的字，何者作動詞用？ (A)若火之始「然」 (B)非無「萌」蘖之生焉 (C)以其「郊」於大國也 (D)所識窮乏者「得」我與 (E)有「梏」亡之矣。

（　）4.孟子言：「人皆有不忍人之心。」下列對於「不忍人之心」的理解或說明，正確的選項是：(A)即仁心 (B)見諸行事，類於「乍見孺子將入於井」所生之怵惕惻隱之心 (C)亦為要譽於鄉黨朋友之榮譽心 (D)施於政治，能以不忍人之心，行不忍人之政，則治天下可運之掌上 (E)人當擴充此不忍人之心，小則可以事父母，大則可以保四海。

（　）5.孟子倡仁義，下列所述何者不合其說？ (A)仁義乃人之良知良能 (B)親親，義也；敬長，仁也 (C)「不忍人之心」即仁心 (D)孟子以人「乍見孺子將入於井」的當下反應，說明人皆有羞惡之心 (E)惻隱之心，仁之端也；辭讓之心，義之端也。

（　）6.孟子主性善，下列何者為是？ (A)良知良能便是仁義之端，便是性善 (B)人性本善，若能順其本性，則人人皆可以為堯、舜 (C)性善是人之本能，不過要假借外力，人性才能善 (D)怵惕惻隱之心，仁之端也，即性善的表現 (E)主張「為不善，非才之罪也」。

（　）7. 孟子的人性論：(A)公都子以為「性無善無不善」 (B)性可以為善，可以為不善。是故，以堯為君，而有象；以瞽瞍為父，而有舜 (C)有性善，有性不善。是故，文武興，則民好善；幽厲興，則民好暴 (D)孟子以為「乃若其情，則可以為善矣，乃所謂善也」 (E)告子以為「仁、義、禮、智，非由外鑠我也，我固有之也，弗思耳矣」。

（　）8. 依孟子之見，選出正確者：(A)仁、義、禮、智，為人之四端 (B)人性之善，乃由外鑠得之 (C)賢者及凡人之心皆有所惡甚於死者 (D)惻隱、怵惕、是非、羞惡為人之四端 (E)養心存性之道在於寡欲。

（　）9. 有關孟子的敘述，請選出正確者：(A)申不害認為有性善，有性不善。是故，以堯為君，而有象；以瞽瞍為父，而有舜 (B)孟子認為人皆有不忍人之心，而「辭讓之心」便是「禮」之端，「是非之心」是「義」之端 (C)人之所不學而能者為良能，所不慮而知者為良知 (D)「天生蒸民，有物有則。民之秉夷，好是懿德。」出自《詩經》，孟子引此詩句以說明「好美德是人之常性，也是天生眾民之自然法則」 (E)孟子認定仁、義、禮、智乃人所固有，非由外鑠我也。

（　）10. 孟子道性善，下列所述何者不合其說？(A)乃若其情，則可以為善矣 (B)人之為不善，乃才之罪也 (C)仁、義、禮、智我固有之，求則得，舍則失 (D)「所欲有甚於生者」乃指不義 (E)人當擴充四端。

（　）11. 孟子道性善：(A)認為人性本是善的；性善乃是仁義之本 (B)人之為不善，乃才之罪也 (C)人行為中的四善道為人所固有，「非由外鑠我也」 (D)此四善端人皆有之，具普遍性 (E)言仁義乃人之良知良能。

（　）12. 依孟子對人性的看法，下列何者正確？(A)今人乍見孺子將入於井，皆有怵惕惻隱之心，乃惡其聲而然也 (B)求回放失之心，乃為學之本 (C)「蹴爾而與之，乞人不屑也。」乃因羞惡之心是人性之本然 (D)所欲有甚於生者，所惡有甚於死者，故舍生而取義 (E)四端我固有之也，仁、義、禮、智由外鑠我也。

（　）13. 孟子謂哪些人失其本心？(A)不食嗟來食者 (B)不辨禮義而受萬鍾祿者 (C)不受蹴爾之與者 (D)所欲甚於生者 (E)所惡莫甚

於死者。

（　）14. 孟子對人性的認知，下列何者正確？(A)人之所以為不善，乃因放其良心 (B)人之所為如禽獸者，是人之情也 (C)牛山濯濯，乃山之性也 (D)其為人也寡欲，雖有不存焉者，寡矣 (E)苟得其養，無物不長。

（　）15. 孟子：(A)以為以不忍人之心，行不忍人之政，治天下可運之掌上 (B)以「牛山濯濯」來說明人之為不善，乃由於不知操持存養 (C)人之有四端，皆源於本性 (D)教人養心存性之道，在於寡欲 (E)欲以聖人之徒自居。

（　）16. 「性善」在孟子的認知中，何者正確？(A)養心莫善於寡欲 (B)以「火之始然，泉之始達」為喻，言人之善性，當知擴而充之 (C)學問之道無他，求其放心而已矣 (D)仁義乃人之良知良能 (E)善性最需操持存養之工夫。

（　）17. 下列孟子思想，何者正確？(A)養心存性之道，在於寡欲 (B)人之所以蔽於物慾而有不善，係放失本心之故 (C)人有禮、義、廉、恥四端，猶有四體也 (D)推廣不忍人之心，即是行仁 (E)學問之道無他，求其放心而已矣。

（　）18. 下列敘述何者正確？(A)「非無萌蘖之生焉」，「萌蘖」指嫩芽 (B)「梏之反覆，則其夜氣不足以存。」「夜氣」指平旦之氣 (C)「鄉為身死而不受」與「出入無時，莫知其鄉。」二句中之「鄉」義同 (D)「孩提之童」之「孩」通「咳」 (E)「人之有是四端也，猶其有四體也。」四端是指仁、信、禮、義四端。

（　）19. 孟子藉牛山之木，以說明：(A)牛山濯濯，非材之罪，不是山之本性使然 (B)人之不善，乃梏亡本性所致 (C)平旦之氣若可存，則去禽獸不遠矣 (D)旦晝所為，所以亡失本心，乃蔽於物慾而然 (E)苟知存養，梏亡之性可失而復得。

（　）20. 下列敘述何者正確？(A)「其所以放其良心者，亦猶斧斤之於木也。」與「學問之道無他，求其放心而已矣。」二者之「放」，皆「亡失」之意 (B)「乃若其情，則可以為善矣，乃所謂善也。」句中二「乃」字，皆發語詞 (C)「若夫為不善，非才之罪也。」與「或相倍蓰而無算者，不能盡其才者也」之「才」，皆「本質」之意 (D)「鄉為身死而不受」與「出入無時，莫知其鄉」之「鄉」，皆可通「向」，然意義不同 (E)「是非之心，智也」與「不可背後妄議人之是非」的「是非」意思相同。

21.（　）《孟子・告子》篇：「操則存，舍則亡；出入無時，莫知其鄉。」選出正確敘述：(A)乃孟子引孔子之言 (B)謂人心不可頃刻失其養 (C)說明君子處亂世而不改其節操 (D)強調知所取捨，則事半功倍 (E)鄉，通「向」，去向。

22.（　）下列敘述何者正確？ (A)「人皆有不忍人之心」，謂人皆有仁心 (B)「人之有是四端也，猶其有四體也。」「四端」指德、慧、術、知 (C)「嘑爾而與之，行道之人弗受。」「嘑爾」意謂大聲地呵叱著 (D)「夜氣不足以存，則其違禽獸不遠矣。」「夜氣」即平旦之氣 (E)「出入無時，莫知其鄉。」「無時」意謂沒有一定的時候。

23.（　）下列有關通同字之說明，何者正確？ (A)非所以「內」交於孺子之父母也：同「訥」 (B)若火之始「然」：「燃」的本字 (C)其好惡與人相近也者幾「希」：通「稀」 (D)出入無時，莫知其「鄉」：通「嚮」 (E)「孩」提之童：通「咳」。

24.（　）下列引號中字詞的音、義，何者完全正確？ (A)「鄉」為身死而不受：音ㄒㄧㄤˋ，昔日 (B)有「梏」亡之矣：音ㄎㄨˋ，攪亂 (C)以「瞽」瞍為父：音ㄍㄨˇ，無目 (D)非所以「要」譽於鄉黨：音ㄧㄠ，求 (E)相倍「蓰」而無算：音ㄒㄧˇ，一倍。

25.（　）下列各組引號中的字，意義相同的選項是： (A)非「惡」其聲而然也／吾甚「惡」紫之臭 (B)今人「乍」見孺子將入於井／天氣「乍」暖還冷，有時驟雨背後照著強烈的陽光 (C)若夫為不善，非「才」之罪也／人盡其「才」，物盡其用 (D)若火之始「然」／晴日催花暖欲「然」 (E)或相「倍」蓰而無算／願伯具言臣之不敢「倍」德也。

26.（　）孟子說：「養心莫善於寡欲。」下列敘述何者即為「寡欲」的表現？ (A)孔子以為不義而富且貴，於我如浮雲 (B)顏回一簞食，一瓢飲，在陋巷，人不堪其憂，回也不改其樂 (C)德雷莎修女終其一生，由仁義而行，清貧自守，無欲無私 (D)拾荒老人王貫英自奉甚儉，創設圖書館，遺愛人間 (E)弘一法師認為世間沒有不好的東西，一切都好，小旅館好，統艙好，掛褡好，粉破的席子好，破舊的手巾好，白菜好，萊菔好，鹹苦的蔬菜好，跑路好，什麼都有味，什麼都了不得。

（　）27. 下列孟子「道性善」中的文句，何者運用了「譬喻」修辭？(A)人之有是四端也，猶其有四體也 (B)苟能充之，足以保四海；苟不充之，不足以事父母 (C)凡有四端於我者，知皆擴而充之矣，若火之始然，泉之始達 (D)其所以放其良心者，亦猶斧斤之於木也 (E)人有雞犬放，則知求之；有放心，而不知求。

（　）28. 下列有關孟子道性善「牛山之木」一章之敘述，何者正確？(A)孟子以為牛山濯濯是因為「郊於大國，斧斤伐之」，而「牛羊又從而牧之」等原因所導致的 (B)本章首段「牛山之木」，旨在勸人重視生態環境，勿濫伐林木，意同「草木以時伐焉」、「斧斤以時入山林」 (C)「故苟得其養，無物不長；苟失其養，無物不消。」旨在說明良心善性必須操持存養 (D)由此章可知良心一旦失去操持存養，就會亡失，如此日復一日，終將淪為禽獸。譬如時下年輕學子，好勇鬥狠，飆車鬧事，乃至吸毒等行為，就是不能操持本性的結果 (E)首段末句「此豈山之性也哉」、次段末句「是豈人之情也哉」均用反詰問句，逼出牛山濯濯，非其本性；而人違禽獸不遠，亦非其本情，可謂有力至極。

三、非選題

(一)音義測驗：

1. 相倍「蓰」：
2. 好是「懿」德：
3. 萌「蘖」：
4. 莫知其「鄉」：
5. 必志於「彀」：

(二)注釋：

1. 乃若其情：
2. 非由外鑠我：
3. 相倍蓰而無算：
4. 「要譽」於鄉黨朋友：
5. 平旦之氣：

(三)填充：

1. 惻隱之心，仁也；（　　），義也；（　　），禮也；（　　），智也。
2. （　　），人心也；（　　），人路也。舍其路而弗由，放其心而不知求，哀哉！
3. 人之所不學而能者，其（　　）也；所不慮而知者，其（　　）也。

(四)翻譯：

1. 生亦我所欲，所欲有甚於生者，故不為苟得也。死亦我所惡，所惡有甚於死者，故患有所不辟也。

答：

2. 人有雞犬放，則知求之；有放心，而不知求！學問之道無他，求其放心而已矣。

答：

(五)簡答：

1. 何謂平旦之氣？其本質為何？孟子認為每一個人都擁有平旦之氣嗎？

答：

告子下

一、單選題

(　　) 1. 下列各句音義何者有誤？ (A)「燔」肉不至：ㄈㄢˊ，祭肉也 (B)私淑「艾」：ㄞˋ，艾草 (C)志於「彀」：ㄍㄡˋ，弓滿 (D)原泉「混混」：ㄍㄨㄣˇ ㄍㄨㄣˇ，水不斷地湧出。

(　　) 2.「得志與民由之，不得志獨行其道。」意謂： (A)行有不得者，皆反求諸己 (B)人之有德慧術知者，恆存乎疢疾 (C)居仁由義 (D)窮則獨善其身，達則兼善天下。

(　　) 3.「生於憂患，死於安樂。」意謂： (A)生於憂患時代，而死於安樂環境 (B)生存是由憂愁患難中得來的，死亡則是由安樂怠忽中招致的 (C)生時憂患，不足慮；死時安樂，適足貴 (D)死生憂樂，仁者俱不縈懷。

(　　) 4.「困於心，衡於慮，而後作；徵於色，發於聲，而後喻。」在說明： (A)人遇挫折、怨怒，始知奮起 (B)事師色恭禮勤，深造始能有得 (C)深謀遠慮，奮勉力行，始可成大事 (D)有理想，始有行動；有表現，始得人知。

(　　) 5.「孤臣孽子，其操心也危，其慮患也深，故達。」實緣於： (A)先憂後樂的抱負 (B)得志，與民由之，不得志，則獨善其身的理想 (C)君子自反，以仁、禮存心的修養 (D)困心衡慮，曾益其所不能的磨練。

(　　) 6. 下列敘述何者正確？ (A)「君子有終身之憂，無一朝之患。」君子憂的是「橫逆之來，使人措手不及」 (B)「愛人不親，反其仁。」意謂自己的親人尤須親愛 (C)「困於心，衡於慮，而後作。」意謂死於安樂 (D)「有不虞之譽，有求全之毀。」說明人不可以惑於外在的榮辱，應注重內在的修養。

(　　) 7. 下列引號中的字，音、義何者有誤？ (A)

舜發於「畎」畝之中：ㄑㄩㄢˇ，田間小溝 (B)行有不「慊」於心：ㄑㄧㄢˋ，愧對 (C)則眸子「眊」焉：ㄇㄠˋ，矇矓，目不明貌 (D)俯不「怍」於人：ㄗㄨㄛˋ，慚愧。

二、多選題

（　）1.孟子之論教育，下列敘述何者正確？(A)教亦多術矣！予不屑之教誨也者，是亦教誨之而已矣 (B)君子之志於道也，不成章不達 (C)不憤不啟。不悱不發。舉一隅不以三隅反，則不復也 (D)以「聲聞過情，君子恥之。」說明君子應務本，而以「名實不副」為羞恥 (E)君子施教的方法不一，各因其才性而誘導之。

（　）2.下列引號中的字，何者兩兩義同？(A)其身正，而天下「歸」之／天下之言，不「歸」楊則歸墨 (B)有不「虞」之譽／以為無「虞」而不知畏 (C)若夫君子所患，則「亡」矣／日知其所「亡」 (D)永「言」配命／自暴者，不可與有「言」也 (E)舜「發」於畎畝之中／與杏桃相次開「發」。

（　）3.下列通同字何者正確？(A)道在「爾」，而求諸遠：通「邇」 (B)則眸子「瞭」焉：通「潦」 (C)我「由」未免為鄉人也：通「猶」 (D)困於心，「衡」於慮：通「橫」 (E)人病舍其田而「芸」人之田：通「耘」。

（　）4.下列引號中字詞的解說，何者正確？(A)有「孺子」歌曰：指童子 (B)我由未免為「鄉人」也：指不當官，但對鄉里有極大建樹的人 (C)入則無「法家」拂士：指守法度的世臣 (D)獨孤臣「孽子」：指庶子 (E)得天下「英才」而教育之：指才能過人者。

（　）5.下列字義何者正確？(A)法家「拂」士：通「弼」，拂士是守法度的世臣 (B)「曾益」其所不能：同義複詞，「曾」同「增」 (C)人之有德慧術知者，恆存乎「疢」疾：疢疾，猶災患也 (D)《詩》云：「永言配命，自求多福。」意即永遠配合天命而行，若行有不得，當反求諸己。言，助詞，無義 (E)雞鳴而起，「孳孳」為利者，蹠之徒也：「孳孳」同「孜孜」。

（　）6.有關孟子之言論，下列何者正確？(A)守約而施博者，善道也 (B)以為縱橫之徒，如公孫衍、張儀等，乃妾婦之道耳，不可謂大丈夫 (C)仰不愧於天，俯不怍於人，為君子三樂之一 (D)言非禮義，謂之自棄也 (E)傅說舉於版築，膠鬲舉於魚鹽，皆是「生於憂患」之例。

三、非選題

翻譯：

1.故天將降大任於是人也，必先苦其心志，勞其筋骨，餓其體膚，空乏其身，行拂亂其所為；所以動心忍性，曾益其所不能。

答：

2.人恆過，然後能改；困於心，衡於慮，而後作；徵於色，發於聲，而後喻。

答：

盡心上

一、單選題

（　）1.「有達財者，有答問者，有私淑艾者。」「私淑艾」意謂：(A)仰慕已久，而親詣其門以受其教 (B)私自以為善，乃加以宣揚，使人亦學為善 (C)以個人的言行，使習者以為善，進一步取法而獲益者 (D)對於不能為善者，由衷憐之，且加以修治使之為善。

（　）2.「登東山而小魯，登泰山而小天下。故觀於海者難為水，遊於聖人之門者難為言。」意在說明：(A)孔門弟子之多，人才之出眾 (B)孔子閱歷豐富，善於論道 (C)孔子德行之高，學問之大 (D)孔子理想遠大，胸襟開闊。

（　）3.「觀水有術，必觀其瀾；日月有明，容光必照焉。」意謂：(A)君子為學，應該循序漸進 (B)學貴有恆，不可見異思遷 (C)君子之學也以美其身 (D)聖道廣大而有本源。

（　）4.「流水之為物也，不盈科不行；君子之志於道也，不成章不達。」意謂：(A)聖道廣大，且大而有本 (B)聖道如水之有源，盈科乃行 (C)君子學道，積厚於內，自有威儀外現 (D)有志於聖道，須循序漸進，乃可有成。

（　）5.下列引號中的字，何者不是「通同字」？(A)「辟」若掘井：通「譬」 (B)有達「財」者：通「材」 (C)原泉「混」混：通「渾」 (D)左右逢其「原」：通「源」。

（　）6.下列引號中的字，其詞性何者不屬於動詞？ (A)一齊人「傅」之，眾楚人咻之 (B)故聲聞過情，君子「恥」之 (C)一日暴之，十日「寒」之 (D)流水之為物也，不盈「科」

不行。

（　）7. 下列四句並有「數」字，哪一選項的「數」字，當「技藝」解釋？ (A)引而置之莊、嶽之間「數」年 (B)會「數」而禮勤，物薄而情厚 (C)今夫弈之為「數」，小數也 (D)勝負之「數」，存亡之理。

（　）8. 「有為者，辟若掘井——掘井九軔而不及泉，猶為棄井也。」孟子此言與孔子的哪一種理念相同？ (A)逝者如斯夫！不舍晝夜 (B)譬如為山，未成一簣，止，吾止也 (C)舉一隅不以三隅反，則不復也 (D)學而不思則罔，思而不學則殆。

（　）9. 孟子曰：「雞鳴而起，孳孳為善者，舜之徒也；雞鳴而起，孳孳為利者，蹠之徒也。」意謂： (A)聖人和盜賊本性都是善良的 (B)為善謀利最樂 (C)聖人與盜賊一樣早起 (D)聖人行善，盜賊逐利。

（　）10. 下列敘述何者正確？ (A)「丈夫之冠也，父命之。」「丈夫之冠」意指大丈夫的帽子 (B)「雞鳴而起，孳孳為善者，舜之徒也。」「孳孳」意謂按部就班 (C)「大人者，不失其赤子之心者也。」「大人」指天子 (D)「不仁者，可與言哉？」「可與言哉」意謂怎能和他說仁義、講道理呢。

（　）11. 「仰不愧於天，俯不怍於人。」是指： (A)修德潤身之樂 (B)孝友天倫之樂 (C)授業弘道之樂 (D)富貴利達之樂。

（　）12. 有關孟子「論道德修養」之言論，何者正確？ (A)「富貴不能淫，貧賤不能移，威武不能屈。」此為孟子所謂的「大丈夫」 (B)景春曰：「一怒而諸侯懼，安居而天下熄。」指的是文王、武王之類的賢君 (C)「西子蒙不潔，則人皆掩鼻而過之。」以喻人不可空有美貌而忽略內在修養 (D)「人之有德慧術知者，恆存乎疢疾。」旨在說明困苦的遭遇，將使人喪失智慧。

二、多選題

（　）1. 「為學要按部就班，□□□□，不可好高騖遠，想要一步登天。」缺空的成語可以是： (A)盈科後進 (B)實至名歸 (C)循序漸進 (D)循循善誘 (E)一暴十寒。

（　）2. 下列引號中的字詞解釋，何者正確？ (A)觀於海者「難為水」：很難取到水 (B)遊於聖人之門者「難為言」：很難發言 (C)日月有明，「容光」必照焉：容納光線的小隙縫 (D)不「成章」不達：學問積累深厚，文章自然外現 (E)山徑之「蹊」閒，介然用之而成路：山坡上剛走出的小路。

（　）3.下列何者為排比修辭？ (A)一人雖聽之，一心以為有鴻鵠將至 (B)登東山而小魯，登泰山而小天下 (C)有如時雨化之者，有成德者，有達財者，有答問者，有私淑艾者 (D)一日暴之，十日寒之 (E)流水之為物也，不盈科不行；君子之志於道也，不成章不達。

（　）4.下列引號中的字，作動詞使用的是： (A)登東山而「小」魯 (B)盈科而後進，「放」乎四海 (C)仲尼「亟」稱於水 (D)欲其子「之」齊語也 (E)吾退而「寒」之者至矣。

（　）5.下列敘述何者正確？ (A)「一傅眾咻」是以學習方言為喻，說明師資對學習語言很重要 (B)「教人射，必志於彀」是期望射箭時，必以箭靶為標的 (C)「惟弈秋之為聽」，其中「之」字，表賓語提前的助詞，無義 (D)「一暴十寒」是勉人為學應專心致志，不可一暴十寒 (E)「水哉！水哉」是讚美水的言辭。

（　）6.下列何者可以作為「私淑艾」的例子？ (A)堯、舜之於孔子 (B)孔子之於顏淵、曾子 (C)孔子之於孺悲 (D)孔子之於孟子 (E)孟子之於公孫丑、萬章。

（　）7.下列敘述何者正確？ (A)「西子蒙不潔，則人皆掩鼻而過之。」戒人應潔身自愛 (B)「居天下之廣居，立天下之正位，行天下之大道。」意謂居仁、立禮、行義 (C)「曠安宅而弗居，舍正路而不由，哀哉！」「安宅正路」以喻仁義 (D)「君子有終身之憂，無一朝之患。」「終身之憂」謂不能居仁由義 (E)「仰不愧於天，俯不怍於人，二樂也。」即「反身而誠，樂莫大焉」之意。

（　）8.下列敘述何者正確？ (A)「富貴不能淫，貧賤不能移，威武不能屈。」此為孟子所謂的「大丈夫」 (B)「清斯濯纓，濁斯濯足矣。自取之也。」此譬喻用以說明「福禍自取」的道理 (C)孟子曰：「君子有三樂，而王天下不與存焉」 (D)景春曰：「一怒而諸侯懼，安居而天下熄。」指的是文王、武王之類的賢君 (E)「是故，君子有終身之憂，無一朝之患。」「終身之憂」指的是憂國憂民，擔心自己的理想未能付諸實現。

三、非選題

(一)音義測驗：

1.俯不「怍」於人：

2.恆存乎「疢」疾：

3.「睟」然見於面：

4.摩頂「放」踵：

5.私淑「艾」：

(二)注釋：

1.時雨化之：

2.放飯流歠：

3.終身之憂：

4.法家拂士：

5.而王天下「不與存」焉：

盡心下

一、單選題

( ) 1.「山徑之蹊閒，介然用之而成路；為閒不用，則茅塞之矣。」意謂：(A)學貴敬師 (B)學貴專一 (C)學應務本 (D)學貴有恆。

( ) 2.「山徑之蹊閒，介然用之而成路。」「介然」是指：(A)一年 (B)一個月 (C)一天 (D)很短的時間。

( ) 3.「民為貴，社稷次之，君為輕。」意謂：(A)國家興亡，匹夫有責 (B)民意如流水 (C)天心即是民心 (D)國之本在民。

( ) 4.下列各組詞意何者不同？(A)般樂／般若 (B)頒白／斑白 (C)不屑／不齒 (D)堵塞／壅塞。

( ) 5.下列選項引號中的字詞，何者注釋有誤？(A)狗彘食人食而不知「檢」：節制 (B)寡人願「安」承教：誠意地 (C)為民「父母」行政，不免於率獸而食人：指雙親 (D)自南自北，無「思」不服：助詞，無義。

( ) 6.下列選項引號中的字詞，何者注釋正確？(A)今此下民，「或」敢侮予：誰 (B)永「言」配命：說 (C)「委」而去之，是地利不如人和也：委託 (D)臣視君如「國人」：國君。

( ) 7.下列各句音義何者有誤？(A)「與」人為善：ㄩˇ，助 (B)不「泄」邇：ㄕˋ，狎昵 (C)「被」髮纓冠：ㄆㄧ，披散 (D)接「淅」而行：ㄒㄧ，淘米水。

( ) 8.下列選項引號中的字詞，何者注釋有誤？(A)禹惡「旨酒」：美酒 (B)目不視「惡色」：淫邪的顏色 (C)「遺佚」而不怨：遺失 (D)爾焉能「浼」我哉：汙也。

( ) 9.「民為貴，社稷次之，君為輕。」意謂：(A)國家興亡，匹夫有責 (B)民意如流水 (C)天心即是民心 (D)國之本在民。

( ) 10.「五百年必有王者興，其間必有名世者。」意謂：(A)聖王出，佐命之臣亦隨之而生 (B)聖王出，必可留名青史 (C)王者功業可

達五百年之久　(D)每隔五百年必有名人出現。

（　）11.「由周而來，七百有餘歲矣。以其數，則過矣；以其時考之，則可矣。」孟子謂當時應有聖君賢臣興起，因為：(A)周代戰亂七百年，人民渴望平治　(B)以七百年週期推算此正其時　(C)以五百年週期推算早已超過，而人民正亂極思治　(D)以七百年週期推算早已超過，而人民正亂極思治。

（　）12.「夫天未欲平治天下也；如欲平治天下，當今之世，舍我其誰也？」由此可知孟子：(A)大言不慚　(B)傲視群倫　(C)救世自期　(D)才為世出。

（　）13.《孟子》「說大人則藐之」一章，孟子言其得志弗為之事，不包括：(A)食前方丈，侍妾數百人　(B)堂高數仞，榱題數尺　(C)錦衣玉食，鮮車怒馬　(D)般樂飲酒，馳騁田獵，後車千乘。

（　）14.下列敘述何者正確？(A)「由周而來，七百有餘歲矣。以其數，則過矣；以其時考之，則可矣。」意謂其時應有聖君賢相出，以平治天下　(B)「我亦欲正人心，息邪說，距詖行，放淫辭。」孟子之意在於兼夷狄，驅猛獸　(C)孔子曰：「知我者，其惟《春秋》乎？」意謂孔子自豪於此一部《春秋》之記事甚詳，對亂臣賊子明褒暗貶　(D)「夫子若有不豫色然」意謂孟子心中早有體認。

二、多選題

（　）1.下列成語，何者可用來形容預先防患？(A)曲突徙薪　(B)未雨綢繆　(C)出爾反爾　(D)防微杜漸　(E)防患未然。

（　）2.下列選項引號中的字，何者是通同字？(A)「徹」彼桑土：通「撤」　(B)苟為不「畜」：通「蓄」　(C)為其「象」人而用之也：通「像」　(D)「惡」在其為民父母：通「何」　(E)天作「孽」：通「虐」。

（　）3.下列選項何者為倒裝句？(A)所欲與之聚之，所惡勿施爾也　(B)吾有司死者三十三人，而民莫之死也　(C)永言配命，自求多福　(D)犧牲既成，粢盛既潔　(E)其何能淑？載胥及溺。

（　）4.下列何組是「同義詞」？(A)五穀不登／五穀不熟　(B)棄甲曳兵／追亡逐北　(C)自求多福／禍福自取　(D)為叢敺爵／近悅遠來　(E)率獸食人／橫徵暴斂。

（　）5.下列何組詞義相反？(A)未雨綢繆／亡羊補牢　(B)陷溺其民／暴政虐民　(C)出爾反爾／一諾千金　(D)以力假仁／殘民以逞

(E)般樂怠敖／廢寢忘食。

（　）6. 孟子以繼承先聖之道為己任，其思想從下列哪些言論中可以得知？ (A)夫天未欲平治天下也；如欲平治天下，當今之世，舍我其誰也 (B)世衰道微，邪說暴行有作。臣弒其君者有之，子弒其父者有之 (C)作於其心，害於其事；作於其事，害於其政。聖人復起，不易吾言矣 (D)「戎狄是膺，荊舒是懲，則莫我敢承。」無父無君，是周公所膺也 (E)我亦欲正人心，息邪說，距詖行，放淫辭，以承三聖者。

（　）7. 下列有關孟子的敘述，何者正確？ (A)孟子主張民貴君輕，是我國現代民本思想的根源者 (B)孟子之政治主張，是以不忍人之心，行不忍人之政，所以堅決反對一切爭城爭地的殘酷戰爭 (C)孟子認為人性本善，而人長大後之所以有好壞之別，是因為後天環境和人為因素所造成的，所以極其重視教育 (D)孟子周遊列國期間，受到各國諸侯的禮遇，且他們皆誠心接受孟子仁政思想 (E)孟子周遊列國後退歸故鄉鄒國，與弟子萬章等，一起「序《詩》、《書》，述仲尼之意。」授徒、著書，度過他的晚年。

三、非選題

音義測驗：

1. 若崩「厥」角稽首：
2. 飯「糗」茹草：
3. 接「淅」而行：
4. 莫之敢「攖」：
5. 惡「莠」，恐其亂苗也：

答案暨解析

目次

答案暨解析

大學

一、單選題

1.(D) 2.(A) 3.(C) 4.(D) 5.(D) 6.(A) 7.(C) 8.(D)
9.(D) 10.(C) 11.(D) 12.(C) 13.(C) 14.(A) 15.(D) 16.(A)
17.(A) 18.(A) 19.(C) 20.(A) 21.(D) 22.(A) 23.(C) 24.(B)
25.(C) 26.(A) 27.(D) 28.(C) 29.(B) 30.(A) 31.(A) 32.(C)
33.(D) 34.(A) 35.(C)

解析：

1. (D)孔子之言。
5. 內聖：內心要修養成為聖人，即指格、致、誠、正、修。外王：對外要統一天下，即指齊、治、平。
6. (A)指修身。
7. (C)處事精詳/得其所止，即達到至善的境界。
8. (D)自明。
9. (D)皆懂得止於至善。
10. (A)仁。(B)敬。(D)慈。
11. (D)嚴密而剛毅是君子戒慎恐懼的態度；光明而盛大是正直不阿的儀態。
12. (C)指文王、武王。
13. (C)ㄒㄩㄢ，盛大。
14. (A)一定以德化民，使之向善不致涉訟。
22. (A)掩飾。

二、多選題

1.(A)(B)(C) 2.(A) 3.(B)(C)(D)(E) 4.(A)(B)(C)(E) 5.(A)(B)(C)(D)
6.(A)(B)(C) 7.(A)(B)(C) 8.(A)(C) 9.(A)(C)(D) 10.(A)(B)
11.(D) 12.(A)(B)(D)(E) 13.(A)(B)(C) 14.(A)(B)(C) 15.全

解析：

1. (A)(B)(C)皆言行善道。(D)明得民心的重要。(E)明理財的法則。
2. (B)能容人。(C)君子當行善無惡，始可求責於人。(D)不能容人。(E)快樂的君子，怎樣能做民之父母呢。
6. (D)意謂臣民好義，則事事負責盡職。(E)所有府庫裡的財富皆君王所有。
8. (B)排比。(D)譬喻。(E)回文。
9. (B)ㄌㄧˋ。(E)ㄒㄧㄝˊ。
10. (C)有封邑的卿、大夫。(D)善於搜括民財之臣。(E)竊取公家財物之臣。
11. (A)類疊、排比。(B)譬喻、類疊。(C)轉品、類疊。(D)映襯、類疊。(E)引用、類疊。
12. (C)絜，度量也；矩，方正也。絜矩之道就是推己及人之道。
13. (D)領導者所發佈的政令跟他本身的愛好相反，老百姓就不會聽從。(E)君子有善於己，然後可以責人之善。無惡於己，然後可以正人之惡。
14.(D)朱子所定。(E)四書為十三經以外的另一部經書，《大學》不在十三經之內。

三、非選題

配合：1.(D) 2.(E) 3.(F) 4.(J) 5.(G)

中庸

一、單選題

1.(D) 2.(C) 3.(B) 4.(C) 5.(D) 6.(D) 7.(D) 8.(B)
9.(A) 10.(D) 11.(C) 12.(A) 13.(B) 14.(D) 15.(A) 16.(A)
17.(D) 18.(D) 19.(A) 20.(D) 21.(A) 22.(B) 23.(C) 24.(D)
25.(D) 26.(C) 27.(A) 28.(C) 29.(C) 30.(B) 31.(B) 32.(B)
33.(D) 34.(B) 35.(C) 36.(D) 37.(D) 38.(C) 39.(C) 40.(D)
41.(B)

解析：

1.(D)這個道是率性而來的人道，故不可以離身。
5.(D)以其有小人之心，又無所禁忌、膽大妄為。
6.(A)(B)《四書辨疑》以為「行」、「明」要互易。智者、愚者係就「知」言，故宜用「明」；賢者、不肖者，係就「行」言，故宜用行。(D)喻道之不明是由於人之不察。
7.(A)舜不自用而能取諸人，是大智者。(B)舜心胸廣大光明，能隱人之惡，揚人之善。(C)強調其實不智。
8.(A)得到一個善道，指善行、善言。(C)言雖難卻易。(D)中庸之道是雖易卻難。
9.(A)弱者所居改為君子所居。
10.(D)不為世用，遯跡山林，無人知我。
11.(C)到、至／分開。
18.(D)做父母的大概都順心遂意。
21.(B)士禮。
24.(A)財用足。(B)百姓勸。(C)不惑。
29.(C)由生知安行而來。
30.(B)能使一切人和物都完成其受於自然之性狀是知。
34.(B)相反。
35.(C)反，復。
37.(D)以百姓是否信從加以證驗。
38.(A)(B)互換。(D)下襲水土。
39.(A)如天。(B)如淵。(D)不說。
41.(B)我懷著明德來化民，不用大聲和厲色。

二、多選題

1.全 2.(D)(E) 3.(B)(C) 4.全 5.全 6.(A)(C) 7.(A)(B)(C)(E) 8.全 9.全 10.(A)(B)(C) 11.(A)(B)(C)(D) 12.(A)(C) 13.(A)(B)(C)(D) 14.全 15.全 16.全

解析：

2.(D)ㄒㄧˋ／ㄐㄧㄚˊ。(E)ㄕˋ／ㄊㄨㄛ。
3.(B)ㄗㄞ／ㄓㄥ。(C)ㄉㄠˋ／ㄓㄨㄟˋ。
6.(B)排比、類疊。(D)錯綜、伸縮文句。(E)排比、類疊、譬喻。

7.(D)君子要謹慎於獨處。(E)君子為學在敦品美身，小人為學在炫己取譽。

11.(E)北方之強。

12.(B)(D)(E)皆不及。(A)(C)皆過也。

13.(E)君子正己而不求於人。

三、非選題

配合：1.(A) 2.(F) 3.(C) 4.(I) 5.(E)

論語

學而第一

一、單選題

1.(D) 2.(D) 3.(C) 4.(C) 5.(C) 6.(D) 7.(B) 8.(C)

9.(A) 10.(C) 11.(D) 12.(D) 13.(A) 14.(A) 15.(D) 16.(B)

17.(B) 18.(A) 19.(B) 20.(C) 21.(B) 22.(C) 23.(D) 24.(A)

25.(A) 26.(D) 27.(B) 28.(A) 29.(A) 30.(D) 31.(C) 32.(A)

33.(A) 34.(A) 35.(B) 36.(A)

解析：

3.怨恨。

4.(C)「人不知而不慍」或「學是為了修己，不是為了成名」。

5.(C)孝弟之德培養好。

6.(D)表推測的語詞，該是、或恐。

8.(C)外飾之美。

12.(D)皆不稱子，獨曾參、有若例外。

17.(B)指言語。

21.(B)明父子君臣朋友之倫，故選人倫。

22.(C)賢賢易色在明夫婦之倫，《中庸》：「君子之道，造端乎夫婦。」故本章將之列於首句。

26.(D)言祭要盡其誠。

30.(D)依照、依循。

31.(C)依憑或親近。

32.(B)枵腹從公：盡心公事。(C)引錐刺股：勤學苦讀。(D)伴食中書：徒取充位，不勤政事。

35.(B)所已言者。

36.(A)不患人之不知己的倒裝。

二、多選題

1.(A)(B)(C) 2.全 3.(D)(E) 4.(B)(D)(E) 5.(A)(C)(E) 6.(A)(B)(C)(E)

7.(A)(B)(C) 8.(A)(C) 9.(B)(C)(D) 10.(A)(B)(C)(E)

11.(A)(B)(E) 12.全 13.(A)(C)(D) 14.(A)(B)(C) 15.(A)(D)(E)

解析：

1.題幹：朋友間切磋之樂。(A)(B)(C)由於個性不同，陪侍孔子時顯露的氣象也不同。

2.同指為學是為了修己、修德。

3.(A)饔飧不繼：生活困苦。(B)就正有道：向有道德有學問者請求指正。(C)切磋琢磨：精益求精。

4.(B)左支右絀：窮於應付。(C)焚膏繼晷：日夜苦讀。(D)非聖誣法：否認聖人的言行道德。(E)躐等以教：不依資質高下而教。

5.(B)喻言行正直。(C)圓滑諂媚的樣子。(D)喻生活於世上。(E)強顏歡笑。(A)(C)(E)都在形容諂媚容態。

6.(D)(E)子夏之言。

8.(B)(D)(E)皆為子夏曰。

9.(C)孝也是德的一種。

13.(A)學文為後。

14.(D)(E)皆相反。孝弟先、親仁後。言語先、愛眾後。

三、非選題

配合：1.(B) 2.(E) 3.(H) 4.(J) 5.(F)

為政第二

一、單選題

1.(C)	2.(A)	3.(C)	4.(A)	5.(D)	6.(D)	7.(C)	8.(B)
9.(D)	10.(A)	11.(B)	12.(A)	13.(A)	14.(A)	15.(D)	16.(A)
17.(D)	18.(A)	19.(D)	20.(A)	21.(B)	22.(C)	23.(B)	24.(D)
25.(A)	26.(D)	27.(C)	28.(C)	29.(B)	30.(D)	31.(C)	32.(C)
33.(A)	34.(D)	35.(B)					

解析：

4.(B)儒家。

5.(D)正也、至也。

7.(C)喻指能知人生的道義與責任。

9.(D)不但要依照禮制節文，還要有誠懇的敬心。

11.(B)層遞。

15.(D)副詞，竟然、乃。

17.(D)私相討論。

19.(D)藏匿。

27.(C)言行少誤失。

28.(C)空也，有擱置之意。

30.(C)「其」指「為政」，為當「是」，下「為政」是一個詞。(D)繫詞，是。

34.(D)猶言增減。

二、多選題

1.(A)(E) 2.(B)(C) 3.(D)(E) 4.(C)(E) 5.全 6.(B)(C)
7.(A)(D) 8.(A)(B)(D) 9.(C)(D) 10.(C) 11.(C)(D)(E) 12.(A)(B)(C)
13.(A)(C) 14.(A)(B)(C) 15.(A)(B)(C)

解析：

2.(B)人民只求苟且，避免犯罪，但無羞恥心。(C)不但有羞恥心，而且達於善境。

4.(A)周歲。(B)二十歲。(C)四十歲。(D)頭髮灰白的老人。(E)六十歲。

6.(B)要能養能敬。(C)還要和顏悅色。

7.(B)子夏之言。(C)孔子不重甘旨之養。(E)前兩句是指顏回。

8. (C)學而不思則罔，思而不學則殆。(E)子夏之言。
9. (C)初看他行為表現。(D)細看他行事動機。
10. (D)子夏之言。
11. (A)君子小人之別在公私義利之間。(B)君子注重力行，不尚空談。
12. (D)言學思並重。(E)言禁人雜學。
13. (B)治國服民方法。(D)(E)皆言領導人民的方法要以德修身，然後以身作則。
14. (D)行寡悔的方法。(E)觀察人的行為方法。

三、非選題

配合：1. (E)　2. (C)　3. (A)　4. (J)　5. (H)

解析：

(B)三寶。(D)三光。(F)五倫。(G)三星。(I)六欲。

八佾第三

一、單選題

1. (C)　2. (A)　3. (D)　4. (B)　5. (A)　6. (C)　7. (D)　8. (B)
9. (A)　10. (C)　11. (D)　12. (C)　13. (D)　14. (D)　15. (A)　16. (A)
17. (C)　18. (C)　19. (A)　20. (D)　21. (C)　22. (A)　23. (A)　24. (B)
25. (C)　26. (A)　27. (B)　28. (A)　29. (D)　30. (B)　31. (C)　32. (D)
33. (C)　34. (A)　35. (C)

解析：

3. (D)祭畢收祭品。
7. (D)奈也。
13. (D)啟發。
14. 繪事後素：繪畫之事後於素也。猶人有美質然後可加文飾，禮必以忠信為質，猶繪事必以素粉為先，故曰以素喻禮。(D)禮生於忠信之後。(另解：禮生於仁德之後。)
15. (C)杞是夏的後代，宋是殷的後代。
16. (C)周成王特許魯君行禘祭，故不能算是僭禮。
17. (C)文指典籍，獻指賢者，通曉典籍掌故的賢者。
21. (C)如祖先活生生在眼前。
26. (A)視。
29. (D)哀過頭而害於和。
32. (D)官事的官吏不相兼職。
35. (C)指隨從孔子的弟子。

二、多選題

1. (A)　2. (D)(E)　3. 全　4. (A)(B)(C)　5. (A)(C)(D)　6. (A)(B)(D)(E)
7. (B)(D)　8. (D)(E)　9. (B)(D)　10. (A)(B)(C)　11. (A)(B)(C)(D)
12. (A)(B)　13. (C)(D)　14. 全　15. 全

解析：

2. (A)魯季氏僭用禮樂。(B)魯三家之僭禮。(C)論禮樂的本質在仁。
4. (D)子貢想免去古禮。(E)喻自結於君，不如阿附權貴。
7. (A)(C)(E)為皇侃邢昺之說。(B)(D)為程頤朱熹之說。
8. (A)素以為絢兮是逸詩。(B)清戴震《孟子字義疏證》。

(C)戴震之說。(D)(E)朱熹之說。

9. (A)重視證據。(C)因禘祭為治國之本。(E)言守禮不求媚。

10. (D)參與。(E)事死如事生。

11. (E)餼羊是生羊。

12. (C)不便解說它的是非。(D)不便挽救它的錯誤。(E)不便追究它的過失。

13. (C)殿門前設立屏風。(D)國君為了兩國國君的友好設宴。

三、非選題

配合：1.(I) 2.(F) 3.(J) 4.(B) 5.(A)

里仁第四

一、單選題

1.(A) 2.(A) 3.(D) 4.(B) 5.(C) 6.(D) 7.(C) 8.(A)
9.(B) 10.(B) 11.(D) 12.(A) 13.(D) 14.(B) 15.(A) 16.(D)
17.(D) 18.(A) 19.(D) 20.(C) 21.(A) 22.(C) 23.(B) 24.(C)
25.(D) 26.(C) 27.(A) 28.(B) 29.(C) 30.(A) 31.(A) 32.(B)
33.(B) 34.(D)

解析：

6. (D)吃一頓飯之時，指片刻之時。

7. (C)名詞：明智。

8. (A)窮困。

13. (D)指有德行、道義而將出仕者。

19. (D)治也。

20. (C)指立在其位的才德。

26. (C)憂愁。

33. (B)鄰猶親也，親近之意。

34. (D)道猶事也，指家事。

二、多選題

1.(A) 2.(A)(B)(E) 3.(A)(B)(C) 4.(A)(B)(C) 5.全 6.全
7.(A)(B)(C)(D) 8.(A)(B)(C)(E) 9.全 10.(A)(B)(C)(E) 11.全
12.(A)(B)(D)(E) 13.(A)(C)(D) 14.全 15.全

解析：

1. (A)窮困。(B)儉省。(C)準備。(D)約定。(E)約束。

2. (A)(B)(E)居。(C)安享。(D)相處。(E)處士：布衣之士。

3. (D)(E)皆論道德修養。

4. (D)有德者必有志同道合的人來親近他。(E)為學須有良好環境。

6. (A)竹添光鴻以為：之，處也。(B)竹添光鴻以為：之，去也，是很好的另解。

7. (E)人的過失各有不同類別。

8. (D)沒有一定不要那樣做。

12. (C)言人將死亡時。(E)猶言彈指。

13. (B)恕。(E)助詞。

三、非選題

配合：1.(C) 2.(F) 3.(H) 4.(G) 5.(B)

公冶長第五

一、單選題

1.(A) 2.(D) 3.(B) 4.(C) 5.(D) 6.(B) 7.(A) 8.(D)
9.(B) 10.(C) 11.(A) 12.(B) 13.(B) 14.(A) 15.(B) 16.(B)
17.(D) 18.(C) 19.(C) 20.(C) 21.(A) 22.(D) 23.(A) 24.(A)
25.(C) 26.(C) 27.(B) 28.(B) 29.(D) 30.(C) 31.(C) 32.(C)
33.(C) 34.(D) 35.(C) 36.(B) 37.(D) 38.(C) 39.(B) 40.(D)

解析：

5.(D)戮此當羞辱、刑罰之意。
6.(B)若人：若此人，指子賤。
10.(C)此也，指仕進之道。
12.(B)具有政治長才。
13.(B)邑長。
16.(B)比視、仰望、耆望。
20.(C)指《詩》《書》《禮》《樂》。
25.(C)以患養民。
28.(B)四十匹。
34.(D)因此。
35.(C)如何、怎樣。
37.(D)形容詞作動詞用，指用壞了。
38.(C)稱代詞，指老者。

二、多選題

1.全 2.(B)(D) 3.(A)(D)(E) 4.全 5.全 6.(D) 7.全
8.全 9.(B)(C)(D) 10.(A)(B)(C)(D) 11.(B)(C)(D) 12.(B)(E)
13.(B)(C)(D)(E) 14.全 15.全

解析：

2.(A)瑚璉是宗廟貴重器皿，以喻子貢有可貴才德。(C)孔子高興漆雕開不求榮祿、篤志求道。(E)朱熹說浮海之嘆，嘆天下無賢君。
3.(B)冉求。(C)公西華。
6.(A)(B)倒裝。(C)激問。(D)借代。(E)譬喻。
10.(A)(B)(C)(D)皆言恕道。(E)言剛強不屈（不息）。
11.(E)包括在天道。
12.(C)忠也。(D)清也。
13.(A)則人愈是尊敬他。

三、非選題

配合：1.(G) 2.(A) 3.(I) 4.(F) 5.(E)

雍也第六

一、單選題

1.(A) 2.(A) 3.(C) 4.(C) 5.(C) 6.(B) 7.(B) 8.(A)
9.(B) 10.(D) 11.(B) 12.(A) 13.(C) 14.(D) 15.(C) 16.(D)
17.(C) 18.(C) 19.(A) 20.(B) 21.(C) 22.(D) 23.(A) 24.(B)
25.(A) 26.(D) 27.(D) 28.(A) 29.(C) 30.(C)

解析：

6. (B)純赤色。
8. (B)(D)相反。(C)無此說法。
18. (C)文采剩過本質則像官府掌文書者，多聞習事，而誠或不足。
22. (A)專心致力於人所當為之事。(B)尊敬鬼神而遠離之，不被迷惑。(C)遇到艱難的事，爭先去做。

二、多選題

1. (B)(E) 2. (B)(C) 3. (A)(B)(E) 4. (B)(C)(D) 5. (A)(B)(C)(D)
6. (A)(D)(E) 7. (A)(B)(D)(E) 8. (A)(D) 9. (A)(B)(D) 10. (A)(B)(D)
11. (A)(C)(D)(E) 12. (A)(C)(D) 13. (C)(E) 14. (B)(E) 15. (B)(E)

解析：

1. (A)ㄒㄧㄥ。(C)ㄋㄧㄥˊ。(D)ㄊㄢˊ。
2. (A)智者功成常樂。(D)此事何止於仁。(E)近取諸身，以己所欲，譬之他人。
3. (C)再，言再來召我。(D)喪亡，言疾甚，將喪此人。
4. (A)叛。(E)無。
5. (A)六斗四升為一釜／鍋子。(B)不直／昧之以理之所無。(C)人／仁德之人。(D)ㄧㄠˋ，喜好／ㄌㄜˋ，心深好之而陶醉於其中。(E)悅。
6. (B)禁止詞。(C)語尾助詞。
7. (C)類疊。
9. (C)掩藏己心，以討好他人的行徑。
10. (A)脫下衣服給別人穿，拿出食物給別人吃。形容為人慷慨，熱心助人。(C)只圖私利而遺害周圍的人。
11. (B)簞食瓢飲，形容貧苦的生活。列鼎而食，形容生活極為奢侈。
12. (B)不正直的人也可以生存，那只是他僥倖免於禍害罷了。(E)居心寬疏而行事寬略，未免有苟且粗疏之弊，而無法度可守。
13. (A)廣博地學習聖賢典籍，並約束己之行為，使合於禮。(B)行為光明正大。(C)迎合在上者的心意。(D)存心敬肅行事簡約。(E)徒居高位而不任事。
14. (A)六斗四升為一釜。(C)前往。(D)請求增加多些。
15. (A)(C)(D)皆前後相反。(E)見〈憲問〉第三十章。

三、非選題

配合：1. (E) 2. (G) 3. (H) 4. (F) 5. (B)

解析：

4. 〈公冶長〉：「雍也，仁而不佞。」

述而第七

一、單選題

1. (B) 2. (C) 3. (B) 4. (D) 5. (A) 6. (C) 7. (B) 8. (A)
9. (D) 10. (D) 11. (B) 12. (B) 13. (C) 14. (B) 15. (B) 16. (C)
17. (A) 18. (B) 19. (D) 20. (D) 21. (C) 22. (A) 23. (C) 24. (B)
25. (D) 26. (D) 27. (B) 28. (D) 29. (C) 30. (D)

解析：

7. (B)據於德。

14. (A)衛君出公父子爭國。

22. (A)文，指《詩》《書》《禮》《樂》。

25. (A)不講道理，難以與之交談。(B)讚許他能上進。(C)潔身自好以求上進。

28. (D)勉人好學。

二、多選題

1. (A)(B)(E)　2. (B)(C)(E)　3. (D)(E)　4. (A)(B)(D)　5. (B)(C)(D)(E)

6. (A)(B)(E)　7. (A)(B)(D)　8. (A)(D)(E)　9. (A)(B)(C)(D)

10. (A)(B)(E)　11. (A)(B)(D)　12. (A)(B)(D)(E)　13. (A)(B)(D)　14. (A)(B)(D)(E)

15. (A)(B)(D)

解析：

1. (C)ㄓㄣˋ。(D)ㄊㄨㄟˋ。
2. (B)(C)(E)皆讀ㄌㄜˋ。(A)ㄩㄝˋ，音樂。(D)ㄧㄠˋ，愛好。
3. (A)ㄧˋ。(B)ㄍㄨㄥ。(C)記憶。
4. (C)幫助、順也。(E)追究。
6. (A)所行之事／德行。(B)宿鳥／歇宿。(C)皆憑空妄作。(D)黨，因政見相同而結合的團體。此當動詞，皆相助匿非。(E)稱許／給予。
7. (A)食之。(B)相助匿非。(D)稱許、贊成，(A)(B)(D)皆當動詞。(C)固陋，寒傖，形容詞。(E)勤敏，副詞。
8. (C)貪圖安逸，荒廢時日。
9. (E)禮樂射御書數六藝。
10. (C)顏回。(D)冉雍。
11. (C)就正於有道。(E)不可倒裝。
12. (C)無偏無黨，處世待人非常公正。
13. (C)孔子自言竭誠教人，無所隱瞞。(E)言何難之有。
14. (E)見〈鄉黨〉第十二章

三、非選題

配合：1. (C)　2. (E)　3. (G)　4. (D)　5. (A)

泰伯第八

一、單選題

1. (A)　2. (A)　3. (B)　4. (C)　5. (D)　6. (C)　7. (C)　8. (C)

9. (C)　10. (D)　11. (C)　12. (A)　13. (B)　14. (B)　15. (D)　16. (A)

17. (B)　18. (B)　19. (D)　20. (B)　21. (A)　22. (B)　23. (B)　24. (B)

25. (A)　26. (D)　27. (C)　28. (A)　29. (B)　30. (B)

解析：

7. (C)虛其心志，自視不足。
8. (A)言受前君之命輔佐幼主。(B)謂代攝國政。(D)不會改變操守。
21. (A)無知。
27. (C)光明貌。
29. (A)贏得天下三分之二民心的擁戴。(C)周武王。(D)舜禹。

二、多選題

1. (A)(B)(D)　2. (A)(B)　3. 全　4. (A)(E)　5. (B)(C)(D)(E)　6.

(A)(B)(C) 7.(A)(D) 8.(A)(D)(E) 9.(C)(E) 10.(A)(B)(E) 11.(B)(C)(D)(E) 12.(A)(B)(C)(D) 13.(B)(D) 14.(A)(D) 15.(D)(E)

解析：

1. (C)ㄐㄧㄠˋ。(E)ㄩㄢˋ。
2. (C)ㄐㄧㄢˋ，指其間隙而非議之。(D)祭服。(E)疾恨、厭惡。
4. (B)較。(C)(D)皆無此說。
5. (A)ㄩㄢˋ，皆遠離之意。(B)相關/贊同。(C)指其間隙而非議之/病情稍好。(D)厭惡/疾病。(E)太、很/止。
6. (D)「卑宮室」言宮室矮小簡陋。(E)孔子讚美舜、禹功德偉大，胸懷宏闊，不私天下於一己。
7. 興於詩，立於禮，成於樂。
8. (A)禍亂。(B)樂之終。(C)亂，治也。亂臣，治理天下的賢臣。(D)紊亂。(E)作亂。
9. (A)亂臣，治臣也。(B)際，猶下、後。唐虞以後，到周武王時人才最多。(D)武王的治臣中有一個婦女。
10. (A)微薄。(B)準之。(C)忠厚，形容詞。(D)俸祿，名詞。(E)參與計畫。
11. (A)虎尾春冰，比喻處境極為危險。(B)越俎代庖，喻越過自己的職分，替代他人工作。(C)置若罔聞，形容把事情放在一邊，不予理會。(E)一蹴而就，喻很容易成功。
12. (E)說話言辭語氣得體，可避免別人鄙俗背理的話。
13. (A)禮的節制。(C)絞，急切責人。(E)民風不至於澆薄。

14. (A)為孟子之言。(D)孔子言仁者之行。
15. (D)天下有道則出仕，無道則隱居不仕。(E)邦有道，貧且賤焉，恥也；邦無道，富且貴焉，恥也。

三、非選題

配合：1.(D) 2.(C) 3.(A) 4.(H) 5.(B)

子罕第九

一、單選題

1.(C) 2.(D) 3.(C) 4.(C) 5.(D) 6.(A) 7.(D) 8.(C)
9.(A) 10.(C) 11.(A) 12.(C) 13.(D) 14.(B) 15.(C) 16.(B)
17.(C) 18.(A) 19.(B) 20.(D) 21.(D) 22.(B) 23.(C) 24.(C)
25.(D) 26.(A) 27.(C) 28.(C) 29.(B) 30.(D)

解析：

1. (C)行仁入手極易，我欲仁，斯仁至矣。
2. (D)不成一藝之名。
5. (D)如「述而不作」、「若聖與仁，則吾豈敢」。
14. (A)反問。(C)竭盡。(D)反詰法。
20. (D)有何困難呢。
23. 或謂此章悼惜顏淵早卒，但顏淵雖享年不長，也只能說是「秀而不實」而已，不宜說「苗而不秀」。
26. (B)不以為羞恥。(C)大概只有仲由（子路）能夠吧。(D)何足以為善，怎能說是盡善盡美。
28. (C)小勇、匹夫之勇。

30. (D)言求則得之，捨之則亡。

二、多選題

1. (B)(E) 2. (C)(D) 3. (B)(E) 4. (B)(C)(E) 5. (A)(B)(D) 6. (A)(C)(D) 7. (E) 8. (A)(C)(D) 9. (A)(D) 10. (A)(B)(D) 11. (B)(C) 12. (A)(B)(C)(D) 13. (B)(C)(D)(E) 14. (A)(B)(D) 15. (A)(B)(C)(E) 16. (B)(C)(D)(E)

解析：

1. (A)ㄌㄧˋ。(C)ㄌㄨˊ。(D)ㄐㄧㄚˋ或ㄍㄨˇ。
2. (A)ㄓˋ。(B)ㄗㄤ，善。(E)被。
4. (A)殫，盡也。(D)同「闢」。
5. (A)倨傲、驕傲／舒泰。(B)誠懇貌／無能貌。(C)皆ㄧˋ，穿。(D)翻／反省。(E)皆同「悅」。
7. 題幹及(E)皆「和」之意。(A)稱許。(B)同「歟」。(C)(D)參與。
10. (A)有何陋。(C)借喻。(E)轉品。冕衣裳，穿戴禮服禮冠，名詞轉為動詞。
11. (D)鳶飛魚躍，喻萬物各得其所，自得其樂。
14. (C)病情好轉。
15. (B)顧炎武〈廉恥〉。(C)潘岳〈西征賦〉。(D)孔子所引逸詩，以景起興。(E)文天祥〈正氣歌并序〉。
16. (A)指顏淵。(D)讚美子路之勇，而誡其不能裁度事理，見〈公冶長〉第七章。(E)讚美子路能明斷果決，見〈顏淵〉第十二章。

三、非選題

配合：1. (E) 2. (C) 3. (A) 4. (F) 5. (G)

鄉黨第十

一、單選題

1. (A) 2. (C) 3. (A) 4. (D) 5. (A) 6. (B) 7. (B) 8. (C)
9. (A) 10. (D) 11. (A) 12. (B) 13. (C) 14. (B) 15. (B) 16. (B)
17. (D) 18. (A) 19. (B) 20. (B) 21. (B) 22. (B) 23. (D) 24. (C)
25. (A) 26. (D) 27. (A) 28. (B) 29. (D) 30. (D)

解析：

4. (D)中正貌。
5. (B)受命之時。(C)揖同為擯者。(D)迎賓之時。
6. (B)揖同為擯者。
8. (A)好像沒有容身之地似的。(B)不踩在門檻上。(D)說話好像說不出來似的。
9. (A)「鞠躬如也」是顯出非常恭敬謹慎的樣子。
11. (B)言執圭平衡，手與心齊，高不過揖，低不過授。(C)戰慄而色懼，面色敬肅。(D)腳步促狹，好像沿著一定的道路上走似的。
13. (A)家居所著之服。(B)小臥被。(D)上朝或祭祀所著之禮服。
14. (B)蓋的被子比身體長一倍半。
18. (A)米飯不嫌舂得精白，肉膾不嫌切得細。
19. (A)烹調壞了。(C)宰殺方式不當。(D)沒有適當的醬、佐料。

20. (B)喝酒按酒量，不喝到醉而惹事。

21. (A)必等老人離席才離開。(C)鄉人「儺」：音ㄋㄨㄛˊ。(D)東階。

22. (A)派人探訪他邦友人。(C)餽贈藥品。(D)在未明藥性前，不敢試服。

24. (A)貴人賤畜。(B)(D)皆先人後畜，(B)「傷人乎不」，「不」通「否」。

25. (B)(C)相反。(D)沒有。

26. (A)東首。(B)(C)病臥皆無法行之。

27. (A)魂魄無所歸趨，意指沒有家族料理其喪事。(B)死於我乎殯：死了可以在我這兒殯殮。

28. (B)容儀莊嚴肅穆。

29. (D)指東指西。

30. (D)通「拱」，兩手拱住雌雉。

二、多選題

1. (A)(D) 2. (B)(D) 3. (B)(D) 4. (A)(D)(E) 5. (D)(E) 6. (A)(C)(D)(E) 7. (A)(B)(C)(D) 8. (B)(E) 9. (A)(B)(D) 10. (A)(D) 11. (B)(E) 12. (B)(C)(D) 13. (A)(D)(E) 14. (C)(D) 15. (B)(E)

解析：

1. (B)一ˋ。(C)ㄞˋ。(E)ㄋㄨㄛˊ。

2. (A)ㄋㄟˇ／ㄙㄨㄟ。(B)皆ㄙㄨˋ。(C)ㄐㄩㄝˊ／ㄐㄩˊ。(D)皆ㄗ。(E)一ㄣˊ／ㄩ。

3. (A)數相見。(C)「踧踖」如也：音ㄘㄨˋ ㄐ一ˊ。(E)ㄓㄣˇ。

4. (B)(C)皆無。

5. (A)前往／ㄉ一ˊ，專主。(B)隔夜／宿鳥。(C)ㄗ，衣服下襬／ㄓㄞ，齋戒。(D)戰慄恐懼貌。(E)回顧。

6. (A)急／厭惡。(B)回。(C)三餐進食之時／非其時。(D)居家／坐。(E)數相見／貼身之衣，家居所穿之服。

7. (A)恭敬謹慎貌。(B)莊矜貌。(C)威儀中適貌。(D)恭敬不寧貌。(E)疾行貌。

8. (A)深青色。(C)黑色。(D)黑色。

9. (C)裡面必穿內衣。(E)羔為色黑。

10. (B)牲畜。(C)嘗食。(E)畜養。

11. (A)吃飯只配一樣菜，形容生活節儉樸素／形容憂慮煩躁，無法辨別食物的美味。(B)皆可用以形容講究的飲食。(C)行止端正／形容心中掛念、憂慮著某件事而吃不下飯、睡不好覺。(D)指家中人口眾多，生活負擔沉重／指面對美食而食慾大開。(E)皆形容飲食過分奢侈浪費。

12. (A)不是三餐進食時間就不吃。(B)(C)皆形容工作忙碌，或迫不及待，連坐定的時間也沒有。(D)終日勤勞不懈怠。(E)譏人飽腹不思。

14. (C)歸即分賜。(D)「必齊如也」，言雖以菲薄之食品致祭，其祭必敬。

15. (B)禮貌。(E)持邦國圖籍者。

三、非選題

配合：1. (B) 2. (E) 3. (A) 4. (D) 5. (G)

先進第十一

一、單選題

1.(C) 2.(B) 3.(B) 4.(A) 5.(D) 6.(D) 7.(D) 8.(C)
9.(B) 10.(B) 11.(A) 12.(B) 13.(A) 14.(D) 15.(B) 16.(B)
17.(C) 18.(B) 19.(D) 20.(C) 21.(A) 22.(C) 23.(B) 24.(D)
25.(C) 26.(B) 27.(B) 28.(D) 29.(B)

解析：

2. (A)君子指都邑之人。(C)君子文勝於質。(D)野人質勝於文。

3. 《史記・孔子世家》：「從者病，莫能興，孔子講誦弦歌不衰。」(B)子路死於衛亂。

4. (A)德行：尚有顏淵、冉伯牛、仲弓。(B)言語：外交辭令，使命應對。(C)政事：冉有、季路。(D)文學：指《詩》《書》《禮》《樂》、典章制度。

11. (B)顏回。(C)我不能徒步，把車子賣掉來替顏回做一付外棺。(D)孔鯉下葬亦是有棺無槨。

14. (A)冉有就是冉求。(B)父：曾點，子：曾參。(C)二人不是父子。

16. 〈先進〉第十二章：「閔子侍側，誾誾如也；子路，行行如也；冉有、子貢，侃侃如也。」(A)閔子，誾誾如。(C)冉有，侃侃如。(D)子貢，侃侃如。

17. (C)閔子騫主張按舊制重修府庫。

19. 〈先進〉第十七章：「柴也愚，參也魯，師也辟，由也喭。」譯：高柴愚直，曾參遲鈍，子張外向偏激，子路粗俗鹵莽。

20. (A)(B)相反。(D)中行，中庸之道。

21. 譯：孔子訪問季康子，子張和子夏跟著他一塊去。孔子進到屋裡，跟季康子坐談，子張和子夏兩人在外面討論問題，討論了一整天還沒有決斷。子夏的辭氣很窮急，面色都變了。子張說：「你沒有聽過老師的議論嗎？他緩慢、和悅而正直地說話，容貌和舉止都很恭敬，先是沉默，然後說話，有好的意見，推讓給別人。他的議論多偉大呀！多廣闊呀！使正道有了歸宿。小人的議論，一心一意以為自己是對的，說別人是不對的，瞪著眼睛，捉住手腕，說話很急速，口水往外噴，眼珠發紅。僥倖得勝，立刻笑出來，發出嗌嗌的笑聲，容貌和舉止鄙陋，辭氣粗俗不雅，因此君子輕視他。」

23. 譯：西門豹的性情比較急躁，所以身上佩帶熟皮，以便提醒自己性情應該舒緩一些；董安于性情比較舒緩，所以身上佩帶弓弦，以便提醒自己性情應該急迫一些。(A)「師也辟」：子張外向偏激，應佩韋。(B)「由也喭」：子路粗俗魯莽，應佩韋。(C)「商也不及」：子夏篤信謹守，而規模狹隘，應佩弦。(D)「樊遲請學稼，子曰：『小人哉，樊須也』」：「小人」指不識大體，志氣平庸的小民，故樊遲應佩弦。

二、多選題

1.(A)(B)(C)(E) 2.(A)(B)(C)(D) 3.(B)(C)(D)(E) 4.(A)(B)(C)(D)
5.(C)(D)(E) 6.(C)(D)(E) 7.(A)(B)(C)(E) 8.(A)(B)(C)(D) 9.(A)(C)(D) 10.(A)(B)(C)(D) 11.全 12.(A)(B)(D)(E) 13.(B)(C)
14.(B)(C)(D)(E) 15.(A)(C)(E) 16.(A)(B) 17.全 18.全 19.(B)(C)(D) 20.全 21.(A)(B)(E)

解析：

1. 題幹意思是質樸勝於文飾。(D)孔子責備子路率爾妄對。
3. (A)不是使我在教學上有所增益的人。
4. (E)譬喻。
5. (C)出自《左傳》。(D)出自李白〈將進酒〉。(E)出自李白〈秋浦歌〉。
6. (A)顏回是顏路的兒子。(B)顏回死，顏路請求孔子賣車來買外棺。(D)譯：若沒有家產，即使衣衾只能包藏形體，斂畢就葬，而且是用繩子懸著棺材下葬，如此盡力而為之，人們哪能提出非議呢？
7. (D)此為公西赤的志向，見〈先進〉第二十五章。
9. (A)蹈常襲故：墨守陳法。
10. (E)孔子言子路學問已達正大高明的境界，只是未進入精深的境域罷了，並未輕視子路。
12. (C)二者相反。
13. (A)讚美顏淵之賢。(D)讚美子游能以禮樂治邦。(E)讚美閔子騫不勞民傷財。
14. 譯：自從見過孔子，進門未曾擺自己鞋子在他人鞋子的前面，經過別人身旁，不踏人影子；不殺害出土的蟄蟲，不折斷成長中的植物；守父母之喪，從不曾露齒笑過，這是高柴的行為。(A)秉性淳厚。
15. (B)辟，便辟，言其務外自高而流於偏。(D)孔子之言。
16. (C)子路。(D)「德行」科為：顏淵、閔子騫、冉伯牛、仲弓。(E)《大學》。
19. (A)孔子之言。(E)冉求。
21. (A)柳下惠以正直態度事奉人君，見〈微子〉第二章。(B)微子見紂王無道而離去，見〈微子〉第一章。(C)比干苦諫紂王被殺，見〈微子〉第一章。(D)史魚不管在國家政治清明或黑暗之時，其言行都像箭般正直，見〈衛靈公〉第六章。(E)蘧伯玉在政治清明時便出來做官，政治黑暗時便引退，見〈衛靈公〉第六章。

三、非選題

配合：1.(A) 2.(H) 3.(G) 4.(D) 5.(K)

譯：能夠起早睡晚，背誦詩書，崇尚禮教，從來沒有犯過同樣的錯誤，說話從不馬虎苟且，這是顏淵的德行呀。不害怕強暴，不怠慢鰥寡，他的話是順著自己的性情的，他的才足以擔當起軍事的重任，他的形象很優美，他的財產很富裕，這是仲由的德行呀。恭敬老的，憐恤小的，從來沒有忘記寄居在這裡的客人，喜歡學習，博通六藝，詳細紀錄各種事務，勤勤懇懇辦事，這是冉求的德行呀。端莊而又嚴肅，通達而又好禮，當兩國的君主舉行會盟的時候，擔任迎賓贊禮的工作，很文雅，又很有禮節，這是公西赤的德行呀。他的知識很淵博，卻又什麼都虛心學習，他的樣子很恭謹，他的德行很篤厚，他講的話沒有兌不了現的，他比別人高大，在於他常常有一種浩然正氣，正因為他不慕富貴，不趨名利，能夠隨遇而安，所以能夠長壽，這就是曾參的品行呀。

顏淵第十二

一、單選題

1.(A) 2.(D) 3.(C) 4.(A) 5.(A) 6.(D) 7.(B) 8.(D)
9.(B) 10.(C) 11.(A) 12.(C) 13.(C) 14.(C) 15.(A) 16.(B)
17.(B) 18.(B) 19.(D) 20.(D) 21.(A)

解析：

3.(C)非禮勿視，非禮勿聽，非禮勿言。

5.(A)句末語氣詞。(B)贊同，動詞。(C)稱許，動詞。(D)讚許，動詞。

14.(A)(B)(D)形容君子助人為善之行。

16.(A)惑。(C)為政。(D)交友。

17.(A)文指禮樂的文采。(C)棘子成。(D)子貢認為「文猶質也，質猶文也」，文質同等重要。

18.子貢認為君子於文質二者，不宜偏廢。(A)質勝於文。(C)文勝於質，出自《文心雕龍．情采》。譯：虎豹一旦失去了彪炳的斑紋，只剩下表皮的時候，和犬羊相比，可說毫無二致；犀兕雖然皮革堅韌，但仍須借助於丹漆的塗飾，才能保持它的鮮明和用途，可見本質雖好，尚有待文采的潤色。(D)質勝於文，出自《文心雕龍．情采》。譯：水有空明的特性，所以一經微風吹拂，即綯起美麗的波紋，樹木體質堅實，一旦陽氣發動，即綻放出絢麗的花朵，這就證明了文采必須附著在本質之上。

19.(D)藏富於民。

二、多選題

1.(C)(E) 2.(D) 3.(A)(C)(D)(E) 4.(A)(B) 5.(A)(C) 6.(A)(B)(C)(E)
7.(A)(B)(C)(D) 8.(A)(B)(D) 9.(A)(C)(D) 10.(A)(B)(C)
11.(A)(B)(C) 12.全 13.全 14.(A)(B)(D)(E) 15.全 16.全
17.全

解析：

1.(A)ㄎㄨㄛˋ/ㄍㄨㄛˇ。(B)ㄊㄜˋ/ㄋㄧˋ。(C)ㄖㄣˋ。(D)ㄗㄣˋ/ㄗㄢˋ。(E)ㄙㄨˋ。

2.(A)踐行/復誦。(B)與，稱許/回去。(C)實行，做/事情。(D)用。(E)存諸心/平居，平日。

4.(A)不衫不履：形容人不拘小節。(B)不日不月：不分日月，沒有期限/不偏不倚：折衷調和，不偏袒任何一方。(C)不倫不類：比喻不成樣/不夷不惠：品德折衷而不偏激。(D)不忮不求：不忌妒，不貪得/

不三不四：形容不正經。(E)不郎不秀：不成材或沒出息／不卑不亢：待人處事恰如其分。

6. (D)假設語氣。

7. (C)在下的人民貧困，在上的君主也必貧困。在下的人民富足，在上的君主也必富足。(D)明主一定謹養和氣，節制開支，開發財源，而時時加以斟酌。光大的使天下一定有足餘，在上位的不憂慮不足。(E)國家太平，政治清明，只知道享受俸祿；國家紛亂，政治昏暗，也只知道貪戀俸祿，這都是可恥的事。

9. (B)有若之言。(E)季康子之言，孔子反對，以為為政要風行草偃，以德化民。

10. (D)政事。(E)孔子以使民無訟為貴。

12. (A)(B)〈顏淵〉第五章：商聞之矣：「死生有命，富貴在天。」君子敬而無失，與人恭而有禮，四海之內，皆兄弟也。(C)(D)〈顏淵〉第四章：司馬牛問「君子」。子曰：「君子不憂不懼。」曰：「不憂不懼，斯謂之君子已乎？」子曰：「內省不疚，夫何憂何懼！」(E)〈憲問〉第四十五章：子路問君子。子曰：「脩己以敬。」曰：「如斯而已乎？」曰：「脩己以安人。」

14. (A)第一人稱。(B)(C)第三人稱。(D)第一人稱。(E)第三人稱。

三、非選題

填充：

1. 子路 2. 孔子 3. 子游 4. 顏回 5. 孟子

解析：

1. 濟寧仲家淺仲由祠聯
2. 張健詩
4. 宋羅從彥謁顏廟
5. 開封孟子廟聯

子路第十三

一、單選題

1. (D) 2. (C) 3. (D) 4. (A) 5. (B) 6. (D) 7. (B) 8. (C)
9. (D) 10. (C) 11. (C) 12. (B) 13. (C) 14. (D) 15. (B) 16. (D)
17. (C) 18. (D) 19. (D) 20. (C)

解析：

3. (D)「先之，勞之」是指領導民眾時必須比他們先實行，先勞苦。

5. (B)期月，指一年。

6. (A)鄙俗／質勝文者，言質樸郊野之民。(B)參與／與之同處。(C)治理／日常起居。(D)用。

9. (A)〈顏淵〉第十九章。(B)〈陽貨〉第四章。(C)司馬光〈訓儉示康〉。(D)〈子路〉第二十五章。

11. (C)子曰：「誦《詩》三百，授之以政，不達。使於四方，不能專對；雖多，亦奚以為？」

13. 此段話為范純仁勸神宗勿貿然變法，以免為諂媚奸佞之小人所利用。
15. (B)與之同處。
16. (A)鄉人皆好之，未必為善人。(B)鄉人皆惡之，未必為惡人。(C)鄉人之善者好之，其不善者惡之。
18. (D)〈顏淵〉第十九章：季康子問政於孔子曰：「如殺無道，以就有道，何如？」孔子對曰：「子為政，焉用殺？子欲善，而民善矣！君子之德風；小人之德草；草上之風必偃。」
19. (A)季氏的私朝。(B)(C)相反。
20. 蘇軾〈教戰守策〉：天下果未能去兵，則其一旦將以不教之民而驅之戰。

二、多選題

1. (B)(D) 2. 全 3. (D)(E) 4. (D)(E) 5. (C)(D)(E) 6. (B)(D)(E)
7. 全 8. (A)(C) 9. (D) 10. (A)(B)(C)(D) 11. (B)(E)
12. (B)(C)(D) 13. (B)(D)(E) 14. (C) 15. (A)(B)(C)(E) 16. (A)(D)(E)
17. (A)(C)(D)(E) 18. (C)(D) 19. (B)(C)(D) 20. (A)(C)(D)

解析：

1. (A)君子求諸己，小人求諸人。(C)和而不同。(E)及其使人也，器之。
3. (A)為政之方。(B)(C)為觀察善惡者之道，必「鄉人之善者好之，其不善者惡之」。
6. (A)駕車。(C)人口眾多。
7. (A)「不吾以」為「不以吾」的倒裝。(B)「何有」為「何難之有」「有何難」的省略與倒裝。(C)「如正人何」為「如何正人」的倒裝。(D)「莫予違」為「莫違予」的倒裝。(E)「行己有恥」為「己行有恥」的倒裝。
9. (A)附→付。襁負而至：行仁政而四方之民都來歸化。(B)剩→勝。(C)合→和。(E)重→中／梢→筲。
10. (E)仁者之行。
11. (A)期望／近乎。(B)第一人稱，我的。(C)人口眾多／差不多。(D)治理／平居，平日。(E)假如。
12. (A)易事而難說，及其使人，器之。(E)病無能，不病人之不己知也。
13. (A)士而懷居，不足以為士矣。(C)士志於道，而恥惡衣惡食者，未足與議也。
14. (A)(B)相反。(D)股肱，指輔佐國君的大臣，應是如「手足」般的兄弟。(E)肝膽胡越，比喻本來相近之物卻被認為相距得很遠。
15. (D)行孝當隱過。
16. (B)差不多夠用。(C)家中器物剛有一點時，他說：差不多完備了。
17. (B)《易經・恆卦》九三爻辭。
18. (A)期望／近乎。(B)輕率苟且／近於、差不多。(C)通「悅」，歡悅。(D)大概，推測語氣。(E)人民／往。
19. (A)君子容易事奉，但難以討他喜歡。(E)不能單獨作主應對。
20. (A)剛毅木訥，近仁。(B)切切偲偲、怡怡如也，可謂士矣。(C)回答司馬牛問仁。(D)回答樊遲問仁。(E)夫達也者：質直而好義，察言而觀色，慮以下人。

三、非選題

請寫出正確的形音義：

1. 襁；織縷為之，用以背小孩於背。
2. 一週年。
3. 攘；順手牽羊。
4. 硜硜；小石堅確貌。言能堅然自守。
5. ㄋㄜˋ；遲鈍。

憲問第十四

一、單選題

1. (D) 2. (B) 3. (B) 4. (A) 5. (B) 6. (A) 7. (D) 8. (C)
9. (D) 10. (D) 11. (B) 12. (A) 13. (C) 14. (A) 15. (D) 16. (C)
17. (C) 18. (B) 19. (C) 20. (A)

解析：

1. 甲、諡號；乙、《詩》《書》《禮》《樂》；丙、文采；丁、典籍；戊、修飾。
4. (A)君子有時候會違背仁德。
5. 題幹說明君子應安貧樂道。(A)〈憲問〉第十章：問管仲。曰：「人也，奪伯氏駢邑三百，飯疏食，沒齒，無怨言。」所以(A)亦在說明君子應安貧樂道。
6. (B)會說話的人「不一定」有道德。(C)有德。(D)有言者不必有德。
7. (C)勇者不必有仁。
8. (A)子貢有言亦有德。(B)子路有勇亦有仁。(D)《史記・仲尼弟子列傳》：「司馬耕，字子牛。牛，多言而躁。」
15. 沒齒難忘：終身難忘。(B)永銘五中：牢記於心，永遠不忘。五中指五臟，也指腹中、內心。(D)沒「齒」難忘：牙齒。「齒」德俱尊：年齒，年歲。
16. (A)可以為難矣，仁則吾不知也。(B)事君之道。(D)「諒陰」指天子居喪所居房屋，此句論天子居喪之禮。
17. (C)後天努力所致。
20. (B)既而：過一會。(C)鄉也：同「嚮」，前時。(D)「既」，已經。

二、多選題

1. 全 2. (A)(B)(D) 3. (A)(B)(C) 4. 全 5. (A)(B)(C) 6. (C)(D)(E)
7. (B)(D)(E) 8. (B)(C)(D)(E) 9. (A)(C)(E) 10. (A)(B)(C)
11. (A) 12. (A)(B)(D)(E) 13. 全 14. (C)(D) 15. (A)(C)(D)(E) 16. (B)
17. (A)(B)(C)(E) 18. (A)(B) 19. 全

解析：

1. (A)成全/人格完備者。(B)約定/要挾。(C)語助詞，無義/之乎。(D)起而隱居/創作。(E)乃，是/或者。
2. (C)撩起衣裳涉水。(E)ㄈㄚ，自矜。
3. (D)齊國伯氏遭管仲奪去駢邑三百，卻毫無怨言。(E)孔子主張以直報怨，以德報德。

5.(A)邦有道穀，邦無道穀，恥也。(B)巧言、令色、足恭，左丘明恥之，丘亦恥之。(C)匿怨而友其人，左丘明恥之，丘亦恥之。(D)〈顏淵〉第二十一章，此為脩慝之法。(E)以不教民戰，是謂棄之。

6.(A)(B)無層遞關係。(C)子曰：「為命，裨諶草創之，世叔討論之，行人子羽脩飾之，東里子產潤色之。」(D)〈憲問〉第四十五章。(E)〈子路〉第三章。

8.(B)〈微子〉第六章。(C)〈微子〉第六章。(D)〈憲問〉第四十二章。(E)〈憲問〉第四十一章。

9.(E)天下有道則見，無道則隱。

11.(B)膠柱鼓瑟：喻拘泥不知變通。語出《史記・廉頗藺相如列傳》。(C)循表夜涉：喻拘泥不知變通。語出《呂氏春秋・察今》：「荊人欲襲宋，使人先表（測量）澭水。澭水暴益，荊人弗知，循表而夜涉，溺死者千有餘人，軍驚而壞都舍。嚮其先表之時可導也，今水已變而益多矣，荊人尚猶循表而導之，此其所以敗也。」

12.(A)使他勤勞。(B)使他人安樂。(D)使人民富有。(E)使伯氏吃粗茶粗飯。

15.(B)孔子論直道。

16.(A)孔子論南容之賢。(C)邦有道穀，邦無道穀，恥也。(D)(E)〈顏淵〉第二十章：「在邦」，在諸侯之國；「在家」，在卿大夫之家，二者均為出仕。

17.(D)雙關。(E)斗筲之人喻才短量淺之人。斗，量名，容十升；筲，竹器，容斗二升，二者均器之小者。

三、非選題

《論語》成語測驗：

1.(F)（〈子路〉第三章） 2.(I)（〈子路〉第二十章）
3.(C)（〈子路〉第十七章） 4.(D)（〈顏淵〉第八章）
5.(A)（〈憲問〉第十八章） 6.(E)（〈先進〉第十五章）
7.(B)（〈顏淵〉第一章） 8.(L)（〈憲問〉第十三章）
9.(M)（〈顏淵〉第十九章） 10.(K)（〈顏淵〉第十六章）

衛靈公第十五

一、單選題

1.(B) 2.(C) 3.(B) 4.(B) 5.(D) 6.(A) 7.(A) 8.(D)
9.(D) 10.(C) 11.(A) 12.(B) 13.(D) 14.(C) 15.(B) 16.(C)
17.(B) 18.(B) 19.(C) 20.(C) 21.(A) 22.(D) 23.(C)

解析：

12.(乙)ㄎㄨㄟˋ。(丁)ㄕㄣˇ。(己)ㄨˇ。

二、多選題

1.(B) 2.(B)(E) 3.(A)(B)(C)(D) 4.(A)(C)(D)(E) 5.(A)(C)(D)(E)
6.(A)(C)(D)(E) 7.(B)(D)(E) 8.(B)(C)(E) 9.(A)(C)(D)
10.(A)(B)(C)(D) 11.(A)(B) 12.全 13.(A)(B)(C) 14.(D)

解析：

1.(B)實踐仁德在出言謹慎。

2.(B)莫知我。(E)人莫非之。

3. (E)有地位的人。
4. (B)恭、寬、信、敏、惠。
5. (B)應調整為↓句讀之不知，或師焉；惑之不解，或不焉。
6. (B)人對仁道的需要比火的需要還迫切。
8. (A)勸人求學。(D)勉人為學當精進不已，不可始勤終懈。
9. (B)孟子論士。(E)子夏之言。
10. (E)譬喻。
11. (C)(D)(E)均為形容詞。
13. (D)寬厚待人，鼓勵後進。(E)不可無信。
14. (A)形容詞。(B)疑問助詞。(C)(E)動詞。

三、非選題

翻譯：

1. 孔子說：「史魚真是個正直的人！在國家政治清明時，他的言行像箭般正直；在國家政治黑暗時，他的言行也像箭般正直。蘧伯玉可算是個君子呀！在政治清明時，便出來做官；在政治黑暗時，便引退而把自己的才能收藏起來。」

2. 孔子說：「一個在位者才智足以治理國事，如果他的仁德不能保持它，雖然得到職位，必然會喪失掉的。才智足以治理國事，仁德也能保持它，如果他不能以莊重的態度治理民眾，民眾也不會對他尊敬。才智足以治理國事，仁德也能保持它，又能以莊重的態度治理民眾，如果他的舉動不合禮，也不能算是完善啊。」

3. 孔子說：「君子為人處事，以合宜作為原則，用禮節去實踐它，用謙遜的言語表達出來，用信實的態度完成它，這樣，真是個君子！」

季氏第十六

一、單選題

1. (D)	2. (C)	3. (A)	4. (C)	5. (A)	6. (C)	7. (D)	8. (B)
9. (C)	10. (D)	11. (C)	12. (C)	13. (C)	14. (B)	15. (B)	16. (C)

二、多選題

1. (A)(E) 2. (B)(D)(E) 3. (A)(B)(C) 4. (A)(C)(D)(E) 5. (A)(B)(C) 6. (A)(B)(E)

解析：

1. (B)能近取譬：指將心比心。(C)易姓之間：指改朝換代。(D)伐善施勞：指自誇長處及功勞。
2. (A)勉人學禮。(C)言仁者無私心，能審人之好惡。
3. (A)(C)指子承父教。(B)子承母教。(D)指刈草砍柴之人的歌謠。芻蕘，音ㄔㄨˊ ㄖㄠˊ，割草與砍柴的村夫。(E)比喻平凡庸小的志願。
4. (B)謂之躁。
6. (C)指孝心。(D)指悼念父母。

三、非選題

填充：

1.友直；友諒；友多聞。

2.樂節禮樂；樂道人之善；樂多賢友

陽貨第十七

一、單選題

1.(C) 2.(A) 3.(D) 4.(A) 5.(C) 6.(C) 7.(A) 8.(C)
9.(D) 10.(B) 11.(D) 12.(A) 13.(C)

二、多選題

1.(A)(C)(E) 2.(A)(B)(D)(E) 3.(C)(D)(E) 4.(D) 5.(A)(B)(C)(E)
6.(B)(C)(D) 7.(B)(D)(E) 8.(B)(C)(D) 9.(A)(B)(C)(E)
10.(C)(D) 11.(B) 12.全 13.(B)(C)(D) 14.(A)(B)(D) 15.(A)(B)(C)(D)
16.(B)(C)(D)(E) 17.(A)(B)(D)(E)

解析：

1.(B)好直不好學，其蔽也絞。(D)認為不仁者才不可久處約，不可長處樂。

2.(C)戒人勿重利招怨。

3.(A)注重「敬」。(B)「色難」即侍奉父母以和顏悅色最為難得。

4.(A)在世／省察。(B)指所在位置／方法。(C)如此的期間／期望。(D)助詞，無義。(E)效勞／憂愁。

5.(D)名詞，一年。

6.(A)言孔子見子游以禮樂治理武城，流露出心中之喜悅。(E)前者意謂為政者用刑殺，後者意謂為政者當用賢去邪。

7.(A)比喻治小邑，何必用禮樂之大道。(C)糧足，軍修且使人民信服政府。

8.(A)文學。(E)言語。

9.(D)應為子夏。

10.(A)親近有道德的人來糾正自己的錯誤。(B)告訴你已經知道的道理，就能領悟出還不知道的道理。(E)所受的蒙蔽是急切。

11.(A)好信不好學，其蔽也賊。(C)好剛不好學，其蔽也狂。(D)好仁不好學，其蔽也愚。(E)好知不好學，其蔽也蕩。

12.(A)子貢巧口利辭，有辯才。(B)子曰：「片言可以折獄者，其由也與！」(〈顏淵〉)(C)子游以禮樂治理武城。(〈陽貨〉「子之武城……」)(D)子曰：「求也，千室之邑，百乘之家，可使為之宰也。」(〈公冶長〉)(E)子曰：「赤也，束帶立於朝，可使與賓客言也。」(〈公冶長〉)

13.(A)ㄨˊ，無也，謂己之所未有。(E)迷惘無所得。

14.(A)(B)〈陽貨〉第十七章。(C)孟子稱讚柳下惠為「聖之和者」，乃因其「不羞汙君，不辭小官；進不隱賢，必以其道。遺佚而不怨，阨窮而不憫；與鄉人處，由由然不忍去也」，見《孟子・萬章下》。(D)〈公冶長〉第五章。(E)為「季文子」，見〈公冶長〉第五章。

15.(E)狂狷者亦各有所長，亦值得加以教誨之，非不屑之教。

17.(C)左丘明恥之。

三、非選題

翻譯：

1.只喜歡仁德不喜歡學習，所受的蒙蔽是愚昧；只喜歡才智不喜歡學習，所受的蒙蔽是放蕩；只喜歡誠信不喜歡學習，所受的蒙蔽是賊害；只喜歡正直不喜歡學習，所受的蒙蔽是急切；只喜歡勇敢不喜歡學習，所受的蒙蔽是禍亂；只喜歡剛毅不喜歡學習，所受的蒙蔽是狂躁。

2.孔子說：「我想不說話了！」子貢說：「如果老師不說話，那麼弟子們有什麼可以傳述呢？」孔子說：「天說些什麼呢？然而四季照樣運轉，萬物照樣滋生，天說了什麼呢？」

微子第十八

一、單選題

1.(C) 2.(B) 3.(C) 4.(C) 5.(A) 6.(C) 7.(C) 8.(A)

9.(D) 10.(B) 11.(C)

解析：

6.「辟世之士」指桀溺；「斯人之徒」指世人。

二、多選題

1.(B)(D) 2.(B)(C)(D) 3.(A)(C) 4.(B)(D)(E)

解析：

1.(A)冉有、季路。(C)微子、箕子、比干。(E)明仲弓之德足以用世。

2.(A)德行、言語、政事、文學。(E)柳下惠，姓展，名獲，食邑柳下，諡號惠。

3.(A)問。(B)張揚／施加。(C)比擬。(D)讚許／參與。(E)固執／簡陋，鄙吝。

三、非選題

翻譯：

1.紂王無道，微子便離開他，箕子做他的奴隸，比干勸諫被殺。孔子說：「殷商末年有三個仁人！」

2.滔滔大亂，天下都是如此，誰能改變這種局面呢？你與其跟從逃避壞人的人，倒不如跟從我們這些逃避亂世的人呢？

子張第十九

一、單選題

1.(D) 2.(C) 3.(B) 4.(B) 5.(A) 6.(A) 7.(B) 8.(B)

9.(D) 10.(B) 11.(A) 12.(A) 13.(D) 14.(D) 15.(C) 16.(A)

二、多選題

1.(A)(B)(D) 2.(C)(D)(E) 3.(C)(D) 4.(A)(C)(D)(E) 5.(B)(E)

6.(A)(B)(C) 7.(A)(B)(C) 8.(B)(E) 9.(C)(D) 10.(D)(E) 11.

(D)(E)

解析：

1. (C)「己所不欲，勿施於人」指恕道。(E)故意裝出和善的臉色來奉承別人。
2. (A)指小人掩飾其過。(B)明辯貌。
3. (C)子夏所言。(D)有子所言。
4. (B)子夏之言。
5. (A)ㄕˊ／ㄙˋ。(B)ㄐㄧ。(C)ㄩˋ／ㄒㄧㄝˋ。(D)ㄐㄧㄥ／ㄐㄧㄥˋ。(E)ㄓㄨㄢˋ。
6. (D)刑，通「型」，禮法。名詞。(E)責任，名詞。
7. (D)子夏→子路、齊景公。(E)有若→子張。
8. (A)授與、奉獻／招集。(B)大概、恐怕。(C)堅實／簡陋、寒傖。(D)通「蝕」，指日月虧蝕／飲食。(E)偏私阿黨。
9. (A)一個士人貪戀生活的安適。(B)君子之人心存禮法，惟恐違背觸犯。(E)不先存絕對如此的成見，也不先存絕不如此的成見。
10. (A)「士師」，掌理刑獄之官，猶今之「司法官」。(B)十分取一。(C)讚許→貪戀。
11. (A)貧而無怨，難；富而無驕，易。(B)以直報怨。(C)子夏之言。

三、非選題

翻譯：

1. 子貢說：「譬如屋子的圍牆：我端木賜的圍牆，高度只到肩膀，從牆外便可以看到房子裡面的美好；我老師的圍牆，卻有好幾丈高，如果找不到大門走進去，就看不到裡面宗廟裝飾的輝煌，文武官員的富盛。能夠找到大門進去的人或許很少吧！武叔不了解我的老師，說我勝過他，不是很自然的嗎？」
2. 在位的君子先得到民眾的信任，然後才使他們服勞役；如果沒得到民眾的信任，而要他們服勞役，他們會以為是虐待他們。先得到君主的信任，然後才進諫；如果沒得到信任便進諫，君主會以為是毀謗他。」
3. 子貢說：「文王武王所留傳下來的禮樂典章，並沒有失傳，現在還有人能記得。賢人便記得那些重大的，不賢的人記得那些細小的，賢人和不賢的人無不保守著文王武王的道。我的老師何處不學，又何必要有固定的老師呢？」

堯曰第二十

一、單選題

1. (D) 2. (B) 3. (A) 4. (D) 5. (A) 6. (A)

二、多選題

1. (B)(D)(E) 2. (A)(B)(D)(E) 3. (C)(E)

解析：

1. (A)原句意謂「無論眾或寡，無論大或小」，故非偏義複詞。(C)為略喻。

2.(C)古人求學目的為了充實自己。

3.(A)「道」通「導」，音ㄉㄠˋ。(B)「無」音ㄨˊ，通「毋」，禁止之詞。(D)「孫」通「遜」，音ㄒㄩㄣˋ。

三、非選題

翻譯：

子張說：「什麼是五種美德呢？」孔子說：「在上位的君子能施恩惠給民眾，而自己卻不破費；勞役民眾，而民眾卻不怨恨；心有仁義的嗜慾，卻不貪求；胸襟舒泰，卻不驕傲；有威嚴卻不兇猛。」

孟子

梁惠王上

一、單選題

1.(D) 2.(C) 3.(D) 4.(D) 5.(B) 6.(D) 7.(C) 8.(A)
9.(C) 10.(A) 11.(C) 12.(C) 13.(A) 14.(D) 15.(C) 16.(C)
17.(B) 18.(A) 19.(C) 20.(D) 21.(D) 22.(C) 23.(A) 24.(D)
25.(A) 26.(D) 27.(D) 28.(B) 29.(B) 30.(D) 31.(B) 32.(C)
33.(D) 34.(B) 35.(B) 36.(A) 37.(C) 38.(D) 39.(B) 40.(A)
41.(B) 42.(A) 43.(D) 44.(D) 45.(B)

解析：

3.(D)倒反。

7.(C)量度也。

8.(A)經之：度量臺址、地基。營之：立表標明臺的位置。意指丈量運作建臺工作。

9.(C)白鳥長得豐潤皎潔的樣子。

11.(C)《尚書》篇名。

12.(C)是人民愛戴文王而取的名字。

14.(D)有的人。

15.(C)盡也。

16.(C)譏人半斤八兩卻取笑對方。

17.(B)不替暴君虐民。

22.(C)頭髮半白的老人，不再背負重擔勞苦奔波了。

26.(D)語譯：怎麼可以使這些人民活活餓死呢？意謂使人民飢餓而死，要比始作俑者殘忍。

27.(D)樂意／指暴政。

28.(B)欲為死者洗雪恥辱。

29.(C)感化殘暴之人，猶廢除死刑。

31.(B)被／失。

33.(D)歸服。

34.(B)禁止。

35.本篇以旱苗枯槁喻暴政虐民，以雨潤苗生喻民受澤而歸向仁君。

38.(D)心痛／分別。

39.(B)指稱詞，指這件事／心有同感。

40.(A)皆如此。
41.(B)齊宣王。
43.(D)這是張著網羅去陷害百姓。
44.(D)譬喻。
45.(B)ㄊㄚˋ。

二、多選題

1.全 2.(A)(B) 3.(A)(B) 4.(A)(C)(E) 5.全 6.(B)(D)
7.(A)(B)(C) 8.(A)(B)(C)(D) 9.(A)(B)(C)(D) 10.(A)(C) 11.全
12.(B)(C)(E) 13.全 14.全 15.(C)(D) 16.(A)(D)

解析：

15.(A)士。(B)民。(E)不為也。
16.(A)ㄏㄜˊ/ㄒㄧㄣˋ。(D)ㄕㄢˋ/ㄘㄨˋ。

三、非選題

配合：1.(A) 2.(E) 3.(J) 4.(H) 5.(F)

梁惠王下

一、單選題

1.(A) 2.(C) 3.(D) 4.(A) 5.(C) 6.(D) 7.(D) 8.(A)
9.(D) 10.(B) 11.(D) 12.(C) 13.(D) 14.(B) 15.(D) 16.(C)
17.(A) 18.(C) 19.(D) 20.(D) 21.(D) 22.(D) 23.(D) 24.(B)
25.(C) 26.(B) 27.(D) 28.(C) 29.(C) 30.(A) 31.(D) 32.(C)
33.(A) 34.(A) 35.(B) 36.(D) 37.(A) 38.(C) 39.(B) 40.(B)
41.(B) 42.(A) 43.(D) 44.(A) 45.(D) 46.(D) 47.(C)

解析：

5.(C)大家皆垂頭喪氣，一臉愁苦的樣子。
7.(D)指獵人。
15.(D)福也。
18.(A)(B)相反。(D)天子巡狩。
19.(D)如何整備；如何修為；如何修德。
20.(D)違背古代聖王之命，殘害百姓，飲食無度有如流水沒有止息。
21.(D)挽船逆流而上。
22.(A)流。(B)連。(C)荒。
25.(A)稽，察問。(B)煢：無兄弟。獨：無子。(D)思安集人民，以光大其國。
26.(B)第二天一早就躍馬疾馳。
27.(D)不縫底。
31.(D)及、等到。
36.(D)這是避開水淹火燒的暴政啊！
39.(B)商湯。
40.(B)捆綁。
47.(C)座車已備好。

二、多選題

1.(A)(C)(E) 2.(A)(B)(C)(E) 3.全 4.(A)(C)(E) 5.(C)(D)
6.(A)(B) 7.(B)(C)(D) 8.(A)(B)(C)(E) 9.(E) 10.全 11.全
12.(A)(B)(C)(E) 13.(A)(C)(D)(E) 14.(A)(B)(E) 15.(A)(B)(C)(D)

解析：

1. (B)一ㄡˋ／ㄖㄠˋ。(D)ㄏㄨˋ／ㄐㄩㄝˊ。
2. (C)ㄏㄡˊ，乾糧／ㄐㄧˊ，安集，通「輯」。
5. (A)(B)相反。(E)樂天者保天下。
9. (E)他們違背命令虐待百姓，飲食無度。
12. (D)四者是指鰥寡孤獨。
13. (B)有喬木是指年代久遠。
14. (C)(D)相反。

三、非選題

配合：1.(G) 2.(B) 3.(J) 4.(A) 5.(C)

公孫丑上

一、單選題

1.(B)	2.(B)	3.(A)	4.(B)	5.(D)	6.(D)	7.(C)	8.(A)
9.(D)	10.(D)	11.(B)	12.(C)	13.(A)	14.(A)	15.(A)	16.(D)
17.(B)	18.(B)	19.(D)	20.(A)	21.(A)	22.(D)	23.(B)	24.(C)
25.(B)	26.(D)	27.(B)	28.(C)	29.(D)	30.(A)	31.(A)	32.(C)
33.(A)	34.(D)	35.(B)	36.(B)	37.(C)	38.(A)	39.(B)	40.(C)

解析：

1. (B)先父，指曾子／忿怒變色。
2. (B)鋤頭／開闢。
4. (B)齊國人煙稠密。
7. (C)衣褐寬大之匹夫／不畏懼、不怕。
9. (D)曾子和子夏互換。
10. (D)反求諸己。
11. (B)因為他把義看做是外在的東西。
12. (C)疲倦貌／疲倦也。
14. (A)知其所蔽。
16. (D)行一不義、殺一不辜而得天下皆不為也。
18. (B)蟻封／道上無源之水／聚也。
19. (D)王天下。
22. (A)(B)(C)皆言做法與想法矛盾。(D)防患未然。
27. (B)通「稽」，稽查／稅物不稅舍。
34. (D)阻止／被人差遣的人。
39. (B)去而不顧／汙染。

二、多選題

1.(A)(B)(C)(D) 2.(A)(B) 3.(C)(D) 4.(A)(B)(C)(E) 5.(A)(B)(C)(E)
6.(B)(E) 7.(A)(C)(D) 8.全 9.(A)(B)(C) 10.(A)(C)(D)(E)
11.(A)(B)(C)(D) 12.(A)(B)(D)(E) 13.(A)(B)(E) 14.(C)(E)
15.(A)(B)(D)(E)

解析：

1. (E)ㄉㄧㄝˊ／ㄉㄠˇ。
2. (A)ㄉㄨˋ／ㄆㄢˊ。(B)ㄔㄢˊ／ㄇㄥˊ。
3. (C)語助詞／稱代詞，指道義。(D)之，賓語，指褐寬博者／舍也，止也。
4. (D)助也、許也／阻止也。
5. (D)類疊。
6. (B)借代。(E)排比、類疊。

7.(B)映襯。(E)譬喻。
10.(B)「內」，交、結交也，內同「納」。
11.(E)王者無意服人人自服，霸者有意服人，人不敢不服。
13.(C)(D)相反。
14.(A)(B)狀貌。(D)如此。(C)(E)同「燃」。
15.(C)相反。

三、非選題

配合：1.(B) 2.(E) 3.(F) 4.(G) 5.(C)

解析：

4.據清俞樾《古書疑義》言：句中正、心二字為忘之誤，修正後應為「必有事焉而勿忘，勿忘，勿助長也。」下文耘苗者即忘，揠苗者即助長。

公孫丑下

一、單選題

1.(D) 2.(B) 3.(D) 4.(C) 5.(B) 6.(D) 7.(C) 8.(C)
9.(C) 10.(C) 11.(D) 12.(D) 13.(A) 14.(C) 15.(B) 16.(B)
17.(D) 18.(D) 19.(A) 20.(B) 21.(C) 22.(D) 23.(B) 24.(A)
25.(B) 26.(C) 27.(D) 28.(A) 29.(B) 30.(A) 31.(A) 32.(C)
33.(B) 34.(C) 35.(D) 36.(A) 37.(C) 38.(B) 39.(A) 40.(D)
41.(C) 42.(D) 43.(A) 44.(D) 45.(A) 46.(D)

解析：

1.(D)言得天時，蓋古時出兵必先占卜，吉則出征。故環而攻之表示占到吉時，故曰得天時。
6.(D)攔止/少也，不滿足。
7.(C)贈送旅費給遠行的人。
8.(A)父親有事召喚，答唯比答諾恭敬。(B)國君有命召見，不能等到駕好車才出門。(D)將要大有作為的國君，一定有自己不敢隨意召喚的臣子，有事和他商量，就到他那兒去。
11.(A)齒。(B)爵。(C)無此說。
12.(D)同「叛」。
14.(C)在齊國沒有接受餽贈的名義。
23.(B)往而還也，即一往一返。
39.(A)我是竭誠恭敬齋戒一夜才敢說這些話。
40.(D)你看我不如子思才是先棄絕我。
42.(D)孟子以為齊王皆以直告無隱，正足以為善。
43.(A)德業聞望有名於世者。
46.(D)孟子做齊國客卿，仍不想改變去齊初衷。

二、多選題

1.(A)(D)(E) 2.(A)(D)(E) 3.(A)(B)(C)(E) 4.(A)(B)(C)(E) 5.(A)(B)(D) 6.(A)(B)(C)(D) 7.(A)(C)(E) 8.(A)(D)(E) 9.(A)(B)(D)(E) 10.(A) 11.全 12.全 13.(A)(B)(C)(D) 14.(A)(B)(C) 15.(A)(B)(C)

解析：

1.(B)ㄐㄧㄣˋ/ㄐㄧˇ。(C)ㄌㄟˊ/ㄔㄨˊ。

2.(B)ㄍㄥ/ㄍㄨㄟ。(C)ㄓㄞ/ㄇㄨˋ。
3.(D)齋戒越宿/形容竭誠恭敬。
4.(D)節省/快慰、滿意。
5.(C)副使/往而還也。(E)下「之」指牛羊。
6.(E)限制人民/城池。
7.(B)排比。(D)疑問。
8.(B)轉品。(C)反詰（激問）。
10.(B)(C)(D)(E)皆指重病。
13.(E)以牛羊之主人設喻齊王，牧者設喻為官吏。
14.(D)齊燕皆無道之國，為何要勸。(E)孟子責齊大夫陳賈不能勉齊王遷善改過也就罷了，還教他遂非文過之不是。
15.(D)(E)皆假設之辭。

三、非選題

配合：1.(G) 2.(D) 3.(C) 4.(B) 5.(H)

滕文公上

一、單選題

1.(B) 2.(C) 3.(A) 4.(D) 5.(D) 6.(B) 7.(C) 8.(C)
9.(D) 10.(C) 11.(B) 12.(C) 13.(D) 14.(A) 15.(A) 16.(A)
17.(C) 18.(C) 19.(A) 20.(D) 21.(D) 22.(D) 23.(D) 24.(C)
25.(D) 26.(D) 27.(B) 28.(A) 29.(C) 30.(B)

解析：

6.(B)自盡其心也。(D)言民死者多，不勝葬，故遷而棄於溝壑之中。
7.(C)「至於子之身而反之，不可。」到了您身上卻要違反前代舊典，是不可以的。
8.(C)就喪位。
9.在上位的執政者學了禮樂，就能涵養仁心，愛恤人民；在下位的老百姓，學了禮樂，就能謹守禮法，容易使令。
10.(C)搓好繩索。
13.(B)《詩經》殆為西周初年到東周春秋中葉的作品。
17.(C)公事畢，然後敢治私事。
18.(C)一個人身上所需的物品，有賴百工製作始能具備。
19.(A)ㄇㄥˊ。
22.(D)契。
23.(A)對辛勞者慰勞，對來歸者撫恤。(B)對邪惡者匡正，對枉曲者矯直。(C)輔助人民確立志向，幫助人民奉行禮教。
25.(D)許行。
27.(B)麻縷絲絮輕重同，則賈相若。
28.(B)無此說。(C)此以社會分工駁斥農家君民並耕、以物易物之說。(D)貨物品質的好壞不齊。

二、多選題

1.(C)(D) 2.(A)(E) 3.(C)(D)(E) 4.(B)(C)(E) 5.(C)(D)(E)
6.(D)(E) 7.(B)(C)(D)(E) 8.(A)(B)(E) 9.(D)(E) 10.(A)(B)(D)

11.(B)(E) 12.(A)(B)(D) 13.(A)(C)(D) 14.(A)(B)(D)(E) 15.(D)(E)

解析：

1. (A)ㄐㄧㄢˋ。(B)ㄇㄧㄢˇ。(E)ㄔㄨㄞˋ。
2. (B)ㄐㄩˋ。(C)ㄒㄧˋ。(D)ㄅㄧㄢˇ。
3. (A)ㄔㄡ。(B)ㄨˇ。
4. (A)整理行裝。(D)打擊。
5. (A)並列。(B)繩也，此當動詞，絞成繩子。
6. (A)徵取。(B)仆倒。(C)纚，纚布。
7. (A)皆曝曬之意。(B)網，引申為網羅陷害，陷民於罪／昧之以理之所無。(C)急也／屢也，數也。(D)較也，比較／教也，教育。(E)過也，超過／先於父兄百官而哀也。
8. (C)飦粥之食。(D)自天子達於庶人皆同。
9. (A)校數歲之中以為常。(B)樂歲粒米狼戾，多取之而不為虐卻寡取之。(C)凶年不足而必取盈焉。
11. (A)倒裝。(C)略喻。(D)回文。(E)賓語提前的倒裝。「膺戎狄，懲荊舒」。
12. (A)哀，ㄆㄡˊ，減去。(C)出谷遷喬：原指日求上進，後用以比喻搬到好的居所或職位高升。
13. (B)懲治不講求仁義之道的蠻夷之邦。(E)言市賈不貳，童叟無欺。
14. (C)「彼」指「若保赤子」一語。「彼有取爾也」意謂《書經》所言，是別有取意。
15. (D)回家拿出土籠和木鍬來，把屍身掩埋了。(E)厚葬父母，必有其道，而不以薄葬為貴矣。

三、非選題

配合：1.(B) 2.(A) 3.(C) 4.(B) 5.(C)

解析：

1. 殷人七十而助。
2. 夏后氏五十而貢。
3. 周人百畝而徹。
4. 殷曰序。
5. 周曰庠。

滕文公下

一、單選題

1.(C)	2.(B)	3.(C)	4.(A)	5.(A)	6.(C)	7.(C)	8.(B)
9.(D)	10.(B)	11.(D)	12.(C)	13.(A)	14.(B)	15.(A)	16.(A)
17.(B)	18.(A)	19.(A)	20.(D)	21.(C)	22.(D)	23.(C)	24.(B)
25.(D)	26.(B)	27.(A)	28.(A)	29.(C)	30.(B)		

解析：

5. (B)語助詞。(C)駕車奔馳。(D)橫而射之。
15. (A)耕種「藉田」。助，藉田也，天子諸侯雖秉耒躬耕，不過數推而已，餘借民力而為之，故名。
17. (B)食，ㄙˋ，給人飯吃。食功，因其功勞而給人飯吃。彭更本以為「士無事而食」而輕之也，孟子導正亦為食功。

21.(C)比喻好環境對人的影響。

22.(A)往也，引申為學。(B)說齊國話。(C)教也。(D)和也，連詞。

24.(B)免除關卡和市場上商賈們的稅捐。

25.(D)周公懲治凶暴野蠻之國。

26.(A)洪水。(C)亂。(D)舜。

28.(A)孔子作《春秋》，借魯史以寄託王法，撥亂世，反之正，其大要皆天子之事。

二、多選題

1.(D)(E) 2.(B)(D) 3.(A)(C)(E) 4.(A)(B)(E) 5.(A)(C) 6.(A)(C)(D) 7.(C)(D) 8.(B)(C)(E) 9.(B)(D)(E) 10.(A)(B)(D) 11.(A)(B) 12.(A)(B)(D) 13.(B)(D)(E) 14.(D)(E) 15.(A)(B)

解析：

1.(A)ㄅㄧˋ。(B)ㄑㄧㄤˇ，勉強。(C)ㄩˊ。

2.(A)ㄊㄚˋ。(C)ㄆㄧㄠˇ。(E)ㄅㄛˋ。

3.(B)ㄅㄧˋ，阿黨。(D)ㄋㄢˇ。

4.(C)贄，初見時執以為禮者。(D)駕車。

5.(B)護衛。(D)通「汝」，你。(E)給予。

6.(B)贄。(E)庥，蔭庇也。

7.(A)阿黨。(B)糾正。(C)丈夫／孔子。(D)緝績其麻／避開。(E)撫慰。

8.(A)學習環境之重要。(D)沒有君主事奉，則心裡焦急，失掉官位到別國去，車上一定帶著晉見主上的見面禮，希望在別國得到官位。

9.(A)孔子時的亂象。(C)堯舜沒後的亂象。

10.(A)借代善士。(C)互文。(E)轉品。齊，說齊語，名詞轉為動詞。

11.(A)比喻吃小虧而有大收穫。(B)比喻暴政害人，殘害百姓。(C)形容得民心的軍隊受歡迎的情況／形容貧苦的生活。(D)世運衰微，道德敗壞／家世貧寒微賤。(E)治理混亂局面，使恢復正常／戰爭、災難接連不斷發生。

12.一傳眾咻，形容學習環境惡劣，或比喻做事時，助成者少，阻撓者多，難有成效。(C)與「近朱者赤」意同，比喻受環境好的影響。(E)居住在風俗仁厚之處是件美事。

13.(A)(C)皆縱橫家之所為。

14.(A)古者不為臣不見。(B)是皆已甚。(C)國君求見迫切，即可會見。

15.(C)為何把我們留在後面呢／等待我們的君王。(D)言殷切盼望商湯的到來與拯救。(E)君王一來，將無有不法之殺罰。

三、非選題

是非：1.× 2.○ 3.○ 4.× 5.×

解析：

1.湯／武王。

2.孔子。

3.禹。

4. 楊朱／孟子。
5. 周公／孟子。

離婁上

一、單選題

1.(D) 2.(C) 3.(B) 4.(C) 5.(C) 6.(B) 7.(A) 8.(A)
9.(D) 10.(C) 11.(A) 12.(B) 13.(C) 14.(A) 15.(C) 16.(D)
17.(B) 18.(C) 19.(A) 20.(D) 21.(D) 22.(B) 23.(D) 24.(C)
25.(B) 26.(C) 27.(C) 28.(C) 29.(B) 30.(B)

解析：

6.(B)法堯舜即可。
8.(D)隨機應變。
12.(B)服于周，向周朝臣服。
15.(C)喻仁君。
16.(D)「七年之病」，指拖延很久，情況嚴重的病，用以比喻不良之政。「三年之艾」，是指儲存很久，療效良好的艾草，用以比喻施政良方。
20.(D)天下之父歸之也。天下之父歸之，其子焉往？
23.(A)察人善惡，但觀其眸子。(B)眸子瞭焉。瞭，眼珠光亮。(C)眸子眊焉。眊，眼珠昏暗不明。
24.(C)是豺狼也。
25.(B)責善，朋友之道。
29.(A)應即刻見長者。(C)(D)孟子譏其不當跟從子敖來齊，以徒餔啜責之。

二、多選題

1.(B)(C)(E) 2.(C)(D)(E) 3.(A)(C)(E) 4.(C)(E) 5.(A)(B)(C)(D)
6.(A)(B)(D) 7.(A)(B)(C)(E) 8.(B)(C)(D)(E) 9.(A)(B)(C)(D)
10.(A)(C)(D)(E) 11.(B)(D) 12.(A)(B)(D)(E) 13.(A)(B)(D)
14.全 15.(A)(B)

解析：

1.(A)ㄊㄚˋ。(D)ㄑㄧㄢ。
2.(A)ㄧㄤˋ。(B)ㄓˇ，致，致使。
3.(B)助詞，無義。(D)不能行善。
4.(A)永遠配合天命而行，多福當由自己求之。(B)人，自絕於人。(D)一起陷溺在禍敗亂亡裡。
5.(E)惡溼居下有自取其辱，自求禍害之意。
6.孟子以天下之得失在於民心之得失，以籲諸侯及時行仁政。(A)古語。(B)《老子》。(D)《管子．牧民》。
7.(A)躲避／開闢。(B)人名／隔絕。(C)觀察／存在。(D)非議、詆毀。(E)度也，意料／憂慮。
8.(A)通「邇」。
9.(A)於禮有不孝者三事，沒有後嗣為其中最重大者。(B)事奉長上，以事奉父母為最重要。(C)保守正道以保守自身，不陷於不義為最重大。(D)能奉養在世的父母，不能算大事，惟為父母送終能致哀盡禮，方可算大事。(E)老子之言。

10. (A)一個人隨便亂說話，只因為沒有責任心的緣故。(C)我想不到你學習古代聖人的道理，卻是拿來博取吃喝的啊！(D)指快樂產生了，哪裡能遏止得住呢？快樂遏止不住，一個人就要不知不覺地手舞足蹈起來。(E)一個諸侯之國，必定自己先造成招人討伐的暴政，然後別人才敢討伐它。

11. (A)音ㄓㄜˊ，與「讁」通，責也。(C)大德之人。(E)只要一把國君糾正，全國就安定了。

12. (A)「濯纓濯足」比喻是榮是辱，皆由自取。(C)「順天者存，逆天者亡」正關乎天理。

13. (A)行不足以致譽而偶得譽／求免於毀而反致毀。(B)喜歡當別人的老師／比喻主動前去向人請教。(D)自詒伊戚：自己惹來煩惱、禍患。

14. (A)保守自身，為保守正道的根本。(B)事奉父母，為事奉長上的根本。(C)以水為師，強調學應務本。

15. (A)通「撤」。(B)一定請問要拿給誰吃。

三、非選題

成語配合：1.(B) 2.(A) 3.(C) 4.(E) 5.(D)

離婁下

一、單選題

1.(C) 2.(A) 3.(D) 4.(C) 5.(B) 6.(A) 7.(B) 8.(B)

9.(A) 10.(D) 11.(A) 12.(A) 13.(C) 14.(D) 15.(A) 16.(C)

17.(B) 18.(A) 19.(B) 20.(C) 21.(A) 22.(B) 23.(D) 24.(B)

25.(A) 26.(D) 27.(D) 28.(B) 29.(C) 30.(B)

解析：

1. (A)舜為東夷之人。(B)文王後於舜千餘年。(D)舜為天子，文王為方伯，得行其道於天下也。

2. (A)以所乘之車在冬天載百姓渡過溱水和洧水，免得他們涉水受凍。

6. (戊)指在位者，人君行教化也；餘皆指大德之人，有德的君子。

18. (B)湯執中，立賢無方。(C)文王視民如傷，望道而未之見。(D)武王不泄邇，不忘遠。

19. (A)前為各國史記之通稱，後為魯史記之名。(C)指各國史記之文，皆史官文勝於質的筆法。(D)竊，自謙之詞，私也，謂各國史記所寓褒貶之義私取之而著於《春秋經》中。

20. (C)前指不在位的聖賢，後指平民，見〈滕文公上〉第四章。

26. (A)猶如自己使其陷溺。(B)猶如自己使其飢餓。(C)別人無法忍受安居陋巷，簞食瓢飲的窮困生活，顏回卻能固窮樂道。

29. (C)所行聖賢之道相同。

二、多選題

1.(B)(C) 2.(C)(D)(E) 3.(B)(D)(E) 4.(B)(C)(D) 5.全 6.

(B)(E) 7.(B)(D) 8.(B)(D)(E) 9.(A)(B) 10.全 11.(C)(D)
12.(A)(B)(E) 13.(A)(C)(D) 14.(B)(C)(E) 15.(A)(B)

解析：

1.(A)ㄆㄧㄥˊ。(D)ㄑㄧˋ。(E)ㄨˋ。
2.(C)ㄋㄢˋ，詰難。(D)ㄒㄧㄝˋ，輕狎。(E)晉國史書之名。
3.(A)困也，惡而困之也。(C)無知之人，不明事理、胡作非為之人
4.(A)惠而不知為政：只知施些小惠，卻不明白行政的大體。(E)不吉祥的惡果，總是要由那些言辭奸巧、遮蔽賢才的人來承當的。
6.(A)嬌→驕。(C)瓔→纓。(D)務→物。
7.(A)度量。(B)太／止。(C)至也。(D)ㄈㄤˇ，至、到達，此處指「奔流到」／ㄈㄤˇ，通「倣」字，依照。(E)察。
8.(A)通「闢」，闢除。(C)不肖，不賢。
9.(C)周文王愛民深切，求道殷切。(D)不親狎身邊朝臣，不遺忘遠方諸侯。(E)實行禹、湯、文、武四位聖王之善事。
10.(A)扞格不入：彼此牴觸，不相容。(B)左支右絀：指周轉不靈，難以應付的情狀。(C)食前方丈：形容奢侈浪費。(D)形影相弔：只有自己的形體和影子相慰相憐，形容孤獨無伴。
11.(A)向聲背實：崇尚虛名，背棄實質內涵。(C)舉用賢才並無一定常法。(D)此為枕戈待旦，「坐以待旦」是形容急於求治，不臥以待天亮。
12.(C)憂德不如舜。(D)言反求諸己。(E)同聲相應，同氣相求，比喻志趣相同的人十分投合，自然地結合在一起。
13.(B)語助詞，無意義。(E)此，代詞。
14.(A)欲求富貴，卻枉曲正道以驕人，其行可鄙。(D)當以一定之法，深入於所學，而有獨特之心得。
15.(A)其妻妾羞而相泣者，言可羞之甚也。(B)終、最後／通「猝」，音ㄘㄨˋ，突然。(D)ㄧˊ，通「迤」，斜行／ㄕ，喜悅自得貌。

三、非選題

配合：1.(E) 2.(H) 3.(A) 4.(C) 5.(D)

解析：

1.言今之求富貴者，皆以枉曲之道，哀求驕人，行徑卑鄙，誠可恥也。
2.言聲聞過情，君子恥之。
3.戒人潔身自愛，勉人自新。
4.言能修性守故，天道可知。
5.言聖賢心無不同，事則所遭或異，然處之各當其理。

萬章上

一、單選題

1.(C) 2.(D) 3.(D) 4.(B) 5.(C) 6.(B) 7.(D) 8.(B)
9.(C) 10.(B) 11.(B) 12.(A) 13.(B) 14.(C) 15.(B) 16.(D)

17.(B) 18.(C) 19.(A) 20.(B) 21.(A) 22.(B) 23.(A) 24.(C)
25.(C) 26.(B) 27.(C) 28.(B) 29.(D) 30.(B)

解析：

1.(C)怨己不得其親而思慕也。
3.(D)燥急心熱。
4.(D)見〈離婁上〉第二十六章。
6.(B)羞慚、難為情。
7.(A)《論語・為政》第十五章。(B)《論語・里仁》第五章。(C)〈離婁下〉第十一章。(D)《論語・雍也》第二十四章。
9.(C)放驩兜於崇山。
11.(A)不得親自治理國政。(C)把收來的貢物和賦稅給象。(D)使象不斷來朝見。
13.(B)舜面向南而為天子時。
14.(C)不敢以堯為臣，不使北面而朝。
16.(A)舜拜見瞽叟，見《書經・大禹謨》。(B)作此詩者，原意是因為勞於王事，而不得奉養父母，而埋怨：「此莫非王事，我獨賢勞也。」見《詩經・小雅・北山》。(C)沒有一個留下來。孑，孤獨也；遺，留存也。見《詩經・大雅・雲漢》。
19.(A)遠去。
21.(A)常法。
26.(B)衛君近狎之人。
27.(C)遠方來仕之臣。
30.(B)干求。

二、多選題

1.(A)(B) 2.(A)(B) 3.(B)(C)(E) 4.(B)(D)(E) 5.(B)(C)(E)
6.(A)(D) 7.(B)(E) 8.(C)(D) 9.(A)(B)(C) 10.(A)(C) 11.(A)(B)
12.(A)(C)(E) 13.(A)(B)(C) 14.(A)(E) 15.(B)(D)(E)

解析：

1.(C)ㄋㄩˋ。(D)ㄅㄧˇ。(E)ㄍㄨㄛˊ。
2.(C)ㄐㄧㄚˊ，無愁貌。(D)通「害」，謀害。(E)ㄩˋ，賣。
3.(A)勞也。(D)順也。
4.(A)掩。(C)供。
5.(A)昧之以理之所無。(B)ㄞˋ，美好／ㄧˋ，治理。(C)常道／途徑、方法。(D)迎也。逆旅，旅社。(E)反而／如、若。
6.(B)高而危險貌。(C)困而未舒之貌。(E)無欲自得貌。
7.(A)訴→宿。(C)往→枉。(D)牽→遷。
10.(B)比喻俚俗傳說不可信之言／正直美好的言論。(C)比喻極為哀痛。
11.(A)何事非君，何使非民。(B)伊尹自謂。
12.(B)伊尹言助湯以討伐夏桀，救助萬民。(D)晉獻公向虞國借路攻打虢國。
13.(D)益，虞舜之臣，佐禹治水有功。(E)湯→太丁（未立而死）→外丙。
14.(B)第一、三個「之」，是往之意；第二個「之」，介詞，的。(C)帝都居國之中，故曰中國。(D)上天經由我人民的視聽來加以觀察。

15. (B)伊尹乃以堯舜之道求取湯任用之。(D)舜不以堯為臣；且以天下養瞽瞍，尊親之至也。(E)百里奚有「時行則行，時舍則舍」之智，故能顯君行道，不為苟合違正也。

三、非選題

配合：1.(G) 2.(C) 3.(A) 4.(D) 5.(F)

解析：

(F)孔子，聖之時者也。(〈萬章下〉第一章)。
(B)伯夷(〈公孫丑上〉第二章)。
(E)放勳(堯)(〈滕文公上〉第四章)。
(H)禹(〈離婁下〉第二十章)。

萬章下

一、單選題

1.(C) 2.(B) 3.(B) 4.(D) 5.(A) 6.(C) 7.(B) 8.(D)
9.(B) 10.(A) 11.(C) 12.(D) 13.(C) 14.(C) 15.(B)

二、多選題

1.(A)(B)(C) 2.(C)(D)(E) 3.(B)(C)(D) 4.(A)(B)(D)(E) 5.(A)(C)(E)
6.(A)(B)(C)(D) 7.全 8.(A) 9.(A)(B)(C) 10.(A)(B)(C)(E)
11.全 12.全 13.(A)(B)(C)(D)

三、非選題

(一)音義測驗：

1.ㄏㄥˋ，不循法度。
2.ㄋㄨㄛˊ，柔弱。
3.ㄌㄨㄛˇ ㄔㄥˊ，露身。
4.ㄇㄟˇ，汙也。
5.ㄒㄧ，淘米水。

(二)注釋：

1.暴政。
2.不以侍奉昏君而感到羞恥。
3.自得的樣子。
4.露臂赤體。
5.即「吾行遲遲」，言其不忍離去。

告子上

一、單選題

1.(C) 2.(A) 3.(D) 4.(C) 5.(A) 6.(D) 7.(A) 8.(C)
9.(A) 10.(C) 11.(B) 12.(C) 13.(C) 14.(C) 15.(A) 16.(B)
17.(A) 18.(C) 19.(A) 20.(A) 21.(C) 22.(C) 23.(D) 24.(B)

二、多選題

1.(B)(D) 2.(B)(C)(D) 3.(A)(C)(D)(E) 4.(A)(B)(D)(E) 5.(B)(D)(E)
6.(A)(B)(D)(E) 7.(D) 8.(A)(C)(E) 9.(C)(D)(E) 10.(B)(D)
11.(A)(C)(D)(E) 12.(B)(C)(D) 13.(B)(E) 14.(A)(D)(E)
15.全 16.全 17.(A)(B)(D)(E) 18.(A)(B)(D) 19.(A)(B)(D)(E)
20.(A)(C)(D) 21.(A)(B)(E) 22.(A)(C)(D)(E) 23.(B)(C)(E) 24.(A)

(C)(D) 25.(A)(B)(D) 26.全 27.(A)(C)(D) 28.(A)(C)(D)(E)

三、非選題

㈠音義測驗：

1. ㄒㄧˇ，五倍。
2. ㄧˋ，美善。
3. ㄋㄧㄝˋ，芽之旁出者。
4. ㄒㄧㄤˋ，通「嚮」，去向。
5. ㄍㄡˋ，弓滿。

㈡注釋：

1. 順著人的本性。
2. 並非因外來的陶鑄，而使我具有這些仁、義、禮、智的美德。
3. 相差一倍、五倍，乃至無數倍。
4. 求好聲名。
5. 指未與物交接時的清明之氣。

㈢填充：

1. 羞惡之心；恭敬之心；是非之心。
2. 仁；義。
3. 良能；良知。

㈣翻譯：

1. 生命是我所愛好的，可是有比生命更值得我愛好的，所以我不做苟且偷生的事情。死亡是我所憎惡的，可是有比死亡更令人憎惡的，所以有的禍患也就不苟且逃避了。
2. 一個人的雞狗走失了，就知道去尋找；自己的本心丟失了，反而不知道尋找！研究學問的途徑沒有別的，把丟失的本心找回來就行了。

㈤簡答題：

1. 所謂平旦之氣，也就是夜氣，它是指夜間所生的清新氣息，由於未與外物相接觸，所以這股氣的好惡與人的本心相接近。孟子認為每個人都具有平旦之氣，這正也為他的性善論，做了一個有力的註腳。

告子下

一、單選題

1.(B) 2.(D) 3.(B) 4.(A) 5.(D) 6.(D) 7.(B)

二、多選題

1.(A)(B)(D)(E) 2.(A)(C) 3.(A)(C)(D)(E) 4.(A)(C)(D)(E) 5.(B)(C)(E) 6.(A)(B)(C)(E)

三、非選題

翻譯：

1. 所以上天要把重任交給這個人時，一定先困苦他的心志，勞累他的筋骨，飢餓他的軀體，窮乏他的身家，擾亂他，使他的所作所為都不順遂；為的是要激發他的心志，堅忍他的性情，增加他所欠缺的能力。
2. 人常常發生錯誤，然後才能改正；心志困悴不暢，思慮梗塞不通，然後才能奮發振作；察看人家的臉色，發掘人家的聲音，而後才能通曉別人的真偽。

盡心上

一、單選題

1. (C) 2. (C) 3. (D) 4. (B) 5. (C) 6. (D) 7. (C) 8. (B)
9. (D) 10. (D) 11. (A) 12. (A)

二、多選題

1. (A)(C) 2. (C)(D)(E) 3. (B)(C)(D)(E) 4. (A)(B)(D)(E) 5. (C)(D)(E)
6. (A)(D) 7. (A)(B)(C)(E) 8. (A)(B)(C)

三、非選題

(一)音義測驗：
1. ㄗㄨㄛˋ，愧也。
2. ㄔㄣˋ，災害。
3. ㄙㄨㄟˋ，潤澤貌。
4. ㄈㄤˇ，至。
5. ㄧˋ，治。

(二)注釋：
1. 如及時之雨教育之道。
2. 飲食時大吃大喝放肆不拘。
3. 指憂不如堯、舜也。
4. 守法度的世臣和輔弼的賢士。
5. 不包括在內。

盡心下

一、單選題

1. (D) 2. (D) 3. (D) 4. (A) 5. (C) 6. (A) 7. (B) 8. (C)
9. (D) 10. (A) 11. (C) 12. (C) 13. (C) 14. (A)

二、多選題

1. (A)(B)(D)(E) 2. (A)(B)(C) 3. (B) 4. (A)(C)(E) 5. (A)(C)(E)
6. (A)(C)(E) 7. (A)(B)(C)(E)

三、非選題

音義測驗：
1. ㄐㄩㄝˊ，頓也。
2. ㄑㄧㄡˇ，乾糧也。
3. ㄒㄧ，漬米也。
4. ㄧㄥ，觸犯也。
5. ㄧㄡˇ，似苗之草，狗尾草也。

◎新譯四書讀本

謝冰瑩、邱燮友等／編譯

儒家的思想學說與人生哲學，是中華文化歷久彌新的主要根源，而「四書」所包含的《大學》、《中庸》、《論語》、《孟子》，則代表了儒家學說的精髓，因此「四書」可說是人人必讀的典籍，其中啟示我們做人處世的道理，仍是千古不變的原則。本書原文後有章旨、注釋及語譯三部分，注釋以十三經注疏本和朱熹集注為主，並兼採各家注釋的長處，使文義融貫，讓讀者更能一目瞭然，加上提綱挈領的章旨和明白曉暢的語譯，是最適合現代人自修的「四書」讀本。

三民網路書店
百萬種中文書、原文書、簡體書
任您悠游書海
領 200元折價券
打開一本書
看見全世界
sanmin.com.tw

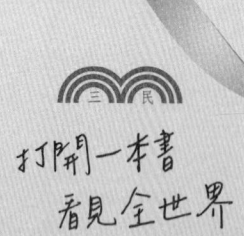